大雅叢刊

論中蘇共關係正常化

(1979——1989)

蘇起著

三民書局印行

國立中央圖書館出版品預行編目資料

論中蘇共關係正常化／蘇 起著.--初
版.--臺北市：三民，民80
面；　　公分.--（大雅叢刊）
參考書目：面
ISBN 957-14-1833-1（精裝）
ISBN 957-14-1834-X（平裝）

1.中國-外交關係-俄國　2.俄國-
外交關係-中國

578.248　　80004409

論中蘇共關係正常化
編號 S 57092
三民書局

印刷所 三民書局股份有限公司
地址／臺北市重慶南路一段六十一號
郵撥／〇〇〇九九九八－五號
初版 中華民國八十一年一月
編號 S 57092
基本定價 伍元叁角叁分
行政院新聞局登記證局版臺業字第〇二〇〇號

ISBN 957-14-1834-X（平裝）

獻給我的雙親

前言

中共與蘇聯是世界上最大的兩個共產政權。它們的分與合不可避免地對整體國際政治產生重大的影響。然而由於中蘇共內部資料不易取得，中俄文又屬於高難度的語言，所以中蘇共關係受到中外學者關注的程度一直不能與它的重要性成正比。

自一九七九年開始，中蘇共關係逐漸步入一個新的階段。這個新階段與過去最大的不同不在中蘇共關係是分或合，是由分而合，或由合而分。它最主要的意義在：它的過程充滿了不確定的變數，而它的「正常化」結局又是一個和而不解、似合實分的局面。這樣的過程與結局當然有它特殊的背景、原因與影響。本書卽擬先由八〇年代以前的中蘇共關係入手，再試著把近十年中蘇共關係的發展以戈巴契夫上臺（一九八五年三月）做爲分水嶺分成兩部份敍述，並從不同的角度分析這些發展的動因，最後再就「正常化」對世局的影響加以評估。希望透過這樣一個努力，把中蘇共關係當中動態的演變與靜態的根由都能夠比較完整地呈現出來。

當然，本書也與其他許多研究一樣是建築在國內外許多學者專家所建立的旣有基礎之上。但它也參考了許多中共與蘇聯的第一手資料，可惜的是，目前中共與蘇聯都還沒有開放到讓外人大量獲取更直接（如訪談）、更眞實（如密件或內參）的資料的程度。在那一天到來以前，我們只能希望它們公開刊行的文字也能相當地反映雙方之間眞正發生的情況。

令人遺憾的是，一九八九年以後的世事發展波瀾壯濶，撼人心弦。如果把這些變化忠實記錄下來，勢必大幅擴大本書的硏究範疇。而以目前局勢變化之快速，目尚不暇給，筆又何及之？因此，明知抽刀斷水殊不易爲，亦不得不忍痛以一九八九年爲本書的句點。從好的方面看，由於近兩年的許多事件依然眞相不明，許多趨勢仍在發展，與其根據斷簡殘篇而驟下斷語，實不如靜待塵埃落定再做比較全面而深入的分析。

在這個世局變動不居的時代，國際關係（尤其是外交政策）這門學問也變得越來越不容易捉摸。然而也正因爲它的變動不居，我們才越需要掌握它的趨勢以及推動這個趨勢的背後因素，以便及早做出各種順勢制變的政策決定。要達到這樣的結果，硏究者就必須不斷地自我鞭策，同時保持一個開放的胸懷。本書就是在這個態度下寫成的。出版以後當然更希望能得到讀者的教益。

本書的準備工作累積了好幾年，其中直接或間接對筆者思考有所啟發的中外學者專家，不知凡幾。但本書實際的撰寫過程卻是在筆者於國立政治大學擔任行政工作期間完成的。在此特別要感謝校長張京育先生的鼓勵與包容。另外，愛妻陳月卿女士當然功不可沒。新婚不久就得忍受「另一半」挑燈苦寫的日子，而且奮力扮演鞭策激勵的角色，誠屬難能可貴。李維杰與劉經巖先生在資料搜集與文稿整理的過程中，出了不少力，在此一併致謝。

論中蘇共關係正常化（一九七九—一九八九）

目次

前言
第一章　一九七九年前的中蘇共關係
第一節　中國共產黨成立前的中俄關係……一
第二節　從中國共產黨成立到一九四九年……四
第三節　五〇年代的中蘇共關係——「和」……一二
第四節　六〇年代的中蘇共關係——「爭」……二一
第五節　七〇年代的中蘇共關係——「鬪」……二六
第六節　回顧與省思……三三

第二章　一九七九到一九八四年的中蘇共關係

第一節　一九八二年前的雙邊政治關係——停停行行……三八
第二節　一九八三年後的雙邊政治關係——行行停停……五三
第三節　中蘇共的經濟關係……五九
第四節　中蘇共的安全關係……六三
第五節　結語……六七

第三章　一九七九至一九八四年關係轉變的成因

第一節　蘇聯的基本政策觀——「常」……七三
第二節　蘇聯的如意算盤——「變」……八九
第三節　中共政策轉變之成因——中共因素……九二
第四節　中共政策轉變之成因——蘇聯因素……一〇〇
第五節　中共政策轉變之成因——國際因素……一一〇
第六節　結語……一一七

第四章　步向關係「正常化」
第一節　海參崴演說前的中蘇共政治關係……一二一
第二節　海參崴——新起點……一二八
第三節　一九八五年後的中蘇共經濟關係……一四一
第四節　一九八五年後的中蘇共軍事關係……一四八
第五節　結語……一五〇
第五章　步向「正常化」的動因
第一節　人事的變遷……一五三
第二節　平行的國內需要……一六七
第三節　轉變中的戰略觀……一七七
第四節　結語……一九〇
第六章　中蘇共關係正常化對世局之影響

第一節 中蘇共高峰會議的意義……一九四
第二節 正常化對中蘇共本身的影響……一九六
第三節 對社會主義陣營的影響……二〇五
第四節 對美國的影響……二〇八
第五節 對日本的影響……二一六
第六節 對其他地區的影響……二二四
第七節 對我國的影響……二二七
第八節 結語……二二九
附錄一 中蘇共關係正常化磋商簡表……二三三
附錄二 中蘇共關係大事記（一九七九——一九八九）……二三五
附錄三 「中蘇聯合公報」……二四六
參考書目……二五二

第一章 一九七九年前的中蘇共關係

第一節 中國共產黨成立前的中俄關係

前蘇共領導人黑魯雪夫被黜下臺後，曾用非常嚴肅的口吻說過一段話：「中國與我國的距離是如此地近，卻又如此地遠。近，是因爲我們毗鄰而居。遠，是因爲中國人似乎和我們沒有任何相同的地方……我從來不敢確定他（毛澤東）說話的意思。我認爲這一定是因爲中國人有他自己特殊的民族性、特殊的思考方式……要知道中國人心裏究竟想什麼，眞難❶。」這段話雖然出自親手導演中蘇共關係惡化的蘇共領袖之口，卻也隱含相當的眞理。

的確，一個是世界人口最多的國家，一個是世界土地最大的國家。雙方隔著世界最長的邊界（七千五百公里）相望。若論文化接觸，十六世紀就已開始，十八、十九世紀更加頻繁。雖然清朝閉關自守，不主動尋求經濟文化關係的擴大，但兩國商旅仍然絡繹不絕於途，俄人更早就完成

❶ Nikita Khrushchev 口述 Strobe Talbott 譯，*Khrushchev Remembers: The Last Testament* (Boston: Little, Brown, & Co., 1974), p. 235.

中俄辭典的編輯工作，並陸續譯出四書、三字經及其他中國經文名著❷。然而，這些接觸並沒有增進兩國人民的互相瞭解。兩國人民（包括知識分子）間的心理距離似乎一直並沒有因此而大幅度縮小。

在政治交往方面，雙方簽訂的第一個條約是一六八九年的尼布楚條約。雖然這個條約使俄國疆域向東擴張了許多。但清廷統治下的中國仍然擁有黑龍江以北，大興安嶺以東的大部分土地。中國歷任政府與史家均認為這是兩國之間的第一個平等條約❸。在一九六〇年代初期中蘇共開始分裂以前，蘇聯政府與學者亦持同樣立場❹。條約簽訂之後的一百二十餘年間，雙方相安無事。

及至十九世紀中葉，西方列強憑著優勢的洋槍大炮，撞開了古老中國的大門，幾度羞辱猶自抱著「普天之下，莫非王土；率土之濱，莫非王臣」思想的清帝。這時沙皇俄國乘虛而入，半威脅半誘騙地促使清廷簽訂璦琿條約（一八五八年）、北京條約（一八六〇年）、塔城界約（一八六四年）及伊犁條約（一八八一年）等，幾乎兵不血刃地攫取了一百五十萬平方公里的中國土

❷ E. Stuart Kirby, *Russian Studies of China*, (Totowa, N.J.: Rowman and Littlefield, 1975), pp. 8-9.

❸ 請參見張玉法，《中國近代現代史》（臺北：東華書局，一九八九），頁一四—一五；中國社會科學院近代史研究所，《沙俄侵華史》（北京：人民出版社，一九七八），第一卷，頁一九六—二一八。

❹ A.A. Gromyko（即後來的外交部長），*Diplomaticheskii slovar*（外交辭典），第二卷（Moscow: Politizdat, 1961), p. 404; V.G. Shebenkov, *Russko-kitaiskie otnosheniia v XVII veke*（十七世紀俄中關係）(Moscow: Nauka, 1960), p. 280.

地。這些事深深刺傷了中國知識分子的情感。清廷「寧贈外人，不予家奴」的做法也激起當時許多愛國志士的怒火，加強他們「驅逐韃虜，恢復中華」的決心。

十九世紀後半葉是各國人民甦醒的時代，但也是帝國主義國家加緊掠奪的時代。當時的沙俄本身體弱多病，但為了與西方列強一較短長，也咬著牙在遠東投注大量的心力。眼見當時的中國關內地區已被英法等西方列強瓜分勢力範圍，沙俄只有集中全力經營中國的東北地區。這麼一來，立刻就與明治維新以後的日本發生正面衝突，最後爆發日俄大戰，兩敗俱傷，在美國老羅斯福總統的調停下，協議以長春為界瓜分中國的東北。俄軍的挫敗激發了沙俄內部的反對力量。日軍的慘勝也同時鼓動了中國內部以孫中山先生為領袖的同盟會同志，加緊推翻腐敗的滿清政權。

辛亥革命以後，由於軍閥割據，孫中山先生領導的革命力量始終不能統一全國，在相當長的一段時期內，甚至只有退居廣州一隅，整軍經武，待機北伐。中國各地的知識分子一方面痛恨軍閥的腐敗與列強的欺凌，一方面憂心時局，卻又束手無策。一九一九年七月二十五日，正值「五四運動」的高潮期，列寧領導的布爾希維克新政府發表一篇致中國國民及南北政府的宣言（即「加拉罕宣言」），申明願意放棄沙皇時代對中國一切侵略的所得。一九二〇年又根據此宣言，引申出八項具體條件，做為兩國正式談判的基礎❺。這些誘人的姿態打動當時許多人的心，相信

---

❺ 吳相湘，《俄帝侵略中國史》（臺北：正中書局，一九七三），頁二八二。

蘇聯新政府不同於其他的列強，相信它對中國確實具有眞正的善意。從歷史的眼光看，中俄兩國的關係從此邁進了一個新的紀元。蘇聯開始深深介入中國的內部政爭，深深影響到幾世代中國人的意識形態，同時利用中國的情勢與力量努力達到它整體的外交目標。而在中國對蘇聯這方面，雖然各個黨派爲了彼此不同的需要，對蘇聯或愛或恨，時用時棄，但到今天依舊不能全然擺脫布爾希維克革命的影響。

第二節　從中國共產黨成立到一九四九年

中國共產黨的誕生自始就和蘇共脫不了干係。就在蘇聯政府向中國人民頻頻示好之際，蘇聯的另一隻手——一九一九年三月成立的「第三國際」——開始鼓動在中國內部建立共產黨的組織。第三國際的代表吳廷康（Gregori Voitinsky，俄國人）開始結識陳獨秀、李大釗等人，於一九二〇年五月資助成立「馬克思主義研究會」，八月成立「中國社會主義青年團」，九月成立「中國共產黨」。第二年七月中共召開第一次全國代表大會時，第三國際代表馬林（Maring；原名爲 Hendricus Sneevliet，荷蘭人）亦在場指導。隨後幾年，第三國際的做法是，一方面努力培植中國共產黨員，灌輸馬列思想，使中共徹底成爲蘇共的政策工具，一方面努力拉攏在當時國內外極負聲望的孫中山先生，使中共先依附在孫先生創立的中國國民黨身上，利用國民黨力量統一全國，然後再由中共取而代之❻。這種「二階段論」相當反應當時中國內部的權力對比情況。因此中共即使對蘇共的如意算盤百般不情願，但形勢比人強，只有一面被利用，一面利用時機設法壯大自己❼。在一九二四與二五年列寧與孫中山先生相繼去世以後，中蘇共的關係變得更為複雜。對中共來說，它的主要著眼點仍是借用蘇聯的力量進行國內奪權。但對列寧的繼承人史達林來說，國際的因素卻變得越來越重要。換句話說，除了重視如何利用中共這顆棋子來達到影響中國發展的目的外，他也重視如何利用中國這顆棋子達到他在整個對外戰略中的目的❽。這種目標上的歧異自然造成雙方政策優先次序的差異，也種下了日後史達林與毛澤東，以及蘇共與中共之間解不開的心結。

史達林是近代人類史上少有的暴君。他的基本目標，用他自己的話說，是「一國社會主義」，也就是一切為了保衛及強化世界第一個社會主義國家——蘇聯。但歷史證明，這只是事實的一部分。更正確地說，他可以為了自己的權力，極盡殘酷地對付黨內異己；可以為了鞏固共黨勢力，

---

❻ 有關此一問題的最新著作，請見 C. Martin Wilbur（韋慕庭）and Julie Lien-Ying How（夏連蔭），*Missionaries of Revolution: Soviet Advisers and Nationalist China: 1920-1927*（Cambridge, MA: Harvard University Press, 1989）；及張玉法，前引書，第十二章。

❼ Stephen Uhalley, Jr., *A History of the Chinese Communist Party* (Stanford, CA: Hoover Institution Press, 1988)；張玉法，前引書，頁三一七—三二四；及郭華倫，《中共史論》，第一冊，政大國研中心出版，一九八二年。

❽ 有關史達林之對華政策請見 Conrad Brandt, *Stalin's Failure in China* (Cambridge, MA, 1958).

剷除所有不同聲音的政治團體；可以爲了蘇聯的利益，出賣它的盟友；當然也可以爲了蘇聯的利益，而犧牲中國人民的性命，甚至中國共產黨的利益。

就他的中國政策而言，大致上由列寧死亡（一九二四年）至中共赤化神州大陸（一九四九年）的二十五年可以分成三個階段來看。而在每一個階段，史達林的目的都是分裂中國，希望把自己變成唯一控制中國的勢力，並藉中國力量打擊其他帝國主義。二十年代北伐成功前，中國軍閥割據，政出多門。史達林繼承列寧的政策，一方面承認北京政府，一方面拉攏設在廣州的國民政府，一方面又暗中扶植共產黨。在玩弄中國國內各股力量的同時，他還利用當時中國人民的反帝怒潮和對俄國革命的好感，在各地鼓動仇英親俄情緒。北伐後，史達林眼看中國統一在卽，深怕中國在國民黨領導下一躍而爲亞洲強國，遂立刻指使豢養多年的中共在各地進行暴動，破壞中國的團結。三十年代初期，史達林一手導演的「左傾盲動」策略失敗，中共在江西蘇維埃地區又站不住腳，被迫向西流竄，最後定居延安，才算暫時結束史達林干涉中國內政的第一個十年。

第二個十年中，史達林先忙於整肅蘇共異己，後疲於應付納粹攻擊，對華侵略只得由積極改爲消極。一則希望中國繼續保持國共兩大勢力抗爭的局面，二則又希望國共能在某種程度上攜手合作，共同抗日，把日本的龐大軍力吸進中國大陸，而減輕西伯利亞和外蒙古的壓力。基於這前提，史達林一方面壓迫中共解決「西安事變」，鼓勵國共第二次合作，並鼓勵當時最孚人望的蔣委員長領導全體中國人抗日。另一方面，又暗中與日本締結中立條約（一九四一年），保證互不侵略，並拿中國領土一部分的東三省和外蒙古，私相授受，彼此保證不侵犯對方之勢力範圍。這麼一來，日本軍閥的侵略箭頭改北上（西伯利亞）爲南進（中國），而中國就成了史達林的擋箭牌。中國共產黨更可藉全國抗日機會，在延安窟洞裏暫時喘口氣，並慢慢坐大，再度變成破壞中國團結的力量。史達林在他第二個十年裏要的一石兩鳥的絕招，可說既消除蘇聯東境的日本威脅，又達到長期分裂中國的目的，其陰毒與高明之處，比之沙皇時代，只有過之而無不及。

在第三個階段，也就是二次大戰結束以後，蘇聯以戰勝國身份，利用戰後歐洲權力眞空，一舉席捲東歐諸國，與美國並稱超強。也就在這四年中，史達林對中國的弱鄰、裂國、分疆三大野心充分暴露。當中對所有中國人（不分黨派立場）威脅最大的應該算是他對新疆、外蒙古和東三省的領土野心。新疆早在三十年代在盛世才治下卽已成爲半獨立王國。蘇聯的勢力隨著路約、礦約的簽訂和西伯利亞鐵路俄屬中亞段的完成，大量滲入新疆。盛世才本人在史達林威迫利誘下還正式宣誓參加蘇聯共產黨。三十年代末期，中國的新疆省幾乎在實質上已經變成蘇聯的「新疆」。歐戰爆發後，蘇聯無暇東顧，盛氏又轉而歸順重慶中央。史達林不甘損失，一九四四年歐洲戰場局勢才一好轉，卽設法在新疆泡製「東土耳其斯坦共和國」，公然進行分裂中國疆土的侵略活動。一九四九年初，史達林見武裝侵略失敗，改用經濟侵略，不斷向國民政府提出控制新疆礦權五十年的要求，始終不得所願。最後，就在中共軍隊卽將接收新疆省政前夕，史達林還不甘心，特令蘇聯駐烏魯木齊（迪化）領事親自向國軍駐新疆司令要求照外蒙古模式宣佈獨立：「你照我們的話辦，我們就命令中共部隊停止前進⑨。」幸好該司令深明大義，嚴拒蘇聯的要求，在最危急的時刻，保住中國最主要的一省。

除新疆外，蘇聯對外蒙古和東三省的野心，自列寧以降，也從來沒改變過。經過史達林多年的經營控制，外蒙古在一九四五年以四萬八千票比零票的空前絕後的「公民投票」後宣佈脫離中國版圖。至於東三省，因日本作梗，史達林久涎不得。好不容易日本在美國原子彈下屈服，史達林立刻揮軍，三路殺進，在我國東北重演蘇軍在東歐掠奪工礦設施（價值二十億美元）的醜劇。一九四九年七月仿效割裂新疆的陰謀，還誘使中共在東北地區的負責人高崗到莫斯科簽訂貿易條約。

除了上述分疆裂土，企圖在我國北部設立一連串附庸國的陰謀野心外，史達林一方面供應中共各式大小武器，作爲武裝叛亂的力量，一方面似乎又希望中國淪於長期內戰分裂之狀態，以便他乘機奪取漁翁之利。一九四五年中國對日抗戰結束，國共鬬爭剛剛由冷轉熱時，史達林即曾向毛澤東提議國共第三次合作。一九四八年內戰方殷時，他再度自薦調人。一九四九年一月俄使仍在與李宗仁談判條約。該年四月南京陷共之時，蘇聯大使羅欽（N. V. Roshchin）還是唯一隨國民政府轉進廣州的駐外使節。這些舉措似乎均顯示，史達林固然希望中共在中國得勢，但他在中

⑨ Allen S. Whiting and General Sheng Shih-tsai, *Sinkiang: Power or Pivot?* (East Lansing: Michigan State University Press, 1958), p. 117.

國侵略多年的習慣又促使他不輕易放過任何一個能使中國分裂、積弱的機會。

綜上所述，史達林的對華政策在精神上可說完全承襲帝俄沙皇時代的帝國主義。在手段上由於中共甘供驅使，使他手上平添一筆沙皇當年缺乏的侵略本錢。不過在二次大戰前，因爲蘇聯自己國勢不強，再加上西境有難，無力仿效日本軍閥揮軍直進，只好藉中共叛亂力量玩本少利多的把戲。戰後英日帝國主義消褪，美國政策舉棋不定，史達林的帝國主義猙獰面目馬上就毫不保留的暴露出來。他本人既不愛整肅他心腹愛將（李立三、王明）的毛澤東，也不愛與他同奉馬列主義的中共，更不愛中國。在他眼裏，最可愛的中國莫過於一個分裂而且衰弱的中國，一個能替他反英（一九二〇年代）、反日（一九三〇年代）、反美（一九四〇年代）的中國，和一個肯割讓新疆、蒙古和東北的中國。綜觀他獨攬蘇聯大政三十年的種種對華措施，可以說始終脫不出這個帝國主義的政策方針。

在中共這一方面，對史達林可說是既敬又畏，既期待又怕受傷害。畢竟蘇聯是世界第一個共黨執政的國家，而史達林又是全球所有共產黨人的大家長。中共崛起不久，在思想、策略、財力均需依賴莫斯科的情況下，除了服從史達林的指令，根本不敢有貳心。於是在史達林的遙控之下，中共黨徒在許多城市一再發起暴動，也一再嘗到失敗的苦果。結果史達林不僅不承認他的政策失誤，反而命令中共在莫斯科召開第六屆全國代表大會（一九二八年七月），並開始集結中共長期留俄的學生，在米夫（Pavel Mif）的率領下，形成一支明顯的親俄派，以加緊從內部控制中共的政策。

二〇年代末期，以毛澤東爲首的力量在中共內部逐漸竄起。毛澤東主張放棄工人暴動，改採武裝革命，主張捨棄城市鬬爭路線，轉而向中國廣大的農村尋求資源。在他的領導下，第一個蘇維埃於一九三一年在江西省瑞金縣宣佈成立。隨後，北伐成功後的國民政府對江西進行五次圍剿行動，最後一次逼得中共黨徒大舉向西逃竄，歷經幾千公里的長途跋涉，才在陝西延安找到棲身之地。這次「長征」雖使中共元氣大傷，但也透過所謂「遵義會議」（一九三五年）的召開，確立毛澤東在黨內的領導地位。當年與他爭雄的劉少奇、周恩來等人均甘爲副手。在這段時期內，中蘇共聯絡的詳情，外界所知不多。但由於通訊十分困難，毛澤東等人必定享有難得的自由活動空間。一九三〇年三月共產國際的機關報——《國際新聞通訊》（*International Press Correspondence*，簡稱 *Imprecorr*）還替毛澤東發表訃聞，說他死於肺病。三個月後，史達林在蘇共代表大會上說：「如果這事（毛之死）屬實，我也不會感到驚訝⑩。」

中共在延安落腳後，蘇聯又想積極恢復當年的影響力。中共本身喘息未定，自然也不敢過份開罪史達林。於是在史達林全力抗日的原則下，中共下令釋放在一九三六年十二月「西安事變」中被捕的蔣中正委員長。次年抗戰軍與，中共公開宣稱服膺孫中山先生的三民主義，廢除蘇維

---

⑩ Benjamin I. Schwartz, *Chinese Communism and The Rise of Mao* (Cambridge, MA: Harvard University Press, 1951), p. 136.

埃，並向中央政府效忠，以聯合抵抗日本的侵略。但實際上，中共的重點仍在自我發展，而不是如史達林所希望的聯合抗日。因此，一九四一年一月發生「新四軍事件」，共軍慘遭國軍擊敗後，中共怒不可遏，而莫斯科的反應卻極爲冷淡⑪。在中共內部，毛澤東繼續利用戰亂與莫斯科鞭長莫及的情況，整肅黨內的留俄派。幾年內，曾經打著史達林招牌而風光一時的陳紹禹（卽王明）⑫、秦邦憲之流紛紛脫離權力核心，甚至遠謫俄京，終老異鄉。至抗戰結束時，毛澤東已在黨內樹立獨一無二的最高地位，而史達林在中共黨內再也沒有代言人。

一九四五年以後，蘇聯的國際地位日升，中共的勢力也在局部地區內逐漸穩固。但是中蘇共間的心病卻越來越重。如前所述，史達林對中國裂疆分土、掠奪資源的野心逐漸暴露。他對中共的前途沒有信心，對毛澤東本人的信任感尤其缺乏。一九四八年南斯拉夫的狄托與史達林決裂後，史達林更擔心毛澤東會是第二個狄托⑬。從中共的角度看，雖然自己比以前長大了不少，但如果就此斬斷連結莫斯科的臍帶，卻又大爲不智。戰後的中共在國際間孤立無援，只有利用蘇聯

---

⑪ Harry Schwartz, *Tsars, Mandarins and Commissars* (Garden City NY: Anchor Press, 1973), p. 137.

⑫ 王明謫俄三十餘年，曾著有 *Mao's Betrayal* (Moscow: Progress Press, 1979) 一書，對毛澤東大加撻伐。

⑬ Adam B. Ulam, *Expansion and Coexistence: Soviet Foreign Policy: 1917-1973*, 2nd ed. (New York: Holt, Rinehart and Winston, Inc., 1974), pp. 470-495.

做為靠山。在國內，延安失守，中共退居東北。如果沒有蘇聯假延遲撤軍之名，讓中共接收日本關東軍遺留的大量武器，中共根本不可能在東北重整實力，然後以東北為基地進軍關內⑭。看在這些援助的份上，毛澤東雖然不滿於史達林給他的某些「勸告」（如南下大軍止於長江沿岸），但並未公開發作，只是自行其是。中共當時對蘇聯的依賴甚至促使毛澤東在一九四九年六月公開表示「一面倒」向蘇聯⑮。

一九四九年十月一日，「中華人民共和國」宣告成立。中共與蘇聯的關係又邁入一個新的階段。從表面上看，中共的「建國」成功，代表共產主義的勝利。但是我們雖然沒有具體的證據，卻有足夠的理由相信史達林其實並不樂見此一情況的出現。日後，中蘇共雙方心中原有的陰影隨著時間逐漸擴大，而爭執的語言亦相當程度地反映中共成長期間雙方的嫌隙所在。

第三節　五〇年代的中蘇共關係——「和」

根據蘇聯學者的說法，一九四九到一九七九年的中共外交政策可以分成三個十年來看。第一

---

⑭ 有關蘇聯在東北援助中共的事實，說明的最詳細的是羅曼寧的博士論文：O.B. Rakhmanin（筆名 O.B. Borisov), *Sovetskii soyuz i Manchzhurskaia revolutsionaia baza: 1945-1949* （〈蘇聯與滿洲革命基地：1945-1949〉）(Moscow: Mysl, 1975).

⑮ Harry Schwartz，前引書，頁一五四。

個十年屬於「社會主義的外交政策」，第二個十年是「左傾的外交政策」，而第三個十年則是「右傾的外交政策」。這種說法當然反映莫斯科主觀的看法⑯。中共的學者似乎沒有針對蘇聯外交政策做出類似的分類。但就中蘇共關係而言，我們或許也可以將它分成三個十年。然而十年之說亦只是粗略的分法，因爲階段之間不可能截然劃分，在先一階段的發展往往已經種下後一階段的成因，而當事者對階段的轉折可能自覺，也可能不自覺。

大致而言，在一九四九年以後的第一個十年內，中蘇共關係大體上是友好的。雖然雙方的歧異越來越大，但彼此仍努力維持表面的和諧，並設法進行部份修補工作。在第二個十年期間，中蘇共的分裂已經無法掩飾，雙方轉而激烈辯論大是大非。原本意識形態的爭執並逐漸擴大到國家利益的領域。到了珍寶島事件以後的十年，中蘇共關係進入毫不保留的全面對抗時期。有趣的是，不管是「和」、「爭」或「鬪」，均發生在「中蘇友好同盟互助條約」有效的三十年期間，而根據該約中蘇共應該同心協力對抗「日本及其盟國」。

一九四九年十月，中共政權成立。此時大陸內部民生凋敝，百廢待舉。國民政府雖然撤守臺灣，但在內地仍有許多地區騷動不安。美國固然發表了白皮書，把大陸陷共的責任推得一乾二淨，但中共對華府的長程意向依然深懷戒懼之心。環顧內外形勢，中共卽使對蘇聯心存不滿，一

⑯ M.S. Kapitsa, *KNR: Tri desiatiletiia-tri politiki*(中華人民共和國：三個十年，三種政策)(Moscow: Politizdat, 1979).

時之間也不容許驟然改變「一面倒」的基本政策。事實上，初生的嬰兒尤其需要扶持。

於是一九四九年十二月，假藉慶祝史達林七十歲生日之名，毛澤東決定親赴莫斯科。爲了避免「座機意外失事」，毛澤東不惜乘坐西伯利亞鐵路的老式火車，一路幌到俄京。在嚴寒的莫斯科裏，史達林對他來自東方的客人處處擺出老大哥的姿態，毛澤東敢怒而不敢言⑰。經過將近一個月的談判，毛澤東賺得一紙同盟條約的護身符，但被迫承認外蒙古獨立。此外他還在新疆賠上礦權（包括鈾）、油權、空運權，在大連賠上造船修船權。黑魯雪夫在回憶錄中曾不客氣地說：「這（礦權）協定的締結是史達林的過錯，甚至可說是對整個中國人民的侮辱。多少世紀以來，法國、英國、美國都在剝削中國，現在蘇聯竟加入剝削者的行列⑱。」當然，蘇聯也同意提供長期低利貸款三億美元給中共，以中共當時的需要而言，三億美元眞是杯水車薪，無濟於事。二年以前，史達林同意給波蘭四億五千萬美元的貸款⑲。兩相比較，史達林對中共的冷暖待遇可想而知，毛澤東等人與史達林第一次接觸的印象，亦可想而知。

毛澤東二月束裝返國後，史達林和北韓金日成舉行了一次秘密高峯會議。直到七個月以後，

---

⑰ 有關史毛第一次接觸的最新內幕，見《中國時報》，民國七十八年五月十六日，第三版。毛澤東第二次去莫斯科見黑魯雪夫時，就改乘飛機。

⑱ Nikita Khrushchev 口述，Strobe Talbott 譯, *Khrushchev Remembers* (Boston: Little Brown & Co., 1970), p. 463.

⑲ Harry Schwartz，前引書，頁一五八。

史達林才告訴中共此事。而當時韓戰已經爆發了三個月，美韓聯軍也正逐漸逼進鴨綠江邊。迫於形勢與史達林的壓力，中共放棄猶豫態度，揮軍介入韓戰。這場歷時三年的戰爭對東亞所有國家（包括臺灣）與國際關係都產生極大的影響。就中蘇共關係而言，韓戰加深了中共對蘇聯的怨恨之情。中共國家國防委員會副主席龍雲曾經在一九五七年公開抱怨：「讓我們來一肩承擔抗美援朝戰爭的費用，太沒道理了。二次大戰時，美國也貸款給它的盟國。後來有的國家不願意還錢，美國就算了。但蘇聯借我們的錢，不但要十年還清，還要付利息。我們為社會主義而戰，竟落到這個下場⑳！」

一九五三年三月，史達林去世，不久韓戰停戰協定簽署生效。從表面上看，中蘇共關係空前的和諧，彼此合作達到空前密切的程度。但實際上過去種下的裂因正在加速發酵。不論意識形態、外交政策，或領導人的關係，中蘇共之間都出現日益嚴重的鴻溝。

就合作面而言，最具體的就是蘇聯給予中共第一個五年計畫（一九五三——五七）的支持。在硬體方面，蘇聯陸續同意援助中共新建和改建三〇四個重大工程項目，其中包括鋼鐵廠、煤礦、煤油廠、電力廠、汽車製造廠等。至一九六〇年蘇聯片面毀約時，一五四項工程已經全部或基本完成㉑。在軟體方面，蘇聯接受大約一萬一千名留學生到蘇聯學習，並派遣許多專家至中國大

⑳ 同上註，頁一六〇。
㉑ 韓念龍主編，《當代中國外交》（北京：中國社會科學出版社，一九八七），頁二九。

陸就地訓練大約十七萬名中共工作人員㉒。此外，根據一九五四年簽訂的「中蘇科學技術合作協定」，蘇聯還免費向中共提供大量技術與設計資料。隨著經濟合作的開展，雙方貿易額增長很快。由一九五〇年的五億八千萬美元逐年增加到一九五九年最高潮的二十億五千五百萬美元（見表一）。至五〇年代末期，中蘇共貿易總額約佔中共全部對外貿易的一半。

表一：五〇、六〇年代的中蘇共貿易額

（單位：百萬美元）

年份	中共出口	蘇聯出口	貿易總額
1950	191	369	560
1951	331	478	809
1952	414	554	968
1953	475	697	1,172
1954	578	759	1,337
1955	644	748	1,392
1956	764	733	1,497
1957	738	544	1,282
1958	881	634	1,515
1959	1,100	955	2,055
1960	848	817	1,665
1961	551	367	918
1962	516	233	749
1963	413	187	600
1964	314	135	449
1965	226	192	418
1966	143	175	318
1967	57	50	107
1968	37	59	96
1969	29	28	57

資料來源：*Vneshniaia torgvlia SSSR.*

《蘇聯對外貿易》（莫斯科）

在文化方面，雙方交流亦十分頻繁。除了交換學生外，各種民間團體（體育、科技、文藝、出版等）頻頻互訪。學習俄文、看俄文書、欣賞俄國電影成爲中國大陸全民的風尚。據俄方統計，一九四九至一九五八年間，蘇聯放映過一〇二部中共電影。而中共放映過七四七部蘇聯電影，觀眾超過二

㉒ O.B. Borisov & B.T. Koloskov, *Sovetsko-Kitaiskie Otnoshenia: 1945-1980*（蘇中關係：1945-1980）(Moscow: Mysl, 1980), pp. 91-101.

十億人次㉓。自中俄兩大民族接觸以來，從來沒有過這麼大規模的文化交流。事實上，我們可以說，自清朝破關、外力開始逐鹿中原以後，沒有一個外國對中國大陸的社會產生這樣巨大而近乎壟斷的影響。如果今天部份大陸人民對蘇聯文化（如文學、舞蹈、戲劇、體育等）仍然抱著思戀的情懷，實也不足為奇。但同樣是文化交流，蘇聯對中國的興趣卻似乎不甚濃厚。當然蘇聯也接受中共的文化訪問團、書籍、電影等。不過一件小例子似可說明一般蘇聯人當時的心態。據一名曾經兩度派赴中國大陸工作，前後在北平住過一年的克洛奇柯（Mikhail A. Klochko）說，他當時住在蘇聯顧問專用的「友誼飯店」。「我的顧問同仁和他們的家人都不太喜歡去這個旅館的圖書館和閱覽室。這個專門為他們服務——他們應該對中國的歷史、地理、文化感到興趣——的地方卻只有一本關於中國的書，而且只是蘇聯百科全書談到中國的節錄本。其他有關中國的俄文或英文書刊，一本也沒有……我覺得這件事反映當時所謂的中蘇友誼亦不過爾爾㉔。」

中蘇共在政治方面的合作主要表現在雙方在各種國際問題上的協調，其中犖犖大者包括一九五四年達成中南半島停火的日內瓦會議；蘇聯在聯合國替中共爭取「中國代表權」；以及一九五六年波蘭與匈牙利革命的處理。這些合作固然反映雙方政治關係的密切，但更重要的，也與中共依賴蘇聯援助情況極不相襯的是，毛澤東與中共在國際共產運動中的份量獲得提升。由於黑魯雪

㉓ 同上註，頁七〇。

㉔ Mikhail A. Klochko, *Soviet Specialist in Red China* (New York: Praeger, 1964), p. 59.

夫本身不具有史達林的權威，而且黑氏在蘇共內部的政治地位始終未臻穩固，所以一九五三年以後的中蘇共政治關係比史達林時期更傾向於平等化。

這個傾向在史達林死後一個極其可笑的事件中就已初現端倪。當時擔任總理的馬林可夫（G. M. Malenkov）爲了突顯他的重要地位，在《眞理報》（*Pravda*）上刊登一幅史達林站在中間，他本人與毛澤東分立兩側的相片㉕。事實上，這是一九五〇年十餘名中蘇共領袖的合照，只是經過技術處理，包括黑魯雪夫的其他人士都從照片上消失了。不過這一個小動作已顯示毛澤東的份量。一九五四年十月，黑魯雪夫贏得黨內鬪爭第一回合勝利後，立即率領包括布加寧（Nikolai Bulganin）與米高揚（Anastas Mikoyan）在內的龐大代表團訪問中共。這也是第一次來自蘇聯（或俄國）的最高層訪客。返國前，黑魯雪夫同意撤出駐紮於旅順港的所有俄軍，解散一九五〇年代成立的油、礦、修船、飛航公司，因此而完全消除蘇聯在中國大陸的帝國主義殘餘。同時，雙方同意興建鐵路，把隴海鐵路延伸至新疆，並進而與俄屬中亞的鐵路連接起來，以便直通莫斯科。黑毛會議期間，前者還宣稱：「中華人民共和國現在已經成爲一個國際大國。沒有它的參與，許多國際問題就不可能得到解決，緊張不可能減低，和平的方案也不可能達成㉖。」一九五〇年代中期，雙方雖然維持表面和好的關係，但是政策與利益的差異，混合著積怨，

㉕ Harry Schwartz，前引書，頁一六三。

㉖ 同上註，頁一六五。

終於逐漸升高彼此的不滿情緒。一九五六年二月，黑魯雪夫在蘇共二十屆黨代表大會上發表所謂的「鞭史演說」，不僅嚴厲譴責史達林的個人崇拜，揭發他許多不爲人知的惡行劣跡，而且公開主張與資本主義國家和平共存，高唱第三次世界大戰並非不可避免的論調，同時並聲稱可以經由議會的道路過渡到社會主義[27]。這項演說動搖了整個共產集團。對於當時一心嚮往個人崇拜、反美、與世界革命的毛澤東，打擊尤其沈重。後來的中共著作一直把這項舉動視爲中蘇共關係破裂的開端。在隨後發生的波蘭與匈牙利革命中，據中共日後透露，蘇聯本來打算分別採取鎮壓與安撫的行動，但因中共的干預而一百八十度地轉變爲安撫與鎮壓的行動[28]。這是中共介入「蘇聯老大哥」後院事務的第一次。如果屬實，難免引起蘇共不悅。

一九五八年開始，中蘇共在內政與外交政策上均出現重大的歧異。針對是年七月的中東危機，蘇共贊成與美英法等國召開高峯會議，後來因爲中共反對而作罷。八月發生震驚全球的八二三臺海戰役。蘇聯懷疑中共想把它拖下水，遲遲不肯表態，一直到中共示意求和後才發表「誓爲後盾」的宣告，並趁機向中共提議成立所有權各半的聯合艦隊。此一提議被中共視爲企圖控制中共的海岸線而一口回絕[29]。一九五九年九月，黑魯雪夫以親身訪美的行動展現他「和平共存」的

[27] Ulam，前引書，頁五七二—五七六。
[28] 同上註，頁五七六—六一三。
[29] 《當代中國外交》，頁一一二—一一四。

新外交政策。是年十月，更以中立的態度對待發生在中共（蘇聯的盟國）與印度（非盟國）間的邊境衝突。這段時期內影響更深遠的發展是，毛澤東不顧蘇聯的反對，發動「大躍進」與「人民公社」運動。對北平來說，此舉象徵中共要走自己的道路，減少對蘇聯的經濟依賴。但在莫斯科眼裏，一方面對中共有「翅膀硬了就要飛走」的傷感，一方面也深刻地感覺到中共向蘇共意識形態挑戰的野心。後來蘇聯的言論一致把該年視爲中共「國際主義路線」的結束與「民族主義路線」的開端，當然也是中蘇共關係破裂的開始㉚。次年六月，蘇共片面撕毀雙方的秘密核子武器協定後，雙方關係更加速惡化。根據中共文件的透露，黑魯雪夫在一九五九年九月訪問美國後突然趕去北平參加中共「建國」慶祝活動。十月二日在同毛澤東等人進行長達七小時的內部會談中，黑魯雪夫「不但埋怨中國一九五八年炮擊金馬給蘇聯『造成了困難』，而且對中國在整個臺灣問題上的政策表示不滿。他提出『美國宣佈支持蔣介石，我們宣佈支持你們，這樣就造成了大戰前夕的氣氛』。他希望中國放棄對臺灣使用武力，甚至強烈暗示中國可以考慮暫時讓臺灣獨立。他後來建議燒燬十月二日的中蘇會談紀錄。但那次會談給中蘇關係造成的巨大創傷，並不是燒燬紀錄所能癒合的㉛。」顯然，如果黑魯雪夫當時有意藉訪問來修補雙方在內政外交（包括對臺政策）上的歧異，他失敗了。自此以後三十年內，中蘇共之間就沒有再舉行最高領導人間的高

㉚ 請見註⑯與㉒所引書。

㉛ 《當代中國外交》，頁一一五—一一六。

峯會議。

不過在關係惡化之前，雙方均曾努力彌補日益擴大的裂痕。譬如像表一所顯示，雙方貿易持續而快速地增長至一九五九年的最高點。更重要地，蘇聯在一九五七年十月，也就是蘇聯發射第一顆人造衛星不久，與中共簽訂秘密協定，同意分享核武科技。同年蘇聯並首度成立「蘇中友好協會」，以便配合中共成立已久的「中蘇友好協會」在蘇聯境內散播親善思想。毛澤東爲了表示感激，再度親訪莫斯科，在俄共革命四十週年紀念的場合向「社會主義陣營的領袖」輸誠。是年十二月，雙方並簽訂黑龍江航運協定，使中共船隻首度獲得江上航行權㉜。不過這些示惠的動作顯然並沒有撫平雙方關係之間的傷痕。

第四節　六〇年代的中蘇共關係——「爭」

一九六〇年代的中蘇共爭執由暗鬬發展成爲明爭。雙方一面毫無忌憚地公開爭奪意識形態的主導權，一面在國家政策領域內的許多問題上也一一爆發尖銳的衝突。在這段時期內，足夠促使雙方和解的動因雖然存在，但因實際的鴻溝越來越大，所以雙方試探和解的動作越來越少，部份

㉜ Harry Schwartz，前引書，頁一七七。

可能造成和解的動因（如越戰）反而加深了中蘇共之間的矛盾。

一九六〇年四月至一九六三年止，中共藉著它的傳播媒體推出一系列措詞銳利，題爲〈列寧主義萬歲〉的長文，因此而揭開雙方公然辯論的序幕㉝。雖然在一九六二年前，中共表面的攻擊對象是「修正主義」或「南斯拉夫」，而蘇聯的批評箭頭則指向「教條主義」或「阿爾巴尼亞」，但明眼人一看便知雙方實際上都在指桑駡槐。在這些理論爭辯與幾次大型的國際共黨會議（如一九六〇年六月的羅馬尼亞共黨代表大會、十一月的莫斯科國際共黨大會，以及一九六一年十月的蘇共二十二屆黨大會）中，雙方爭辯主題依然環繞在五〇年代末期常見的幾個主題，諸如世界和戰問題、社會主義過渡問題、帝國主義和平共存的問題，與個人崇拜問題等等。結果雙方越辯論，情緒愈激昂，心理距離越遠。若干共黨（如羅馬尼亞）雖然有意調停，卻總是徒勞無功。這段時期內對雙方關係影響最大的事件就是一九六〇年七月蘇聯單方面而且極爲突然地決定召回所有在中國大陸工作的蘇聯專家和顧問。在短短的一個月內，蘇聯不顧中共的請求，撤出了一三九〇名專家，廢除了二百多個科技合作項目，而且撕毀了三百多個專家合同和合同補充書。這項行動對中共的打擊極大，直接影響到經濟、國防、文教、科研等部門的建設。在當時，蘇聯的經援可說是維繫雙方實質利益關係的唯一支柱。這根支柱一垮，中共更可以身無所繫、心無所忌地抨擊蘇聯。

㉝《紅旗》，一九六〇年四月號。

一九六二年開始，中蘇共進行彼此點名攻擊，而且爭執的範圍也擴大。新爭議點之一是一九六二年十月的古巴危機。中共恥笑黑魯雪夫以「冒進主義」始，以「投降主義」終。蘇聯反唇譏笑中共自己容忍臺灣與港澳酣睡於臥榻之側，卻只敢叫罵帝國主義，不敢動手。於是中共惱羞成怒，擡出「不平等條約」的問題，指責沙俄掠奪一百五十萬平方公里的中國領土，本身就是帝國主義。從此，邊界問題從六〇年代初期的零星衝突，正式進入兩「國」關係的正式議程㉞。新爭議點之二是裁軍問題。這個問題當然與幾年以前的和平共存問題息息相關，不過因為一九六三年美英蘇局部禁止核子試爆條約的簽訂而更形激化。表面上它導源於雙方意識形態與外交政策的差異，但骨子裏卻牽涉到中共本身秘密進行多年的原子彈生產計畫。新爭議點之三是「民族解放運動」。其中當然也有存在已久的意識形態爭執，但更重要的是，中蘇共雙方以實際行動在亞非拉地區展開一場激烈的爭奪。影響所及，對於後來改變整個國際關係的越戰，中共與蘇聯本來應該可以協調步驟，共抗「美帝」，但結果卻是各行其是，甚至互扯後腿。事情演變到這個地步，國家利益的衝突已經逐漸超越意識形態的爭議了。

在一九六四年十月黑魯雪夫被黜下臺以前，黑氏與除了毛澤東以外的中共領導人有過多次接觸的機會。一九六〇年六月彭眞率團出席羅共大會；十一月劉少奇、鄧小平出席八十一國的莫斯

㉞《人民日報》，一九六三年三月八日。

科國際共黨大會，會後並由布里茲涅夫（Leonid I. Brezhnev）陪同訪問蘇聯其他城市；一九六一年十月，周恩來代表中共參加二十二屆俄共黨代表大會；一九六三年七月，鄧小平與彭眞再赴蘇聯密談。此外，中蘇共高層領導人士還在北平，在多次東歐共黨的代表大會上，在一九六四年的首次邊界問題「磋商」時有過好幾次接觸㉟。這些接觸向蘇共當局證明了一件事，那就是，儘管毛澤東退居二線，但站在第一線的其他中共領導人在本質上與毛澤東一樣地具有反蘇傾向。換句話說，雖然中共內部逐漸形成所謂的兩條路線鬪爭，但在莫斯科眼中，這只是中共內部的權力鬪爭，並不影響其共同的反蘇立場。對蘇聯而言，「國際主義」（意卽親蘇的思想）在中國大陸已經式微，取而代之的是「民族主義」或「沙文主義」。而由於蘇聯與中共在過去幾十年有著糾纏不清的關係，所以中共民族主義的矛頭很自然地指向蘇聯。

這個估計嚴重影響到黑魯雪夫下臺之後蘇聯新領導班子對中共的態度。一九六四年底，周恩來與賀龍率團赴俄參加十月革命的紀念活動。從表面看，舞臺上沒有黑魯雪夫，也沒有毛澤東。但事實上，雙方國家利益的衝突不但已經超越意識形態的爭執，而且已經超越了黑、毛兩人的個人因素。在蘇聯這方面，主掌對中共政策的布里茲涅夫(總書記)以及蘇斯洛夫(Mikhail Suslov, 主管意識形態的書記）心中已有定見。而在中共這方面，毛澤東正在佈署所謂的「無產階級文化

㉟ Alan Day, ed., *China and the Soviet Union: 1949-84, Keesing's International Studies* (London: Eastern Press, 1985), pp. 17-59.

大革命」，預備假藉打倒「修正主義」之名，對以劉少奇、鄧小平爲首的當權派發動總攻擊。在這種情形之下，即使劉鄧等人有意對蘇聯讓步以尋求關係和解，也勢所不能。越戰的升高與世界各地「民族解放運動」的激化，表面上提供中蘇共一個合作抗美的絕佳機會，但卻因中共內部政局動盪，而政爭的公開議題之一正是「蘇修」，而使這個機會根本沒有認眞探索的可能。一九六五年二月，蘇聯總理柯錫金（A. N. Kosygin）訪平，會晤了毛澤東與周恩來。隨後蘇聯提議召開蘇聯、中共與北越的三邊高峰會議。同年三月，蘇聯復在莫斯科召開十九國共黨會議，企圖以集體力量向中共施壓。但中共不爲所動，反而在三月二十三日的《人民日報》上公開指責蘇聯新領導班子爲「沒有黑魯雪夫的黑魯雪夫主義」。接著雙方再度透過自己的喉舌——《人民日報》與《眞理報》——展開互罵。中共指責蘇聯新領袖比黑魯雪夫更狡猾，一邊假裝推行反美援越的「聯合行動」，一面暗中與美國勾結。蘇聯則指控中共昧於大局，一心一意想挑起美蘇大戰㊱。一九六六年三月，蘇共召開第二十六屆黨代表大會。中共第一次拒絕派團列席。至此，雙方黨與黨間的關係已瀕於斷絕邊緣。

一九六六年八月，毛澤東發動狂風暴雨似的文化大革命，結果固然從劉少奇、鄧小平等人手上奪回執政大權，但也對中國大陸的經濟、社會與文化造成難以彌補的損失。在運動的瘋狂期，

㊱　這就是著名的《九評》。原文詳見香港文化資料供應社於一九七七年出版的《中蘇論戰文獻》。

中共甚至召回所有的駐外大使（駐阿爾巴尼亞與埃及者例外），不惜犧牲外交利益來滿足國內政爭的需求。在所有外交關係中，受傷害最深的當然首推對蘇關係。

就在中共八屆十一中全會結束一個星期之後，成千上萬的紅衛兵開始習慣性地包圍蘇聯駐北平大使館，阻擾蘇聯外交官的行動，破壞大使館的建築設施。留學蘇聯的中共學生為了響應文革，也聚眾大鬧紅場，公然與蘇聯警察毆鬪。一九六六年十二月，蘇共中央委員會打破慣例，第一次指名道姓地批評毛澤東。一九六七年內，雙方關係更形惡化。先是互逐記者、學生，接著互相驅逐外交官並召回大使。中共的紅衛兵更強行扣留蘇聯商船，破壞船上設備，強迫船長遊街示眾。這些衝突反映在其他方面的包括：雙邊貿易急速下降，文字與口頭譴責急速增加，以及更重要的，邊境地區的氣氛急速加熱。雖然一九六〇年代初期中蘇共已在新疆及其他邊境地區發生零星的武裝衝突，而在六〇年代末期雙方並沒有開始大幅增加邊境駐軍，但雙方邊防的戰備與對抗程度明顯地升高，終於導致一九六九年三月兩次較大規模的珍寶島流血事件，把中蘇共關係推進到嶄新的一個時期。

第五節　七〇年代的中蘇共關係——「鬪」

七〇年代中蘇共關係的特色在於它的全面對抗。當然，如果與五〇年代的美「中」關係相比，它還不够全面，最起碼中蘇共自一九七〇年恢復互派大使以來，一直維持正式的外交管道。而美「中」直到一九五五年才建立華沙會談的模式，成爲衝突中唯一的「避雷針」，還有，中蘇共自一九六九年珍寶島事件不久就開始所謂的「磋商」。據統計，自一九六九至一九七九年爲止雙方已就邊界問題進行了十一回合的「磋商」㊲。中蘇共界河航道聯合委員會也開過六次會議㊳。不像當年美國對中共的完全禁運，中蘇共雙方貿易由一九六九年谷底的五千七百萬美元開始逐漸爬升至一九七九年的三億餘美元。此外，一九六九年以後中蘇共之間雖有小型武裝衝突，但沒有再發生過類似珍寶島事件或一九五八年八二三砲戰的激烈戰役。不過話說回來，中蘇共在七〇年代雖然沒有熱戰，沒有五〇年代美「中」關係那樣的尖銳對抗，但卻具有二次世界大戰以後美蘇冷戰關係的每一個特質。在這場冷戰中，言詞的相互攻訐還算小事，意識形態的爭執也是小事，外交政策的對抗（如在第三世界）也還是小事，因爲這些都是前已有之，於今爲大爲烈而已。七〇年代最新也是最重要的發展是雙方的對立關係加入了軍事的層面，而且彼此競向對方展開包圍與反包圍。

㊲ 有關中蘇共邊界談判，請參見拙著 "Sino-Soviet Border Negotiations: 1969-1978"，國立政治大學邊政研究所主辦國際中國邊疆學術會議論文，民國七十四年九月，臺北。

㊳ 即第十六次（一九七〇年七月）至第二十一次（一九七九年二月）的界河航道聯合委員會會議。見拙著博士論文 *Soviet Image and Policy toward China: 1969-1979*(Columbia University, 1984), p. 48.

雙方邊境駐軍的大幅增加主要由蘇聯開始。在六〇年代的下半期，也就是文化大革命的高潮期，蘇聯在中蘇邊境的駐軍始終並未大量增加，受到珍寶島事件的刺激，在短短四年間，蘇聯對付中共的傳統武力增加了三倍，由一九六九年的十五師兵力劇增為一九七三年的四十五師。核子武器、防空武器、海軍都呈倍數增加。自一九七三年開始，蘇聯才停止量的增長，而只求質的精進。相對的，中共並沒有在一九六九年以後急速在邊界擴軍。國內政爭的需要與一九七一年林彪事件引發的軍中整肅行動，或許使毛澤東等人心有餘而力不足。直到一九七三年，中共邊境駐軍才快速增加。到了七〇年代底，中蘇共邊界軍力集結對峙的程度已可與中歐相睥睨㊴。

除了由北方與東方向中共施壓以外，蘇聯還積極設法自其他方面對中共形成包圍圈。自一九六〇年代底，蘇聯仗著武器與經濟力量的優勢，逐漸取代中共成為北越的主要靠山。一九七五年越南陷共後，寮國與柬埔寨亦相繼淪陷。此時，中越共的彼此攻訐已然加劇。一九七八年，蘇越簽訂同盟條約後，越南推翻波帕執政的赤柬政權，成為中南半島的霸權，並同意蘇聯使用設備現代化的金蘭灣。至此，蘇越關係更形緊密，對中共安全的威脅自然也更大。在中國大陸西部，蘇聯一方面加緊控制阿富汗的共黨政權，最後甚至不惜出兵佔領該國；一方面也積極利用自己對俄屬中亞與新疆境內維吾爾人的影響力，企圖在地廣人稀而戰略地位又極重要的新疆地區對中共形

㊴ 請見 *Military Balance* 年刊系列。

成壓力㊵。此外，在一九六九年的國際共黨大會上，布里茲涅夫巧妙地推出「亞洲集體安全」建議，希望在一個冠冕堂皇的名號下，進一步拉攏與國，孤立中共㊶。在七〇年代的雙邊外交中，蘇聯還努力加強與印度的關係，改善與北韓的關係，甚至對美國亦做出和解的努力㊷。

凡此均顯示蘇聯自一九六九年以來對中共政策的基調不是別的，正是「圍堵」。而且這個圍堵政策各個成份之間的整合性極高，可說已經到了環環相扣的地步。與它相比，一九四九至一九六九年的蘇聯對中共政策既缺乏明確的目的性，也沒有高度的整合性。這種現象反映蘇聯在一九六九年珍寶島事件發生以後，正像美國在一九五〇年韓戰爆發以後，決策層內部對於圍堵的大政方針很快取得極高的共識。隨後具體政策細節的開展不過是執行這項共識罷了。而且由於蘇聯領導階層在七〇年代十分穩定，所以蘇聯對中共的強硬政策在十年間一直呈現高度的持續性。即使是毛澤東的死亡（一九七六年）亦只帶來短期的軟化跡象而已。其情況亦頗類似美國在五〇年代

㊵ 見拙著〈蘇聯對中共政策中維吾爾人所扮演的角色〉，《國際關係學報》第五期，民國七十二年，頁六九—八四。

㊶ L.I. Brezhnev, *Following Lenin's Course* (Moscow: Progress, 1972), pp. 200-201.

㊷ 請參見拙著 "US-China Relations: Soviet Views and Policies", *Asian Survey*, May 1983, pp. 555-579; W.W. Kulski, *The Soviet Union in World Affairs* (Syracuse, NY: Syracuse University Press, 1973) 第六、七章，Donald Zagoria, "The Soviet Quandary in Asia", *Foreign Affairs*, Fall 1978.

針對蘇聯的圍堵政策㊸。

反觀中共，由於受到意識形態框框的影響與內部派系鬭爭的牽制，所以雖有「國難當前」的共識，但對於如何落實這項共識，卻不斷有爭議㊹。如前所述，一九六六到一九六八年間，整個中國大陸陷於文革的半瘋狂狀態。一九六八年華沙集團假藉「布里茲涅夫主義」之名揮軍進入捷克以後，中共才開始感受到可能來自蘇聯的軍事威脅，慌忙召開延宕已久的第八屆第十二次全會，把翻天覆地的文化大革命來個緊急剎車，利用軍人把「誓死捍衛毛主席」的紅衛兵驅趕去上山下鄉。同時利用華沙會談的管道，向美國示意修好。一九六九年珍寶島事件發生後，適值尼克森就任美國總統。於是在一方外有強敵壓境，一方亟思聯中共制蘇聯，以重建世界新秩序的情況下，北平與華府一拍卽合，終於透過美國國家安全顧問季辛吉的穿針引線，在一九七二年春天完成兩個意識形態宿敵的和解㊺。

㊸ 有關蘇聯圍堵中共詳情，請參見筆者博士論文（見㊳）的第1部份。有關美國圍堵政策的書極多。請參見 Stanley Hoffman, *Primacy or World Order: American Foreign Policy Since the Cold War* (N.Y.: McGraw-Hill Co., 1978), Part I;及Terry Deibel & John Lewis Gaddis, eds., *Containment: Concept and Policy* (Washington, D.C.: National Defence University Press, 1986), Volume I & II.

㊹ 有關中共內部派系就中蘇共關係的爭議，請見 Kenneth G. Lieberthal, *Sino-Soviet Conflict in the 1970s: Its Evolution and Implications for the Strategic Triangle*, RAND Report, R-2342-NA, July 1978; and Robert Ross, "International Bargaining and Domestic Politics: US-China Relations Since 1972", *World Politics*, Jan. 1986.

㊺ 有關美「中」搭線情形，季辛吉的描寫似最生動，請見 Henry Kissinger, *White House Years* (Boston: Little, Brown & Co., 1979) 相關章節。

不過這個和解既不全面，也不深入。從橫切面來看，美「中」新關係只建立在共同戰略利益的基礎上，根本談不上經濟合作與文化交流。事實上，在「四人幫」下臺以前，甚至可以說在一九七八年的十一屆三中全會召開以前，中共受到所謂「自力更生」理念的影響，儘可能避免與包括美國在內的西方資本主義國家產生過份密切的交往。即使在戰略的大範圍內，雙方的合作亦十分有限。諸如高等科技的移轉、高層軍事官員的定期互訪、情報的交換，以及軍售等等，都是在卡特總統任內才逐步開展，漸次成形。從縱剖面來說，美「中」和解在一九七二年剛剛起步，就陷入困境。在美國這方面，水門案的揭發導致行政權大幅低落。聲名狼藉的尼克森自保尙且不能，根本無力進一步推動美「中」外交。一九七七年入主白宮後的卡特一直以改善美蘇關係爲主要政策目標。直到一九七八年中期因爲種種內外因素才轉而重拾美「中」關係的餘緒。在中共這方面的問題可說比美國還嚴重。尼克森訪平前的林彪事件已經透露北平高層內部鬬爭的劇烈性。隨後幾年，毛澤東與周恩來相繼臥病，「四人幫」揷手內政外交。一連串的「權威危機」加上「接班危機」使得中共政局一直動盪不安，美「中」關係也因此而舉步維艱。不過儘管如此，由於當時美蘇與中蘇共之間的對立十分尖銳，所以美「中」新關係仍然對莫斯科發揮相當程度的嚇阻作用。對中共來說，更是反包圍策略的一大成功。

除了美國之外，中共還逐漸開始與西方國家進行有限的往來。同時藉著「三個世界理論」，努力動員中小國家，並以它們的領袖自居㊻。在聯合國內，中共仗著安理會常任理事國的權威及其刻意塑造的道德形象，不斷號召「反帝」、「反霸」、「反殖」㊼。這一連串的抗爭行動在一九七七——七九年間到達最高潮。一九七七年十一月一日，中共的《人民日報》社論以強烈的口氣宣稱：「蘇聯在國際事務中的所作所爲，早已沒有一絲一毫社會主義的無產階級的氣味，而完全是典型的帝國主義和霸權主義。不但如此，蘇聯還是兩個超級大國中更凶惡、更冒險、更狡詐的帝國主義，是最危險的世界戰爭主源地㊽。」次年八月，日本拒絕與蘇聯簽訂和約，反而與中共簽訂了包括「反霸」（即反蘇）條款的和約。十一月，蘇聯與越南締盟。十二月，越南入侵柬埔寨。同月中旬，美國宣佈將與中共建立正式邦交。第二年一月，鄧小平訪美。二月，中共軍隊南進，越過邊界，開始進行所謂的「懲越戰爭」。蘇聯對中共提出警告，並局部動員它的遠東部隊㊾。至此，中蘇共衝突又到了一個新高峰。與一九六九年不同的是，珍寶島事件只是純粹中蘇共之間的邊境衝突，是兩「黨」文鬪多年以後迸發的激烈火花。但是，一九七九年的中越大戰卻不同。它是大規模的戰爭，是中蘇共兩「國」武裝對峙多年以後中共對蘇聯盟邦蓄意發動的戰

㊻ 請見鄧小平在聯大第六次特別大會的演說 *Peking Review: A Supplement*, No. 15, 1974.
㊼ William Feeney, "Sino-Soviet Competition in the United Nations", *Asian Survey* Sept. 1977.
㊽ 〈毛主席關於三個世界劃分的理論是對馬克思列寧主義的重大貢獻〉《人民日報》，一九七七年，十一月一日，頁三。
㊾ Robert Ross, *The Indochina Tangle: China's Vietnam Policy: 1975-1979* (New York: Columbia University Press, 1988), pp. 226-228.

爭。更重要的，它可能牽動包括美蘇兩大超強在內的好幾個國家。稍一不愼，就可能爆發大戰，影響到中共內部、中蘇共關係與整個亞洲的情勢。解鈴還需繫鈴人。中共的外交政策在一九七九年走到了一個重要的關口。中蘇共關係亦然。

第六節　回顧與省思

站在一九七九年的關口上回顧，可以發現中共與蘇聯之間的關係確實蜿蜒曲折。在層層的歷史恩怨與相互不了解的基礎上所誕生的中蘇共關係，一開始就極不平等。經過將近三十年的演變至中共建「國」時爲止，中蘇共雖然正式簽訂同盟條約，但這種不平等關係至多亦只是由「父子」變成「兄弟」關係而已。用歷史的眼光來看，由「父子」而「兄弟」的轉變過程中，中共與蘇共已發生不少摩擦。而在「兄弟」間的相互協調過程中，雙方更爲種種原因而衝突，終至鬩牆，最後反目成仇。

綜觀這些變化，似乎沒有任何單一的因素可以充分地加以解釋。西方國際關係理論中習見的三個分析層次（levels of analysis）或許提供一個可以參考的架構[50]。

[50] J. David Singer, "The Level-of-Analysis Problem in International Relations", in Klans Knorr and Sidney Verba, eds., *The International System: Theoretical Essays* (Princeton, N.J.: Princeton University Press, 1961), pp. 77-92; Kenneth Waltz, *Theory of International Politics* (Reading, MA: Addison-Wesley, 1979).

首先，在系統（system）的層次，最主要的就是雙方權力對比的因素。在一九四九年前，中共立足不穩，而蘇聯是它唯一的外援。在這種情況下，我們可以理解爲什麼無論蘇聯如何干涉中共內部的人事與政策，如何玩弄中共於國際政治的股掌之間，中共都只有忍氣吞聲。同時，蘇聯對中共的政策主要基於它自身對權力對比問題的考慮。而這種考慮在蘇聯遭受德日威脅時尤其突出。一九四九年以後，雙方權力對比的差距逐漸縮小。在這個轉變過程中，雙方不可避免地由本身的立足點評估自己的威脅來源、本質及程度。因此，蘇聯根據自己的安全利益調整美蘇冷戰的溫度，及修正中共在其全盤戰略中的地位，而中共亦根據自己所面臨的國際環境，時而倒向蘇聯，時而結好美國。

用這個層次的因素來分析中蘇共關係有優點，也有缺點。優點是，它能掌握關係的大致走向，由一九二〇年中共建黨至一九七九年中越共戰爭之間的脈絡盡在其中。但缺點是它不够細膩，不足以說明大方向中的小潮流。譬如，史達林爲何在二〇年代把中共推向城市鬪爭的道路？毛澤東爲何在三〇、四〇年代不顧蘇聯可能的反對而進行黨內整肅，及全面內戰？在五〇年代後期，雙方爲何努力復好？六〇年代的意識形態論爭又爲何如此激烈？中共爲何冒著危險在文革高潮時期既反蘇又反美？爲何一個小小的珍寶島事件就導致蘇聯對中共政策的全面硬化？而七〇年代的中蘇共全面對抗時期，中共又爲何不能與美國發展出類似五〇年代與蘇聯的同盟關係？這些都不是「權力對比」可以獨自解答的問題。

其次，在國內政治的層次，影響中蘇共關係的因素包括意識形態、派系鬪爭，與經濟發展策略等三大項。這些因素可以協助解答前述大部分的問題。正因爲中蘇共各有其內政上的考慮，所以雙方政策經常在權力對比的大架構下出現令對方不易理解、甚至不能忍受的面貌。這一層次的分析也有其優缺點。優點是它的分析往往較系統層次深入，更能夠說明雙方政策的細部轉折。正因如此，大部分討論中蘇共關係的著作均採用這一層次的分析方法。但它的主要缺點有二。第一，見樹不見林。畢竟外交不只是內政的延長，而是包括對國際環境的反應。過份強調國內因素，往往會忽略一個極重要的現象，那就是任何一個國內因素其實都包含了對國際環境的評估。換句話說，國內因素根本就受到國際因素的制約。所以如果只就意識形態、派系鬪爭或經濟發展策略加以分析，絕不可能掌握全貌。第二個缺點是太過理性。嚴格地說，第一與第二層次的分析方法均有這個缺點，均假定決策者針對國內或國際因素的成本效益隨時進行理性分析，從而不斷調整其政策。但事實上，我們知道，人的理性是有限的，而作爲理性決策基礎的資訊更是有限。學者或許可以運用理性決策模式解釋政策，但決策者在資訊缺乏、內外壓力、時間壓力的情況下卻極不可能充分而理性地計算成本效益，並進而制訂政策。這種非理性的因素在政策大幅度轉變的關頭最容易發生作用。

因此我們必須再求諸第三層次，也就是個人的層次。這個層次主要檢討領導人個性、思想、成見對政策的影響。在中蘇共關係中，似乎只有加上這層因素才能解釋爲何六〇年代初期的爭執會如此快速而劇烈的激化，以及為何珍寶島事件會驟然挑起雙方的全面抗爭。由於當時中蘇共領導人均已長期在位，具有彼此長期交往的經驗，同時也累積了相當刻板的印象，所以在爭執中，積怨很快就導致政策的僵化。這些積怨包括一百年來中俄關係的不平等，早期中共的忍氣吞聲與蘇聯對毛澤東的不信任，一九四九年以後毛澤東對黑魯雪夫的反感與黑氏努力求全的委屈等等不計其數的大小摩擦。六〇年代中蘇共互控「修正主義」、「教條主義」，七〇年代對罵「霸權主義」、「大國沙文主義」。這些詞彙其實都只是這些成見的綜合反映。如果毛澤東等人沒有對史達林、黑魯雪夫長期懷抱不平衡的心理，如果黑魯雪夫沒有對毛澤東等人長期不滿，六〇年代的辯論應不會那麼尖銳。同樣的，如果布里茲湼夫等人沒有對毛澤東心懷畏恨，一九六九年的蘇聯政策也不致於一夜翻轉。

不過話說回來，個人因素的解釋力也有極限。雖然因為中蘇共均是極權政體而使個人因素在中蘇共政策中的比重略高於尋常，但整體來說，個人因素只在政策大翻轉時最見效力。在量變的過程中，起著主導作用的仍是其他兩個層次的因素。

總之，一九七九年以前的中蘇共關係殊不可能以任何單一因素加以詮釋。只有從各個層次、各個角度切入，綜合研判，才可能找到比較滿意的答案。一九七九年以後的中蘇共關係雖是新頁，但全方位的思考應仍是我們探討的準則。

第二章　一九七九到一九八四年的中蘇共關係

一九七九年開始，中蘇共關係進入了一個新的時期。自這年至一九八九年五月雙方高峰會議的十年中間，中蘇共關係可說一直持續地緩和。儘管這個所謂「正常化」的進程偶爾出現轉折、遲緩，甚至停滯的現象，但整體發展的方向卻是由對立鬪爭朝向和解前進。雙方意識形態的衝突逐年降低；政治、經濟、文化的接觸日益擴大；彼此的威脅與被威脅感也隨著各種來往而逐漸減少。至一九八九年鄧小平與戈巴契夫在北平握手，宣佈「結束過去，開闢未來」之時，雙方關係可說完全「正常化」❶。

大體來說，這個十年的發展過程可以用一九八五年戈巴契夫入主克里姆林宮作爲界線而分做兩個階段來討論。在頭六年內，雙方有如兩隻爭鬪已久的箭豬，雖然都已心動，有意修好，但因

❶「結束過去，開闢未來」是鄧戈高峰會議時鄧小平用來概括該會意義所用的八個字，也是《人民日報》社論的標題。請見《人民日報》，一九八九年五月十七日，頁一，五月十九日，頁二。據該報說，戈巴契夫對此亦表示贊同。

彼此猜忌太深，包袱太重，所以只用小步的方式接近，一面頻頻忸怩作態試探對方的誠意，一面維持既定的對立鬪爭態勢，稍有不如己意，就恢復舊日張牙舞爪的習慣。在後面的四年內，雙方雖然仍在相互試探，但各種跡象顯示，北平與莫斯科對關係正常化似乎都下了決心。所以雙方示好的言詞更露骨，和解的步伐更放得開，而聳立的箭矢也逐漸降低。下面四章即將一一檢視這兩個階段的發展，並探討這些發展背後的動因。

第一節　一九八二年前的雙邊政治關係——停停行行

如前所述，中共外交政策與中蘇共關係均在一九七九年走到了一個重要的關口。事實上，這個關口不僅標誌著中蘇共關係的分水嶺，而且也展開中共內政發展的新頁。在一九七八年十二月召開的中共十一屆三中全會上，鄧小平人馬終於奪得了失去多年的政權。從此不僅所謂的「四人幫」不再能興風作浪，就是所謂的「兩個凡是派」（如黨主席華國鋒）也只有靠邊站的份。經過幾年的蟄伏、部署、反撲，鄧小平站上了權力的最高峰。在其他紅朝新貴的簇擁下，鄧小平開始推動一連串新而大膽的政策。其中之一就是立即與美國建交（同時擱置對臺軍售問題）。第二是利用美「中」締交而造成的「聯盟」幻象，發動「懲越戰爭」。第三，開始推動四個現代化，把注意力轉向內部建設。第四就是逐步試探中蘇共關係正常化，企圖在短期內減少因為「懲越」而增加的危險，並在長期的過程中逐步降低來自蘇聯的威脅，以利國內四化的進行。這四條新的政策路線互有關聯，而且互補不足。也只有從這個角度去理解，才會得知中蘇共正常化的進程其實並不是如一般學者所說，到一九八二年布里茲涅夫發表塔什干（Tashkent）演說才開始❷。這項演說做爲一個明顯的求好動作，確實有它重大的意義。但若論意念之發動或第一步的踏出，恐怕還得歸功於中共。

這個第一步就是一九七九年四月三日中共「外交部」遞交蘇聯大使館的照會。照會的前半部向蘇聯表明，一九五〇年四月生效的「中蘇友好同盟互助條約」，到一九八〇年屆滿三十年效期時，中共基於情勢變遷的考慮不打算續約。在照會的後半部，中共破天荒地向蘇聯表示願意基於和平共處五原則，與蘇聯就所有未決問題與關係正常化進行磋商❸。自一九六九年中蘇開始「邊界磋商」以來，蘇聯一直企圖把議題由邊界問題擴大到「正常化」。爲了達到這個目的，蘇聯在七〇年代曾經提出許多建議，包括雙方簽訂互不侵犯協定、不使用武力協定、舉行高峰會議等等。但中共十年來堅決咬著邊界問題不放，對蘇聯的提議一概拒絕，更談不上主動提議討論「正常化」❹。所以一九七九年四月的中共提議一定使蘇聯領導人驚訝不已，猜疑不已。

❷ *Pravda*, March 25, 1982, p. 2.
❸《中國百科年鑑》（北京：中國大百科全書出版社，一九八〇），頁二六八。
❹ 見拙著，"US-China Relations: Soviet Views and Policies", *Asian Survey*, May 1983.

果然第二天蘇聯的立即反應是，中共的建議毫無新意，與其談判，不如維持既有的友好條約❺。同月十七日，蘇聯發出較成熟的反應：請問中共究竟具體地想談什麼？目的又是什麼？五月五日的中共照會澄清了原案文字的曖昧：討論議題將廣泛而不限於邊界問題，目的是消除正常化障礙，協調雙方關係的原則，並且檢討雙方經貿科技文化交流的可能性。這個答覆使蘇聯更感興趣，並在六月四日提議雙方在是年七、八月間在莫斯科舉行副部長級的會談。中共乃於七月十六日表示同意於九月間派人赴蘇進行第一次討論，但第二回合討論將在北平舉行❻。此一舉動再度顯露中共為了修好而不惜讓步的用心。七〇年代所有的磋商回合均在中共的堅持下在北平舉行。此次中共首次表示願意移駕莫斯科去會談。而且第一次會談尚未開始就已預約第二次會談，也顯示中共希望這個會談是一項持續過程的開端，而不是應景的動作。

自九月二十七日至十二月一日止的「磋商」中，蘇聯方面由七〇年代一直領銜的外交部副部長伊里契夫（Leonid Ilichev）擔任首席代表，中共則派出新任副部長王幼平主談。會談細節外界所知不多。根據若干中蘇共消息來源，中共在這次長達二個多月的會談中提出三項要求：第一，蘇聯減少邊境駐軍；第二，蘇聯撤出駐紮於外蒙古的軍隊；第三，蘇聯停止支持越南對高棉

---

❺ Alan Day, ed., *China and the Soviet Union: 1949-1984* Keesings International Studies (Essex, England: Longman House, 1985), p. 139.

❻ 同上註。

的侵略。蘇聯方面則重新提出一九七八年曾經提出的雙方關係原則的草案❼。此項差異顯示中蘇共在一九七九年的立場恰與一九六九年至一九七八年談判時雙方的立場相反。當年中共堅持議題縮小化（即邊界問題），蘇聯希望擴大，如今中共希望擴大，而蘇聯則希望限制在雙邊範疇內。

一九七九年的另一事件也顯示中共當時求和的意願高於蘇聯。該年六月三十一日一架蘇聯直昇機闖進中共領域，中共卻一直不作聲，直到蘇聯就七月十六日發生在新疆的一件邊境衝突事件提出抗議後，中共才在七月二十四日就直昇機事件提出抗議以爲回應❽。以上所述各種跡象似乎顯示中共在一九七九年對推進正常化不僅主動，而且比蘇聯熱心。是年十二月底，蘇聯軍隊大舉入侵阿富汗的行動使得中共十分尷尬。值得注意的是，中共雖然在十二月三十一日譴責蘇聯的侵阿舉動，但也表示雙方會談並不因此而受影響。直到次年元月上旬美國國防部長布朗（Harold Brown）訪問北平，同意移轉高科技（非軍事）項目給中共後，中共才在元月二十一日表示阿富汗危機給中蘇共關係帶來新的障礙，致使雙方會談「不宜」再繼續❾。中共對阿富汗危機所表現

❼ 同❸；及《世界知識年鑑》，一九八二年（北京：世界知識出版社，一九八二），頁五四五—五四六；M.S. Ukraintsev(即M. S. Kapitsa之筆名), "Soviet-Chinese Relations: Problems and Prospects", *Problemy Dalnego Vostoka*（遠東問題）, No. 2, 1982, pp. 17-18.

❽ Daniel Tretiak, "China's Vietnam War and Its Consequences", *The China Quarterly*, No. 80, Dec. 1979, pp. 764-765.

❾ 《人民日報》，一九八〇年一月二十一日，頁一。

的色厲內荏，非常類似一九七〇年中共對美軍侵入柬埔寨的反應⑩。正如中共當年對美「中」勾結懷抱相當高的期望，一九八〇年元月的中共聲明也刻意不完全關上未來中蘇共談判的大門。三天以後，美國國防部馬上宣佈願意出售軍事武器給中共。這些互動顯示，中蘇共和解的基礎在當時依然十分脆弱，過去的恩怨關係一時仍不易解開，而美國對中蘇共之間的新變化亦產生了警惕的心理。

一九八〇年元月，鄧小平在一篇題爲〈目前的形勢與任務〉的重要演說中指出，八〇年代中共的三大任務是「反霸、統一、四化」⑪。其中爲首的「反霸」指的當然是「反蘇」，但事實上中共反蘇言行的強度很明顯在逐漸降低，而這種轉變又直接與中共內部的變化有關。換句話說，中共對蘇外交政策的「非意識形態化」可說直接導源於中共內政的「非毛化」。在一九七九年慶祝中共「建國」三十週年的演說中，「國家主席」葉劍英首度公開承認，中共在五〇年代末期，六〇年代與七〇年代犯了左傾的錯誤。而且這篇講話從頭到尾沒有一處提到「蘇聯修正主義」⑫。

⑩ 一九七〇年五月一日美軍入侵柬埔寨。中共大聲指責美國是「紙老虎」，宣稱誓爲印支人民的後盾。但根據季辛吉的瞭解，中共這些聲明只表明中共「根本無意採取任何行動」。事實上，柬埔寨事件只使中蘇共關係更加惡化，因爲蘇聯承認龍諾政府，而中共卻承認施亞努親王的領導地位。以上見 Henry Kissinger, *White House Years* (Boston, Little, Brown & Co., 1979), pp. 508-509, 694-698.

⑪ 〈目前的形勢與任務〉（一九八〇年一月十六日），《鄧小平文選：一九七五—一九八二》（北京：人民出版社，一九八三），頁二〇三—二〇五。

⑫ 《人民日報》，一九七九年九月三十日，頁一—四。

此外，一九七九年中共出現大量感懷一九四九到一九五七年所謂「黃金年代」，或肯定一九五六年「八大」歷史性意義的文章[13]。這種提法可說完全契合蘇聯對中共黨史的基本評價[14]。顯示雙方在意識形態上的立場已在逐漸接近。

一九八〇年，中共繼續逐步修正它在意識形態上的立場。其中最重要的是在四月間召開的第十一屆五中全會上公開平反劉少奇[15]。此舉的主要著眼點當然仍在中共本身的內政，象徵四人幫路線的全面終結，而當年遭受四人幫迫害的千千萬萬中共幹部重新取得黨內與意識形態上的正統地位。對於鄧小平亟欲推動的四化任務，平反劉少奇幾乎是邏輯的必然。不過，劉少奇歷史地位的恢復也有外交的意義。在文化大革命時期，劉少奇被稱爲「中國的黑魯雪夫」；反劉經常與反「蘇修」相提並論。如今劉少奇被摘下了「修正主義」的帽子，蘇聯的修正主義帽子當然也就失去原來的意義。所以在這一年內，中共陸陸續續地把許多城市街名由「反修路」改成原來的街名（如北平的東內大街）[16]。中共報刊文章還公開承認六〇年代初期尖銳批評「蘇修」的《九評》

---

⑬ 黎洪，〈試論我黨「八大」的偉大歷史意義〉，《歷史研究》，一九七九年第四期，頁三—一二。

⑭ M.S. Kapitsa, *KNR: Tri desiatiletiia-tri politiki* (中華人民共和國：三個十年，三種政策) (Moscow: Politizdat, 1979)與O.B. Borisov and B.T. Koloskov, *Sovetsko-Kitaiskie Otnosheniia: 1945-1980* (蘇中關係：1945-1980) (Moscow: Mysl, 1980)兩本書均持這種看法。

⑮ 《人民日報》，一九八〇年四月三日，頁一。

⑯ 見拙著，"China and The Soviet Union: 'Principled, Salutary and Tempered' Management of Conflict", in Samuel Kim, ed., *China and the World: Chinese Foreign Policy in the Post-Mao Era* (Boulder, Colorado: Westview Press, 1984), p. 137.

事實上對蘇聯做了錯誤的評價[17]。在是年二月，中共派遣楊守正出任駐莫斯科大使，塡補了虛懸六個月之久的空缺。此外，中共還開始拓展與其他共產黨的關係，於該年四月接受義大利共黨領導人柏林格（Enrico Berlinger）的訪問，十一月接受西班牙共黨領導人卡利洛（Santiago Carrileo）的訪問[18]。

蘇聯在一九八〇年對中共採取十分小心謹愼的態度，顯然對中共內部的變化相當注意但卻無法取得本身內部觀點的一致[19]。有的文章認爲中共逐漸走向社會主義，有的卻堅持中共仍然是「沒有毛澤東的毛澤東主義國家」。大部分的作者似乎避免討論中共內政上的種種改變，只集中火力攻擊中共與西方勾結的外交政策[20]。或許是鑒於中蘇共條約即將屆滿，蘇聯外交部遠東司司長賈丕才（Mikhail Kapitsa）在三月下旬以「蘇聯大使館貴賓」的身份訪平。四月七日，署名「亞歷山卓夫」（Igor Aleksandrov）的文章出現在《眞理報》上，呼籲中蘇共恢復談判[21]。「亞歷山卓夫」是個筆名，自一九六〇年代起就一直代表蘇共中央發言。對這項呼籲，中共於四月十

[17] 《人民日報》，一九八〇年四月三日，頁五。
[18] Gerald Segal, *Sino-Soviet Relations After Mao*, Adelphipapers, No. 202, 1985, p. 9.
[19] 譬如代表蘇聯官方意見的 I. Aleksandrov（假名）在*Pravda*，一九八〇年四月七日的文章卽採取十分曖昧的態度。
[20] Segal, p. 9.
[21] 同[19]。

日拒絕。次日，也就是中蘇共友好同盟互助條約終止效期之日，雙方都保持緘默，不發一語。顯然主動廢約的一方不願大張旗鼓的刺激對方，而被動的一方也不願因爲聲張而暴露自己的失敗。同月，蘇聯召集所有歐洲共黨開會，企圖突出中共的孤立角色。可惜與中共同樣堅持獨立外交路線的西歐共黨拒絕捧場㉒。

在一九八一年，蘇聯似乎仍然把中共的內政與外交分別對待。有關這點，是年二月布里茲涅夫在蘇共二十六大上的報告表現得最清楚：「過去二十年中華人民共和國的社會經濟發展是個痛苦的教訓，告訴我們扭曲社會主義原則及本質會產生什麼樣的後果。現在中共領導人自己也把文化大革命時期稱做『封建法西斯獨裁』。對這種說法，我們實在不必再多加贅語。目前中共的對內政策正在變化……但不幸的是，我們卻不能說北京的外交政策也在轉好，因爲它還是以升高國際緊張局勢爲目的，還是與帝國主義狼狽爲奸。這種做法當然不可能使中共回到社會主義的正確道路上㉓。」話雖然硬，姿態雖然擺得很高，但蘇聯在這一年卻做出許多試探性的動作。譬如，在三月七日，蘇聯提議雙方討論邊境地區的「建立互信措施」(confidence-building measures)。賈丕才兩度以「蘇聯大使館貴賓」身份造訪北平。九月二十五日，建議雙方恢復邊界談判。十二

㉒ Kevin Devlin, "The Challenge of the New Internationalism", in Herbert Ellison, *The Sino-Soviet Conflict* (Seattle, WA: University of Washington Press, 1982), pp. 169-171.

㉓ *Pravda*, Feb. 24, 1981, p. 1.

月十六日，建議雙方恢復科技領域的交流㉔。不過，這些動作很顯然都沒有牽涉到實質性的讓步，只是希望藉著擴大接觸以達到軟化中共立場的目的。蘇聯的如意算盤很可能是，趁著雷根新任總統而美「中」關係趨於緊張之際，而且美「中」軍事合作關係尚未大幅開展之時，設法鬆動中共的聯美反蘇政策。因此，在中共眼裏，蘇聯的示好動作並無誠意基礎。同年六月，蘇聯與阿富汗簽訂邊界條約，正式把中共視爲已有而且頗具戰略價值的瓦罕走廊（Wakhan Corridor）併入蘇聯版圖㉕。此舉一定更使中共內心憤怒不已。

一九八一年的中共內政續有變化。在六月的六中全會上，胡耀邦取代華國鋒成爲中共的黨主席。毛澤東七三開的歷史評價經過黨內冗長而激烈的辯論終於也告定案。反映在中蘇共關係上，過去中共經常戴在蘇聯頭上的另一頂帽子——「社會帝國主義」——也摘下了㉖。或許爲了避免刺激美國，中共對中蘇共關係的態度表現得不像蘇聯那麼積極。對三月的蘇聯提議，中共一直沒有公開表示意見。對九月恢復邊界談判的建議，中共直到十二月才以「需要更多的準備時間」作答。而對蘇聯與阿富汗的邊界條約，中共則以咆哮表達自己的憤怒。不過，在這一年內，中共雖

㉔ Day, p. 140; and Segal, p. 10.

㉕ David Rees, "Soviet Border Problems: China and Japan", *Conflict Studies* (London), No. 139, 1982, pp. 12-13.

㉖ 譬如，《中國百科年鑑》，一九八〇（北京），頁一八八。一段有關蘇聯墮落成爲社會帝國主義國家的文字在一九八一年的《中國百科年鑑》中已被刪除。

然沒有如蘇聯所建議雙方開展科技合作，但卻首次派遣一個體操隊赴莫斯科參加國際比賽，同時出席當地蘇中友好協會所辦的酒會。此外中共還與蘇聯簽訂一個鐵路運輸的議定書。顯然中共一方面有意避開蘇聯伸出來的手，但一方面卻靜悄悄地開啟了另一扇門㉗。

一九八二年蘇聯的示好動作更加頻繁，更加明顯。是年一月十四日，蘇聯的中蘇共邊界問題專家兼「磋商」代表團副團長齊赫文斯基（Sergei Tikhvinski）以私人身份訪問北平。一月二十六日，主掌蘇共黨內意識形態的書記兼政治局委員蘇斯洛夫（Mikhail Suslov）去世。蘇某是與布里茲涅夫同輩的元老級人物，在政治上出道的時間比布某還早。在六〇年代的中蘇共論戰中，蘇斯洛夫扮演的正是蘇共這方面總提調的角色。一九六四年他甚至有與鄧小平面對面辯論的經驗㉘。他的去世不僅具有象徵性的意義，而且很可能也降低蘇共內部反對中蘇共和解的聲調。二月間，蘇聯頻頻出招。二月三日，蘇聯外交部向中共駐莫斯科大使館提出正式照會，重申恢復邊界談判的意願。六天以後，蘇聯高等與中等教育部建議雙方互換留學生進行語文訓練。十四日，蘇聯總理狄洪諾夫（Nikolai Tikhonov）公開表示對中蘇共關係的改善寄予厚望㉙。

㉗ 見⑯拙著，頁一三七。

㉘ Gerrit W. Gong（江文漢），"China and the Soviet Union", in Gerrit W. Gong and Angela E. Stent and Rebecca V. Strode, eds., *Areas of Challenge for Soviet Foreign Policy in the 1980s*（Bloomington, Indiana: Indiana University Press, 1984）, p. 72.

㉙ Segal, p. 11.

事後看來，這一連串的動作都是爲了蘇聯最高領袖布里茲涅夫三月二十四日在塔什干發表的演說鋪路㉚。在這篇演說中，布某所觸及中蘇共關係的層面極廣，字裏行間雖然仍然避免直接對中共讓步，但卻針對中共所關切的每一個問題，從反面提出辯解，藉比較以突出蘇聯的善意。譬如，他說：「我們從來不否認，現在也不否認社會主義制度在中國的存在。」此話意味著蘇聯已不再把中共定性爲「沒有毛澤東的毛澤東主義國家」。「我們從來不支持，現在也不支持所謂『兩個中國』的構想。」當時美國正與中共爭執對臺軍售的問題，布某藉機討好以離間美「中」關係。「我們從來不認爲兩國間的敵對疏離是屬於正常的狀態。」此話隱含對正常化的期望卻又不失之急切。「我們從來不曾，現在也沒有對中華人民共和國構成威脅。」這句話更是直指中蘇共關係的核心問題，即中共的受威脅感。正是因爲布某這篇演說在守成中頗具開創新意，所以許多西方專家均把它當做八〇年代中蘇共正常化過程中決定性的分水嶺㉛。不管此種判斷從長遠而

㉚ *Pravda*, March 25, 1982.

㉛ 如 Segal, 前引文；Robert G. Sutter, "Chinese Foreign Policy in Asia and the Sino-Soviet Summit", *for Congress CRS Report*, May 15, 1989; Jonathan D. Pollack, "The Sino-Soviet Rivalry and Chinese Security Debate", *RAND Report*, R-2907-AF, Oct. 1982; Dan Strode, "Soviet China Policy in Flux", *Survival*, July/August 1988; Alfred D. Low, *The Sino-Soviet Confrontation Since Mao* (New York: Columbia University Press, 1987); Steven Levine, "Sino-Soviet Relations in the Late 1980s", in Lawrence Grinter and Young Whan Kihl, eds., *East Asian Conflict Zones* (New York: St. Martin's Press, 1987); John Garver, "The New Type of Sino-Soviet Relations", *Asian Survey*, Dec. 1989.

且整體的角度看是否正確，它做爲一個新時期的開創者地位應可肯定，因爲自是而後，起碼蘇聯這方面的所有相關文字均一再提到布某的這篇講話。而布某身經中蘇共鬭爭最激烈的時期，卻在垂暮之年欽定和解的方向，也使他的繼承人在推動此一政策時，更容易尋求內部的共識。

塔什干演說後，蘇聯續有動作。四月間，安德洛波夫（Yuri Andropov）接替蘇斯洛夫的遺缺，坐上蘇共的第二把交椅。安氏在六〇年代以特務頭子起家，擔任過「國安會」（KGB）的首腦及蘇共聯絡部（負責對共黨國家的關係）的部長，所以對中共事務一定不陌生。然而他對中共的觀點似乎不像蘇斯洛夫那樣僵硬㉜。他在一九八二年四月列寧誕辰紀念活動時的講話顯示，他對「多條道路通向共產主義」的說法亦頗爲寬容。該年五月，「亞歷山卓夫」再度以塔什干演說爲基調，向中共喊話。同月，遠東司司長賈丕才再訪北平，會晤了中共「外交部」副部長錢其琛及「蘇聯東歐司」司長于洪亮。而且在公開的蘇聯報刊文章中，不論用筆名或眞名，處處可見鼓吹中蘇共和解的論調㉝。

中共這方面公開聲明的口氣與前一年一樣硬。譬如，針對布里茲涅夫的塔什干講話，中共外

㉜ 請見 Jonathan Steele, *Andropov* (London: Martin Robertson, 1983).

㉝ 蘇聯專家在這方面的分析文字相當多。Gilbert Rozman, "Moscow's China-Watchers in the Post-Mao Era," *The China Quarterly*, No. 94, June 1983，有非常詳盡的介紹。

交部發言人表示，話不算數，行爲才重要㉞。但私底下中共與蘇聯接觸的面卻在擴大㉟。緊接著一九八一年年底的體操隊往訪，一個文化界代表團於一九八二年元月中旬赴蘇商討書刊交換事宜。二月間，三名經濟學家前往考察蘇聯經濟。三月間，又一支運動隊伍抵達莫斯科參加比賽。四月，兩名中共科學家參加在塔吉克加盟共和國舉行的國際會議。五月，一支貿易代表團訪蘇。六月，蘇聯選手在北平參加比賽。七月，兩名蘇聯經濟學家回訪。八月，于洪亮訪問莫斯科，主要目的似乎是商討重開因爲阿富汗事件而中止的談判事宜。九月，中蘇共雙方簽訂出版品交換協定。同月上旬，胡耀邦在中共十二大獲選爲總書記（「黨主席」職位同時取消），提出「獨立自主外交」的概念，同時表示反對美國與蘇聯的「霸權主義」。這種把美蘇相提並論的用語非屬尋常，因爲直到八月九日，中共的《北京周報》還在指責蘇聯是世界禍源㊱。顯然中共的外交政策自十二大起發生了質變。同月二十六日，布里茲涅夫再在裏海邊緣的巴庫發表一篇演說，重中他對中蘇共和解的期望，而且完全避免對中共提出任何批評。其目的極可能是對中共十二大轉變做出正面回應㊲。十月二十七日，也就是布氏去世前二個星期，在對一批高級軍事將領的內部談話

㉞ Day, p. 176.

㉟ 見⑯拙著，頁一三八。

㊱ International Editor, Mu Youlin, "Opposing Hegemonism", *Beijing Review*, 一九八二年八月八日，頁三。

㊲ *Pravda*, Sept. 27, 1982, p. 2.

中，他又重新傳達和解的意願[38]。該月三日至二十九日，蘇聯談判代表伊里契夫與中共代表錢其琛在北平進行阿富汗事件以後的第一次「磋商」[39]。中共在會中正式向蘇聯提出日後許多人均耳熟能詳的「三障礙」條件——第一，蘇聯撤出駐紮在中蘇邊境與外蒙古境內的大批軍隊；第二，蘇聯停止支持越共侵略高棉；第三，蘇聯撤出阿富汗駐軍。蘇聯的答覆是，雙邊談判應集中於雙邊事務，不應對涉及第三國的事情加以討論。這兩種意見相左的說法在以後數年的「磋商」與雙方的輿論機器中不斷地重覆。儘管如此，因爲阿富汗事件而中斷兩年的「磋商」管道終於恢復。而在這兩年中，雙方意識形態的爭執由於中共本身的轉變而明顯地趨於淡化，雙方社會各層面也已經成功地掛了鈎。所以表面上雙方兜了一圈又回到原地，但實際上雙方的實質關係在兩年中已有相當程度的增進。

一九八二年十一月十日布里茲涅夫的死亡給中蘇共和解製造了一個新的機會。中共派出一支以「外交部長」黃華爲首的代表團參加葬禮。葬禮結束後，蘇共新總書記安德洛波夫與黃華面對面晤談。隨後黃華並與蘇聯外長葛羅米柯（Andrei Gromyko）進行實質討論。這是自一九六四年以來訪問莫斯科最高層次的中共官方代表團，也是一九六九年柯錫金與周恩來會面以來最高層次的雙邊晤談。更饒意義的是，黃華見到了外長葛羅米柯，而同時參加葬禮的越南外長卻只由蘇

---

[38] *Pravda*, Oct. 28, 1982, p. 1.

[39] 見本書附錄一。

聯副外長伊里契夫接見[40]。對具有高度階級意識的共產黨來說，這些看似微小的人事安排實具有相當重大的政治含義。對於蘇聯的用意，中共當然心知肚明。於是，黃華在莫斯科稱讚布氏是「傑出的政治家」，而他的死亡是「貴國與貴國人民的重大損失[41]。」回國後並立即對未來「磋商」前景表示樂觀。安德洛波夫本人隨後亦在與蘇共中央委員會談話的場合稱呼中共爲「偉大的鄰邦」，並正式表示希望中蘇共關係進一步改善[42]。《眞理報》總編輯阿法納雪夫（Viktor Afanaseyev）更大膽聲稱，未來談判應可達成裁減邊境駐軍的協議[43]。中共「外交部」在十一月二十五日表示「注意到」安氏的談話內容，希望蘇聯新領導人「對關係正常化障礙的消除，做出新的努力[44]。」十二月底，中共再度藉著慶祝蘇維埃社會主義聯邦共和國建國六十週年的機會，向蘇聯致送賀詞。其中一段是「雙方應該透過談判、具體行動與障礙的消除來共同努力達到（關係正常化的）目標。」《眞理報》於十二月二十六日將賀詞全文刊出[45]。與一九八一年相比，中共和好的意願可說在一九八二年表達越來越露骨。

---

[40] Robert Horn, "Vietnam and Sino-Soviet Relations", *Asian Survey*, July 1987, p. 733.
[41] Segal, p.68.
[42] *Pravda*, Nov. 23, 1982. p. 1.
[43] Donald S. Zagoria, "The Moscow-Beijing Detente", *Foreign Affairs*, Spring 1983, p. 858.
[44] Day, p. 179.
[45] *Pravda*, Dec. 26, 1982.

第二節　一九八三年後的雙邊政治關係——行行停停

如果說在一九八二年內雙方仍在謹慎地試探對方，而發展過程卻相當順利，那麼一九八三年的進程則在順利中發生若干重大的「意外」，只是這些意外並沒有嚴重傷害到雙方的既定方針，反而顯露出雙方維持關係的意願以及處理意外、穩定局勢的能力。第一宗具有潛在殺傷力的事件牽涉到情緒性強烈的邊界問題。蘇聯的暢銷雜誌《新時代》週刊在開春第三期就以「觀察家」名義撰文指控中共不應該對蘇聯領土提出主張[46]。這篇打破最少半年平靜關係的文章還引用好些最近才在中共出版的地圖、期刊及辭典來證明中共表面示好，但實際上對內宣傳並未放棄某些「無理的」要求。不過平心而論，這篇文章的重點似乎並不在反駁中共的領土主張，而是藉此問題向中共公開質疑其對和解的誠意。中共的反應亦頗値玩味。它一方面立卽在自己的暢銷雜誌《世界知識》第三期以「本刊評論員」名義辯護自己的領土問題立場，而這篇文章的長度遠不及《新時代》[47]。一方面又透過胡耀邦之口，說：「對搞政治的人來說，仇恨這東西是一覺醒來就可以忘得一乾二淨的。所以我不同意中蘇兩國積怨很難消除的那些看法[48]。」經過這一來一往，中共保

---

[46] Observer, "What Is the Purpose?", *New Times* (Moscow), No. 3, 1983, pp. 12-14.

[47] 本刊評論員，〈答：《新時代》周刊「觀察家」〉，《世界知識》，一九八三年，第三期，頁二。

[48] Segal, p. 13.

住了自己的面子，也給了蘇聯面子。而且自此中共確實不再將內部對領土問題的歷史地理研究大量見諸文字，以免引起蘇聯疑慮，並便於將這個情緒性極高、曾經導致雙方兵戎相見的問題在專家冷靜而秘密的討論中尋求解決。

第二宗「意外」牽涉到美蘇之間的中程核武談判。由於蘇聯在西伯利亞也部署了SS-二〇飛彈，而這種飛彈每枚具有三顆彈頭，機動，而且射程涵蓋整個中國大陸，所以中共自始就一直十分關心蘇聯這種飛彈的發展情況。美蘇在一九七九年開始談判以來，過程一波三折。一九八三年初，雙方觀點差距似乎逐漸縮小。中共作爲受到影響而未能與聞談判的第三者自然大感緊張，於是在三月間雙方進行阿富汗事件以後的第二回合「磋商」時首度提出SS-二〇飛彈的問題，要求蘇聯將來不得把部署於歐洲的這種飛彈移置亞洲。蘇聯未予承諾。但在八月二十七日，安德洛波夫突然公開表示，如果美蘇中程飛彈談判獲致協議，蘇聯將銷燬歐洲部份的飛彈而不把它移往亞洲。在同一聲明中，安氏還重申改善中蘇共關係的意願㊾。此舉頓時讓中共鬆一口氣。原先中共對安氏的正面評價經此事件而更加強，應可想像。

第三宗「意外」就是舉世皆知的蘇聯擊落韓航〇〇七號班機的事件。當九月一日的這件慘劇傳出，全球輿論咸表震驚，紛紛對蘇聯的殘暴行爲提出最嚴厲的譴責。唯獨中共反應鎮定，只淡

㊾ *Washington Post*, March 17, 1983, p. 31; *Pravda*, August 27, 1983, p. 1.

淡地表示「遺憾」。事件發生後的第二天，中共「國家主席」李先念甚至對安德洛波夫所提出的解釋表示欣慰之意。而在聯合國安理會投票譴責蘇聯暴行時，中共表示「棄權」。該月六日，中共依照原訂計畫接待來訪的賈丕才(新近由司長擢升爲副部長)，商討準備在十月召開的第三回合「磋商」事宜。然而就在賈丕才登機返國幾小時之後，中共「外交部」立即發表聲明，要求蘇聯對韓航事件的罹難家屬給予適當的賠償。第二天，《人民日報》社論更進一步要求蘇聯大幅削減已經部署在西伯利亞的中程飛彈[50]。中共對韓航事件的處理方式顯示兩個意義。第一，中共只對世界輿論做個最基本的交待，儘量不讓道德的因素干擾到辛苦經營的中蘇共關係。第二，中共企圖利用美蘇緊張關係的升高情勢再爲自己謀點私利(即削減飛彈)。上述這些發展顯示中蘇共均努力維持和解趨勢於不墜，但同時也意味這些發展必然受到中共「獨立自主外交」考慮的根本限制。

反應在當年的其他中蘇共雙邊關係上，中共在三月（莫斯科）與十月（北平）的兩度「磋商」中均提出「三大障礙」，而蘇聯兩度拒絕討論，顯示雙方對安全問題仍有重大的利益差距。但在其他方面的來往卻繼續進行。譬如，七月間中共首度參加莫斯科影展；八月間蘇聯足球隊訪平；中共女子排球隊訪問莫斯科；九月間中共參加莫斯科書展，雙方並首度交換十名留學生；十月間雙方代表團第一次會面商討人民相互觀光事宜。在官方的層次，三月間中共代表團團長錢其

[50]《人民日報》，一九八三年九月三日，頁一；九月十七日，頁七。

琛（時任「副部長」）拜訪了蘇聯外交部長葛羅米柯，而蘇聯副部長伊里契夫亦在十月的北平行中會見了中共的「外交部長」吳學謙，顯示經常性的官方接觸層次又見提高。此外，十月份的「磋商」雖然仍受阻於「三大障礙」，但雙方同意次年貿易量加倍，交換學生人數由十人增至一百人。蘇聯並同意協助更新哈爾濱地區四座蘇造紡織工廠的設備[51]。在一九八三年的言論方面，雙方似乎也相當克制，儘量不批評對方的內政。其中頗具象徵與實質意義的是，蘇聯中止對新疆維吾爾人的煽動活動。維吾爾是新疆地區的「原住民」，目前約有六百萬人，略低於整個自治區總人口的一半。在俄屬中亞亦有大約二十萬的維吾爾人。自六〇年代開始，蘇聯爲了打擊中共在新疆的統治地位，採取了好些措施，希望利用俄境的維吾爾人達到煽動新疆維族的目的。其中較重要的就是在阿拉木圖秘密發行維文報紙《東土耳其斯坦之聲》（*Sharki Turkistan Avazi*）[52]。但在一九八三年，爲了避免觸怒中共，莫斯科下令中止《東土耳其斯坦之聲》的刊印，同時禁止俄境維族的其他反中共活動[53]。

然而，中蘇共外交與戰略利益上的差異在一九八三年後期與一九八四年也在逐漸凸顯，以致

---

[51] *New York Times*, Oct. 30, 1983, p. 6.

[52] 見拙著，〈蘇聯對中共政策中維吾爾人所扮演的角色〉，《國際關係學報》，第五期，一九八二年十二月，頁八〇－八一。

[53] Erkin Alptekin, "Relations Between Eastern and Western Turkestan", *Radio Liberty Research*, RL 548/88, Nov. 30, 1988, p. 3.

正常化過程進入一九八四年時略呈頓挫之勢。一九八三年五月，胡耀邦曾經訪問南斯拉夫與羅馬尼亞這兩個外交政策相當獨立的國家。錢其琛與其他官員亦曾走訪匈牙利、波蘭、東德與捷克。對這些訪問，蘇聯均未大加撻伐。但是自一九八三年十一月至一九八四年四月，中共與美國、日本間密切的高層互訪行動——胡耀邦訪日、趙紫陽「總理」訪美、中曾根康弘首相訪平、雷根總統訪平與其他部長的互訪——卻深深刺激了莫斯科的領導人。各種報刊文章重新開火，批評中共採取親美的外交路線。此外，一九八四年四月二十八日開始，中共對越南邊境發動「懲越戰爭」以來最嚴厲的攻擊㊹。莫斯科於是在一怒之下取消原訂五月十日由副總理阿希波夫(Ivan Arkhipov)訪問中共的計畫。阿氏在五〇年代曾任蘇聯駐北平的總顧問，是雙方友好關係的象徵性人物。他的訪問如果成行，無論在實質或象徵性意義上都可算是重大的突破。然而就在他預定啟程前幾小時，莫斯科突然宣佈阿氏此行將「無限期展延」㊺。不管這個決定是基於蘇聯對美「中」關係的不滿，或針對該年年初中共對越南進行一九七九年以來最猛烈的邊境軍事攻擊，對中蘇共正常化過程來說，都是一次顯而易見的頓挫。

㊹ 見拙著，"Sino-Soviet Relations of the 1980s: From Confrontation to Conciliation", in Samuel S. Kim, ed., *China and the World: New Directions in Chinese Foreign Policy* (Boulder, Colorado: Westview, 1989), pp. 112-113.

㊺ Day, p. 185.

除了戰略利益的差異外，這個頓挫也有微妙的個人因素。原來安德洛波夫就任總書記大約半年，也就是一九八三年九月起就不時長臥病榻，難理國事。一九八四年二月安氏去世後，蘇共推舉年歲較安氏猶長的契爾年柯（Konstantin Chernenko）接任總書記。契氏的政治生涯泰半追隨在布里茲涅夫左右，是屬於「內臣」型，而不是像安氏那樣屬於「外將」型的人物，其政治觀點也應該比較接近布氏。在安氏的葬禮上，中共派出「副總理」兼政治局委員萬里作爲首席代表，其層次顯然高於當年參加布里茲涅夫葬禮的「外長」黃華。中共此舉一方面表示中共對安氏的敬重，一方面也暗示中共對未來關係改善的期望。然而蘇聯卻只派出與萬里地位相當的政治局委員阿里耶夫（Geidar Aliyev）虛與委蛇。而對越南的代表團，不像安德洛波夫當年的有意壓抑，契爾年柯竟以總書記之尊親自出馬[56]。這種差別待遇所顯示的意義，外界人士或許不易掌握，但在中共眼裏應該最清楚不過。果然六月間，中共開始點名攻擊契爾年柯，指責他對中蘇共和解採取敵對的態度[57]。這種情形直到同年九月中共「外長」吳學謙與蘇聯外長葛羅米柯在紐約藉出席聯合國大會之便而晤面後，才略有改善。十一月，雙方再度舉行副部長級的「磋商」。會中雙方仍在「三大障礙」問題上各說各話，但彼此同意於十二月下旬恢復阿希波夫的訪問。

阿希波夫爲期九天的訪問堪稱一大成功。他受到「老友」陳雲、彭眞等人的熱烈歡迎，見到

[56] Horn, pp. 734-735.
[57] Segal, p. 15.

了「總理」趙紫陽，參觀了深圳特區，還與「副總理」姚依林簽訂科學技術合作協定與經濟技術合作協定。更重要的是，阿希波夫離去前，雙方同意成立「中蘇經濟、貿易科技聯合委員會」，因而賦予當時中蘇共經濟關係一層制度化、長期化的意義[58]。

一九八五年二月二十二日，也就是契爾年柯死亡前三個星期，契爾年柯公開宣稱，希望看到中蘇共關係正常化[59]。二個星期以後，中共全國人民代表大會的一支代表團抵達蘇聯。這是二十年來第一次國會層次的訪問[60]。這些跡象顯示，契爾年柯生命中的最後幾個月雖然多半臥病在床，但他對中共的態度已在逐漸轉變。這個過程到了三月十日戈巴契夫繼任總書記以後遂出現更大的轉機。

第三節　中蘇共的經濟關係

歷史顯示，經濟關係在五〇年代曾經是維繫中蘇共友誼的重要因素。五〇年代末期，中共大搞「人民公社」，企圖自創經濟發展的品牌。隨後蘇聯驟然撤援，致使中共的經濟計畫頓失支柱，

---

[58] 中華人民共和國外交部外交史編輯室編，《中國外交概覽》（北京：世界知識出版社，一九八七），頁二二七。

[59] Gordon Knight, "China's Soviet Policy in the Gorbachev Era", *The Washington Quarterly*, Spring 1986, p. 100.

[60] 《中國外交概覽》，頁二二七。

最後不惜與蘇聯撕破臉。這一切顯示經濟因素對中蘇共分裂也起相當的作用。反映在貿易額上，前章已經指出，一九五九年是最高潮，爾後急遽降低至一九六九——七〇年的最低點。在七〇年代雙方針鋒相對的時期，中蘇共貿易總額大概一直維持在四億美元上下[61]。

如表一所示，中蘇共貿易在一九七九年以後續有進展。就貿易項目而言，蘇聯供應的多是機器設備（包括飛機、汽車、農機、電機、紡織機器與探勘設備等）、工業產品（鋼材、化肥）及原料（如水泥、木材、玻璃等），中共則輸出紡織品、茶葉、罐頭、肉類、鞋類及其他農業、輕工業產品。

由表面看來，中蘇共貿易總額由一九七九年的五億三千萬美元增加到一九八四年的十三億二千萬美元，不可謂不迅速。但實際上它只佔整個中共對外貿易的百分之二點五及蘇聯對外貿易的百分之零點七，遠少於西方國家對它們的重要性[62]。

與其他國家之間的貿易不同的是，中蘇共之間尚有性質特殊的邊境貿易。這種貿易型態從一九五七年在黑龍江流域正式展開，至一九六六年止，雙方已進行了價值三千四百七十六萬盧布的

[61] 有關這段時期的中蘇共經貿關係及其含義，請參見 Dwight Perkins, "The Economic Background and Implications for China", 與 Henry W. Schaefer, "The Economic Background and Implications for the USSR", in Herbert Ellison, ed., *The Sino-Soviet Conflict: A Global Perspective* (Seattle, WA: University of Washington Press, 1982).

[62] Segal, pp. 24-29.

表一　中蘇共貿易

（單位：百萬美元）

年份	中共自蘇進口	蘇聯自中共進口	總額
1979	242	288	530
1980	228	240	468
1981	123	140	263
1982	142	221	363
1983	349	401	750
1984	711	616	1327

資料來源：Valerie NIQUET-CABESTAN, "L'evolution recente des relations economiques entrela Chine et URSS(1982-1987)" in *Revue d'etudes Comparatives est-ouest* (Paris) Vol. 19. No. 2, 1988, p. 88.

邊境貿易[63]。一九六八年這項貿易完全中斷，直到一九八二年四月雙方外貿部長換文才又重新恢復。當時交易地區尚只限於黑龍江及蒙古地區，而計價單位改成瑞士法郎。根據統計，一九八三年邊境貿易額為一、五九〇萬瑞士法郎，一九八四年為二、六〇〇萬瑞士法郎，一九八五年增至三、二五〇萬瑞士法郎。兩年間成長了一倍[64]。

邊境貿易的項目反映雙方各自的需要。中共對蘇聯遠東地區輸出蘇方稀有的水果、紡織品、大豆、花生等消費品，而蘇聯則供應鋼材、木材、化工產品、農具、洗衣機等。由於雙方地理位置接近，

[63] 郗藩封，〈中蘇邊境貿易的恢復和發展〉，《國際貿易問題》（北京），一九八八年第二期，頁五七。

[64] 同上註，頁五八。

運輸費用低，而且又是以貨易貨，不必動用現匯，所以邊境貿易可以說是相當自然，經濟效益相當高的一種特殊貿易型態。

不過，中蘇共的貿易也不無限制。首先，雙方經濟結構並不全然互補。譬如，在八〇年代初期估中共出口大宗的石油恰好也是蘇聯的主要出口項目。蘇聯希望輸出鋼鐵，但中共對日本製造的鋼鐵更有興趣。蘇聯開發西伯利亞需要資金技術，而中共本身也需要向西方求取資金技術。所以在基本的、重大的經濟結構上，雙方並不能互補。八〇年代初期貿易的快速增長所反映的現象，與其說是當時關係改善，不如說是過去關係太不正常。而邊境貿易之所以急速熱絡起來，除了因爲過去壓抑太久以外，也因爲雙方的邊境地區事實上也是雙方各自的「邊陲地區」，長久以來無法受到「核心地區」足夠的滋補，正好藉機互相支援。如果中蘇共的基本經濟結構不能改變，如果邊境地區的經濟發展程度不能大幅度提升，雙方對彼此商品的需求就不容易大幅擴大，貿易自然也不容易突破滿足彼此「基本需要」的層次。

其次，中共在八〇年代顯然決定採取對西方開放的政策。它國民生產毛額對西方依賴的程度已經超過五〇年代對蘇聯依賴的程度[65]。此外，它還努力吸收美、日、港的投資，積極加入世界銀行、國際貨幣基金等國際組織[66]。這些都顯示西方市場與資金來源對中共的重要性。

---

[65] Harry Gelman, *The Soviet Union and China* (Santa Monica, CA: RAND, p-6465, March 1980), pp. 19-24.

[66] Segal, p. 26.

第三就是政治的因素。八〇年代初期，中蘇共之間疑忌猶存。雙方雖然不再尖銳地相互攻訐，但在經濟政策上的取向依然大不相同。一九八三年十二月，中共某官員就曾說過，雖然中蘇共都是社會主義國家，但社會主義對不同的人隱含不同的意義；標籤相同並不足以構成雙方的和解[67]。

最後還有運輸的問題。由於雙方人口與經濟核心地區相隔太遠。陸路交通又因鐵路不銜接而極爲不便。這也就是爲什麼中蘇共在八〇年代下半期關係漸至佳境時，亟欲加速鋪軌，以打破這一個瓶頸的原因。

總之，八〇年代上半期的中蘇共經濟關係確實比七〇年代緩和，但基於種種因素，它的發展依然十分有限。

第四節　中蘇共的安全關係

自一九七九年起至一九八五年戈巴契夫上臺時爲止，中蘇共間的安全關係可以說沒有任何緩和的跡象，不但雙方百萬大軍箭拔弩張，隔界對峙，而且北平與莫斯科在其他地區爭奪影響力的

---

[67] 《人民日報》，一九八三年十二月二十四日。

基本態勢絲毫沒有放鬆的跡象。這種情形與當時中蘇共雙邊政治關係日益擴大的現象極不相襯，但也有力地說明了政治關係的發展進程爲什麼會行行停停，爲什麼始終不易突破乃至大躍進。

首先，在雙邊軍事關係上，中蘇共沿著邊界部署的地面武力無論量或質均有提升。如表二所顯示，蘇聯的地面部隊數量由一九七九年的四十六師增加到一九八四年的五十二師，其中七師爲裝甲師，而中共亦由六十五師增加到六十六師，其中九師爲裝甲師。

表二　中蘇共邊境地面武力表

（單位：師）

年份	蘇聯	中共
1979-80	46	65
1980-81	46	69
1981-82	46	67
1982-83	47	66
1983-84	52	66
1984-85	52	66

資料來源：*Military Balance* 年刊

蘇聯的部隊分佈於外蒙古以及中亞、西伯利亞、巴咯爾（Baikal）與遠東等四個軍區，其中又以濱臨日本海、俯視中國東北的遠東地區軍力最爲強大，幾佔部署於亞洲總軍力的一半。但在外蒙古的五個師（二個裝甲師、三個步兵師）人數雖少，卻因扼住要害而對中共造成極大的威脅。中共的部隊則以面向外蒙，保護京畿的北京軍區人數最多（二十九師），瀋陽軍區次之（二十三師），蘭州軍區最少（十四師）。雖然人數略寡，但一般專家公認，蘇聯的地面部隊擁有優勢的武器、裝備、機動性、訓練、情報等戰術要件。而且由於縱深小、運補困難，所以蘇聯的部隊採取前進部署，以攻代守的策略[68]。在一九八○年，蘇聯還把西伯利亞、巴咯爾與遠東軍區的武力，加上駐蒙部隊、太平洋艦隊以及遠東地區的全部空軍，完全編成一個戰區，由索科洛夫（L. Sokolov）元帥統一指揮，並將總部設在伊爾庫茨克（Irkutsk）。這項改變不但增加指揮作戰的靈活性，而且也反應莫斯科對中蘇共邊境駐軍的重視。索科洛夫後來出任蘇聯國防部長，遺缺交給遠東軍區司令特瑞塔克（I. Tretyak）。特瑞塔克離職後又交給雅佐夫（Dimitrii Yazov），雅佐夫在一九八八年亦升任國防部長[69]。這些現象都顯示遠東的經歷在蘇聯將官擢升過程中是一個非常重要的階梯。而中共基於人力與幅員的優勢，以及火力的劣勢，比較傾向於採用誘敵深入的人民戰爭方式以為因應。在一九八○年代初期，中共才開始設法彌補本身的缺陷，逐漸加重裝甲部隊與炮兵的比重，向所謂的「現代條件下的人民戰爭」策略過渡。一九八一年在中蒙邊境的大規模演習（鄧小平親自督陣）以及一九八二年模擬戰術核子武器使用的演習，均反映中共在這方面的努力。

---

[68] 專門討論中蘇共軍事關係的著作並不多見。請參閱 Donald C. Daniel and Harlan W. Jencks, "Soviet Military Confrontation with China: Options for the USSR, the PRC and the USA", *The Journal of East Asian Affairs*, Fall/Winter, 1983; Thomas Maneken, "Current Sino-Soviet Military Relations", *Asian Affairs*, Summer 1987; Gerald Segal, "The Soviet Threat at China's Gates", *Conflict Studies*, No. 143, 1983; Dan Strode, "Arms Control and Sino-Soviet Relations", *Orbis*, Spring 1984.

[69] Maneken, p. 94.

蘇聯的空軍亦佔盡優勢⑩。二千七百架戰機中包括最先進的米格三十一、米格二十九，殺傷力極大、航程籠罩全中國大陸的逆火式轟炸機以及一個遠程航空師。中共戰機數量雖有五千三百架之多，但多半是性能低劣的米格機。這也是爲什麼在懲越戰爭中，中共始終不敢出動空軍的重要原因之一。

在海軍方面，蘇聯的優勢更大。蘇聯太平洋艦隊的實力在八〇年代上半期已經是蘇聯四大艦隊之首。除了運載核子武器的艦隻外，僅僅傳統性的主要艦隻就有五百餘艘，其中還包括兩艘基輔級的航空母艦，一百多艘潛水艇。而中共卻只有少量的巡洋艦、驅逐艦，以及性能低劣的潛水艇。當然，在戰時蘇聯太平洋艦隊有一大部份會受到美日海軍力量的牽制，但卽使如此，許多專家也認爲蘇聯有足够能力切斷中共的對外航運，並對佔全部人口百分之六〇的中國大陸沿海地區進行無情的攻擊。

在核子武器方面，蘇聯的優勢亦極爲明顯。中共雖然發展出少量的戰術核子武器，以及二至三顆足以射到莫斯科的長程飛彈。但與蘇聯相比，根本就是小巫見大巫。不過由於核子武器性質特殊，中共又聲稱「不首先使用」核子武器，給自己披上一層道德的外衣，所以勉強稱得上具有

---

⑩ 有關中蘇共軍力對比，除⑱所引各文外，尚可參見 *Military Balance* 年刊系列。此外，Paul Gauthier, "Sino-Soviet Relations: Toward Political Realism", *Geopolitique*, No. 15, 1987, p. 24-25, 提供一張清晰的圖表。

「最低嚇阻」的能力。

綜上以觀，一九八〇年代上半期的軍力對比依然有利於蘇聯，而且由於蘇聯軍事現代化的速度高過中共，因此，蘇聯對中共的安全威脅不減反增。這也就是爲什麼安德洛波夫敢在一九八三年宣佈如果美蘇中程核武談判成功，將不把歐洲飛彈移置亞洲。同時，它也說明了爲什麼中共一方面與蘇聯改善政治經濟文化關係，但一方面卻對牽涉安全問題的「三大障礙」緊緊咬著不放，並一再駁斥蘇聯提出的「建立互信措施」提議（一九八一年三月首次提出，次年三月布里茲涅夫於塔什干演說再度建議，同年十月葛羅米柯於聯合國重彈老調，一九八三年八月安德洛波夫重申此議㉑）。這種軍事對抗的情形相當程度地反映了雙方之間繼續存在的高度不信任感。

第五節　結　語

由以上對一九七九至一九八四年中蘇共關係的分析，我們可以得出幾個初步的結論。第一，發動「正常化」進程的是中共，不是蘇聯。而中共的動因並非導源於它對蘇聯認知的重大轉變，而是根據它對整體環境及本身需要所做的最新估計（詳見下章）。正因如此，在這段時期內中共一直小心翼翼地維持「正常化」火苗於不滅，而它對蘇政策的開闔也相當程度地反映中共內部政治、經濟、意識形態的變化。在這種情形下，對世局影響深遠的阿富汗事件只不過暫時「中止」

㉑ Strode, p. 187.

中蘇共之間的「磋商」。韓航悲劇只使中共發出幾聲無力的「遺憾」，當然就更不足爲奇了。

相對於中共而言，蘇聯的起步就顯得較爲遲疑緩慢。一九七九與八〇年間，蘇聯的動作毫無創意，彷彿一方面餘恨猶深，一方面又對中共的求好建議訝異不止。一九八一年起蘇聯似乎才恍然大悟，開始認眞對待中共主動送上門的新機會，並且頻頻出招，擺出一付反客爲主的架勢。

第二個顯而易見的結論是，中蘇共在這段時期內無論政策實質或外交作風，均有很大的不同。就政策實質而言，蘇聯所追求的與七〇年代無異，亦即希望先達成原則性的協議，再談細節問題。而中共這方面卻堅持消除「三大障礙」，再談其他。由於這種根本的差異，所以至戈巴契夫上臺時爲止，雙方所舉行的六回合「磋商」都無法談出任何具體的結論。

更有意思的是雙方在作風上顯露出「急驚風」與「慢郎中」的差別。對中共的擠眉弄眼，蘇聯本來反應冷淡。一九七九年只是重彈前一年的老調，虛應故事一番。一九八〇年更是一語不發。但自一九八一年三月至一九八二年二月的短短一年間，蘇聯一口氣推出五個提議，而且每個提議都設法讓外界知道。不僅如此，在中共「外交部」蘇聯東歐司司長于洪亮第一次訪問蘇聯（一九八二年八月）之前，蘇聯的遠東司司長賈丕才已經出入北平三次之多。蘇共總書記布里茲涅夫更在他油盡燈枯的最後一年（一九八二年）公開發表三篇令世人側目的示好演說。一九八三年七月，蘇聯更不知好歹地公開要求中共宣佈自己仍然是社會主義陣營的一員[72]。

---

[72] 見拙著，[16]所引書，頁一四〇。

中共的外交作風與蘇聯大相逕庭。調子低低的，動作慢慢的，欲拒還迎，似退實進。譬如說，中共先在看似不友好的動作中（終止同盟條約），淡淡地推出「正常化」的提議。然後又不聲不響地自動給蘇聯摘下「修正主義」及「社會帝國主義」的帽子。一九八一至八二年間，蘇聯招式變化多端，但中共卻全神貫注於體育團體互訪、文化交流，與貿易關係的開展。蘇聯藉《新時代》週刊破口大罵中共，中共雖然撰文反擊，但語氣卻不尖銳。此外，中共堅持把每半年舉行一次的副外長級談判稱做「磋商」，故意貶低它的重要性。而對蘇聯所提出的所有大大小小、形形色色的建議，中共卽使不接受，也不再公開駁斥。

不過中共的姿態雖然擺得很低，但對若干原則卻仍然堅持不放。譬如說，中共一面表達「正常化」的期望，一面總不忘記帶上「三個障礙」的話。中共放棄了「修正主義」、「社會帝國主義」之類的罵詞，但「反霸」的調子還是唱得很高。一九八一年蘇聯與阿富汗簽訂邊界條約後，中共立卽提出嚴正抗議。這些似乎都顯示「慢郎中」的外表儘管溫和鎭定，但心裏卻自有他的一個譜。

第三個值得我們注意的結論是，自一九八一年開始，隨著美蘇緊張情勢的升高，中共政策逐漸顯露「以夷制夷」、「左右逢源」的跡象。在「獨立自主外交」口號的掩護下，中共不再極力慫恿美國建立「反蘇統一戰線」，反而躲在雷根強力反蘇立場的背後，伺機向雙方奪取政治利益。譬如，一九七九年春天，中共剛與美國建交不久，美國國會為了保障具有長期實質利益的中美關係，以壓倒性多數通過了「臺灣關係法」，其中列有建交前爭執激烈的軍售條款。對於這項法案，中共當時只提出非常微弱的抗議[73]。但在一九八一至八二年間，正在蘇聯對中共展開「熱烈追求」之際，中共立即主動向美國重提軍售舊案。其音調之高、壓力之多，爲當時數年所僅見。最後美國終於與中共簽署所謂「八一七公報」，將對臺軍售加以質與量的限制[74]。除了這朵中共稱之爲籠罩在美「中」關係上的「烏雲」外，北平還在雷根任內向華府提出不少要求或抗議。其中較重要者包括紡織品配額問題、胡娜政治庇護問題、驅逐美國學生問題、湖廣債券問題、泛美航權問題等[75]。當然這些事件之所以發生，都有它們本身的因素，尤其是直接牽涉到美「中」關係的因素，但不可否認地，蘇聯公開向中共示好一定也使中共更膽大、更氣壯，使美國不得不有所顧忌。有趣也有意義的是，在一九八三年美「中」關係漸趨穩定之時，美蘇關係因爲雷根宣佈「星戰防衛計畫」與美蘇中程核武談判觸礁而更形緊張。此時中共反過來要求蘇聯不得將歐洲中程飛彈移置亞洲。以上兩個實例均顯示「獨立自主外交」確實給中共帶來更多的空間。

---

[73] Lyushun Shen (沈呂巡), "The Washington-Peking Controversy over U.S. Arms Sales to Taiwan: Diplomacy of Ambiguity and Escalation", *Chinese Yearbook of International Law and Affairs*, No. 2, 1982, pp. 301-323.

[74] 同上註。

[75] Steven I. Levine, "China and The United States: The Limits of Interaction", in Samuel S. Kim, ed., *China and the World* (Boulder, Colorado: Westview, 1984).

本章可以得出的第四個結論是，至一九八四年底爲止，中蘇共關係正常化的過程雖有發展，但進步仍然十分有限，雙方關係中的氣氛得到緩和，接觸的層次與範圍亦有擴大，但所有既存的基本問題卻都沒有獲得解決。蘇聯提出許多動人的建議，說了一些較入耳的話，但骨子裏依然不願意放下「老大哥」的架子，對中共做出實質性的讓步。而在中共這方面，儘管忸怩作態，欲拒還迎，但對牽涉本身安全的重大問題也一直緊咬著不放。

中蘇共關係爲什麼會有前述的變化？爲什麼會令人得出這四個結論？蘇聯的考慮是什麼？中共的考慮又是什麼？這就是下面一章試圖探討的焦點。

第三章　一九七九至一九八四年關係轉變的成因

如前所述，中蘇共關係在一九七九至一九八四年間逐漸由尖銳對立轉趨緩和。自一九七九年四月中共踏出第一步開始，北平以「慢郎中」的姿態徐徐推動「正常化」的進程，一方面致力擴大雙邊的政治、經貿、文化關係；一方面仍然堅持以消除安全威脅爲先決條件。莫斯科對北平的「柔性攻勢」起先感到猶豫遲疑，但自一九八一年開始忽然表現出「急驚風」似的熱烈舉動。不過由於蘇聯自始至終並未對中共的條件做出讓步，所以至戈巴契夫上臺爲止，雙方關係雖有改善，卻十分有限。對這些發展中的「變」與「常」，究竟應該如何理解，我們似可在就蘇聯與中共政策的進一步分析中獲取答案。

第一節　蘇聯的基本政策觀——「常」

要了解蘇聯爲什麼會在這段時期內對中共的表面善意做出先「驚」後「急」的回應，爲什麼莫斯科自始至終不願對北平讓步，首先也是最重要的就是要了解蘇聯是以什麼眼光來看中共，它是以什麼角度來詮釋中共的新的對蘇政策。換句話說，蘇聯的基本政策觀是什麼？

要了解這點，就需要略微回顧一下歷史。在黑魯雪夫時代，蘇聯對中共的基本看法是：中共代表「小資產階級的錯誤傾向」。因爲它是以小資產階級意識（而不是無產階級）爲基礎，所以它可以透過本身的學習改造，與國際無產階級（意卽蘇聯）的獎勵或懲罰而逐漸導正❶。這種觀點在黑魯雪夫被黜下臺後可說完全破產。因爲一方面蘇聯在五〇年代對中共的獎懲不但絲毫未發生激清揚濁之作用，反而促使中共更加反蘇，而另一方面中共本身的派系鬬爭也絲毫沒有產生改邪歸正的政策效果❷。

布里茲涅夫上臺以後，蘇聯內部遂開始進行大規模的反思工作，檢討「我們爲什麼失去中國？」「爲什麼社會主義會在中國變質？」「爲什麼毛澤東等人完全不顧惜蘇聯兄弟的援助？」「這一切的根源在哪裏？」等問題。當時情景彷彿重演五〇年代初期美國內部「誰失去中國」的辯論。一九六七年七月，成立才一年的「遠東研究所」首先推出一本由三位研究員合寫的書（《

---

❶ 黑魯雪夫時期對中共較具代表性的看法是蘇斯洛夫在一九六四年二月十四日對中央全會所做之秘密報告。這份報告後來收錄於M. A. Suslov, *Marxism-Leninism: The International Teaching of the Working Class* (Moscow: Progress, 1975), pp. 136-197.

❷ 見 O.B. Borisov and B.T. Koloskov, *Sovetsko-Kitaiskie Otnoshenia: 1945-1980*（蘇中關係：1945-1980）(Moscow: Mysl, 1980)，第七、八章。

中國的發展情況》），將毛政權定性爲：「軍事官僚獨裁體」❸。在隨後的兩年內，蘇聯學者探討了不同的解釋途徑。有人認爲毛澤東主義類似「特洛斯基主義」，有人認爲「烏托邦式的社會主義」比較恰當。其他學者則以「無政府主義」或是「普羅主義」爲解釋中共政策的最佳理念❹。

在這段百花齊放的時期，「民族主義才是中共政策根源」的說法逐漸取得上風。譬如，在前述《中國的發展情況》一書中，作者使用一種奇怪的二分法。他們把過去慣用的「小資產階級思想」限制在對中共內政的解釋上，而對中共的外交則完全用「民族主義」來解釋❺。其他作者很快地跟進。譬如，毛死後被認爲是「改革派」大將的布爾拉茨基（Fedor Burlatsky），在他一九六八年出版的書中用了一整章討論民族主義對中共政策的影響❻。

另外，「社會科學情報研究所」副所長邱查德揚（L. S. Kiuzadzhyan）在論點上更進一步貶低「小資產思想」的角色，並加重「民族主義」的成分。他在一九六八年的一本新書中說：「最近幾年信仰馬克思主義的學者在中共問題上非常強調小資產的角色。但每個具有這個成份的國

---

❸ M.I. Sladkovskii, ed., *K sobytiiam v Kitae*（中國的發展情況）（Moscow: Politizdat, 1967). 這本書作者爲 B. Zanegin, A. Mironov, Y. Mikhailov.

❹ 譬如，P.N. Fedoseev, "Marxism and Mao Zedongism", *Kommunist*（共產黨人），No. 5, 1967.

❺ 同❸。

❻ F. Burlatskii, *The True Face of Maoism* (Moscow: Novosti, 1968)，第四章。

家都會經過像中共今天的震撼（指文革）嗎？我看不見得。就拿農民來說，他們雖有共通性，但因各國歷史、民族、經濟等因素的不同，在各國的作爲就不一樣。所以中共問題應該從別的角度來看才是。」而他所堅持的角度就是「中國民族主義」❼。

這段時期最重要的著作恐怕是後來實際執行蘇聯對中共政策的賈丕才的《毛派的外交政策》一書❽。在該書中，賈氏絕少提及「小資產思想」，也不再把「民族主義」當成馬列主義的「分歧思想」，而是把它提昇到相對於「國際主義」的重要地位。同時，賈氏指出，民族主義不但是毛派，也是中共所謂「走資派」的外交政策思想泉源。最後，也是最重要的，賈氏認爲一九五八年（「大躍進」的這年）才是中共外交政策變質的轉捩點。因此，中共反蘇政策的起始點不是一九五九年（卽主要不是因爲雙方國家間的爭執），也不是一九六〇年（卽主要不是意識形態的論爭），而是中共在內政上大力冒進的一九五八年。換言之，中共反蘇政策不過是中共領導階層「大國沙文主義」（亦卽「民族主義」）心態的體現而已❾。

關於這點，賈氏的說法很快地變成「正統」。譬如，蘇共聯絡部副部長羅曼寧（Oleg Ra-

❼ Liparit Kyuzadzhan, *The Chinese Crisis: Causes and Character* (Moscow: Novosti, 1968), p. 4.

❽ M.S. Kapitsa, *Leveye zdravogo smysla: O vneshnei politiki gruppy Mao*（站在常識的左邊：毛派的外交政策）(Moscow: Politizdat, 1968).

❾ 同上註。

khmanin）與另一位高級黨幹以筆名在賈氏新書出版前數月，發表了一篇也是討論中共外交的長文。在該文中，二位作者以一九五三到一九五九年爲一段時期⑩。但在一九七一年這兩位先生的新書中，這段時期被分爲「一九五三—五七，一九五八—五九」兩個時期。七十年代他們這本題爲《蘇中關係》的書不斷擴充，不斷修訂，一直是蘇聯討論中共外交的主要教科書。但有關一九五八年這個分水嶺及其意義，兩位作者論點始終不變⑪。

除了這些名家的著作外，蘇聯學者還開始一系列討論中國歷史和文化的討論會，並有系統的展開對中國傳統思想和民族特性的研究。這個新的研究方向顯示蘇聯政學界開始慢慢領悟到跳出馬列主義範疇，用中國民族特殊性來理解中共的重要性。

不過在一九六八年底，「民族主義」這套論調雖然逐漸成爲蘇聯漢學界的主流，但蘇聯官方似乎還沒有完全採納這個觀點。一九六九年三月爆發的珍寶島事件才終於改變了克里姆林宮的心意。由蘇聯的立場看，除了「民族主義」外，還有什麼更能解釋中共發動「一九二九年以來中蘇邊界第一次武裝衝突」、「二次大戰後蘇聯邊界第一次挑釁」的大膽行爲？顯然，推動中共政策

---

⑩ O.B. Borisov and B.T. Koloskov, "The Soviet Union's Policy toward the PRC: Socialist Internationalism in Action", in M.I. Sladkovskii, ed., *Leninskaia politika SSSR V otnoshenii Kitaia*（蘇聯對中共的列寧主義政策）(Moscow: Nauka, 1968).

⑪ O.B. Borisov and B.T. Koloskov, *Sovetsko-Kitaiskiie Otnosheniia: 1945-1970* (Moscow: Mysl, 1971). 後來該書一再增訂新版，分別討論 1945-1973, 1945-1980 的中蘇共關係。

的不是怯懦被動的小資產思想，而是狂妄無忌的「大漢民族主義」。

一九六九年內，蘇聯咒罵中共「民族主義」的文字眞是汗牛充棟。除了上述學者外，各主要報紙及期刊文章均以此爲中共威脅的眞正本質。蘇共總書記布里茲涅夫本人在六月的世共大會上也對中共大加撻伐。爲了遂行莫斯科突出中共「民族主義」的企圖，蘇共甚至不惜擅自竄改該年世共大會的決議。原來，世共大會在散會前決議呼籲全球馬列主義者向「修正主義、教條主義與左傾冒進主義（卽中共）」鬪爭。但十天後，蘇共的中央委員會卻決議把「左傾冒進主義」改成「民族主義」⑫。

由蘇聯的角度看，中共「民族主義」所顯示的意義不是別的，正是中共在內政上堅持特立獨行，而在外交上堅持反對蘇聯操縱的「國際主義」。正因如此，中共不只是向蘇聯的意識形態挑戰，而是在蘇聯逐步向美國全球勢力挑戰的當兒威脅到蘇聯的國家利益。更危險的是，在毛澤東主導下，中共政策染上濃重的冒進色彩。爲了控制這個危險並防止「民族主義」在其他地方蔓延，蘇聯決策當局遂在一九六九年對中共採取一系列新的高壓政策，慢慢取代了美國，成爲圍堵中共的國家。

在一九七〇年代和一九八〇年代，中共「民族主義」一直是蘇聯認識中共的基本出發點。蘇

---

⑫ 最早指出這項差異的是Richard Wich, *Sino-Soviet Crisis Politics: A Study of Political Change and Communication* (Cambridge, MA: Harvard University Press, 1980), pp. 158-159.

聯對中共的圍堵政策也始終完整如一。透過對中共歷史（如齊赫文斯基的著作）、哲學（如魯米揚切夫的著作）、政治思想（如布爾拉茨基的《毛澤東傳記》）及其他方面的研究，蘇聯學者似乎愈加肯定早先所作的結論⓭。而蘇聯官方的《眞理報》和《共產黨人》社論，以及領導人的公開演說也一再顯示，莫斯科依然是透過中共「民族主義」這個鏡片來看中共情勢的發展。譬如《共產黨人》月刊在一九七三、七四、七五、七七年的第十二期中，每期固定檢討當年的中共情勢與政策。而這些文章，以及其他難以計數的蘇聯著作都用「民族主義」——或其他類似但更醜化的名詞，如「沙文主義」、「社會沙文主義」或「大漢沙文主義」等——來詮釋⓮。遲至一九七九年，《共產黨人》這份理論機關刊物仍然發表社論，堅持說：「目前中共雖然放棄了毛澤東的一些錯誤假定，而且毛澤東思想本身也被改裝爲建造一個強大軍國主義國家的工具，但毛澤東思想的基本標誌——反動的民族主義——仍然屹立不搖⓯。」

⓭ S.L. Tikhvinskii, *Novaia istoriia Kitaia* (中國近代史) (Moscow: Nauka, 1972); A. M. Rumiantsev, *Istoki i evoliutsiia idei Mao Tse-dung* (毛澤東思想的根源及演變) (Moscow: Nauka, 1972); F.M. Burlatskii, *Mao Tse-tung: An Ideological and Political Portrait* (Moscow: Progress, 1980).

⓮ 譬如，G.K. Gudoshnikov and V.G. Karymov, "Some Aspects of Domestic Situation in the PRC", *Problemy Dalnego Vastoka* (遠東問題), No. 3, 1977及一九七七年第四期、一九七八年第二期、一九七九年第二期的《遠東問題季刊》的學術座談會紀要。

⓯ Editorial, "Beijing: Yesterday Imperialism Reserve, Today Its Ally", *Kommunist*, No. 4, 1979, p.81.

當然在一九八〇年代初期，蘇聯對中共內外政策的變革絕不會有視無睹。蘇聯專家也像西方學者一樣注意到鄧小平在國內推動的各種轉變。譬如說，蘇聯也承認中共在內政上不再高喊「階級鬬爭」；中共領導階層加速平反大大小小的「右派份子」；鄧小平努力強化黨的功能，而且重振國家官僚體系的能力，以便大力進行四個現代化⑯。同時，蘇聯也注意到中共推動農村改革，調動農民的積極性，並且引進有限度的西方科技，以便提昇中共經濟的生產力⑰。雖然蘇聯專家不時強調中共改革的困難性，但整體評價似乎依然肯定多於否定，尤其是與毛澤東時代「赤裸裸的革新與隨心所欲的統治方式」相比較。

但對蘇聯而言，關鍵性的問題不是中共的制度或政策在變好或變壞，而是這種變化對蘇聯有利或不利。而這點又牽涉到早先討論的中共政策根源的問題。對於這個問題，八〇年代的蘇聯官員與專家學者似乎並沒有改變他們的定見。亦卽，中共當前的改革政策仍然只是中共民族主義的一個反映。它的根本目的是走出一條「中國的特殊道路」，而「反蘇」仍然是中共民族主義最主要的具體表徵⑱。根據這種說法，導致中共社會主義變質並且脫離「國際主義」的根本動因不是

---

⑯ L. M. Gudoshinikov and R. M. Neronov, "Apropos of Certain Modifications in Beijing's Home Policy", *Poblemy Dalnego Vostoka*, No. 4, 1980.

⑰ R. M. Neronov and G. A. Stepanova, "The CCP: Certain Tendencies of Development", *Problemy Dalnego Vostoka*, No. 1, 1982.

⑱ 譬如，F. M. Burlatskii, "The Interregnum or a Chronicle of the Times of Deng Xiaoping", *Novy Mir*（新時代）, No. 4, 1982.

歷史、人口或經濟的客觀因素。就歷史因素而言，中共固然是有半封建與半殖民的背景，但是有同樣背景的其他第三世界國家卻依然擁抱「科學社會主義」（意卽蘇聯）。就人口因素而言，中共固然具有以農民爲主的人口結構，但在其他類似情況的國家中，無產階級一樣可以領導小資產階級，而且一樣接受先進社會主義國家（卽蘇聯）的領導。就經濟因素而言，若說中共經濟落後就一定會導致政治變質，也不正確，因爲五〇年代中期中共的工業化程度提高了，生活水準改善了——而這一切都是因爲蘇聯的援助——反而促使中共領導人採行反社會主義的實驗。同理，中共在八〇年代初期改善經濟、變革政治，不見得必然意味中共對蘇聯基本態度的轉變。

所以依照蘇聯的看法，歸結到最後，最重要的還是中共本身的主觀因素，也就是中共是不是仍然以「民族主義」爲所有政策的出發點。如果「民族主義」的基本思想沒有改變，中共內部客觀情勢的變化，與力量的提升，只不過「爲北京的霸權反蘇政策提供更堅實的物資與政治基礎而已」⑲。或者如兩位蘇聯學者在一九八二年所說：「中共政權的鞏固反而可能導致中共與蘇聯及其盟邦關係更加惡化，並促使中共與帝國主義的軍事政治同盟更加緊密⑳。」

正是基於這種眼光，所以蘇聯在一九七九年以後對中共情勢的分析角度完全不同於西方。譬

---

⑲ O. B. Borisov, "The Situation in the PRC and Some of the Tasks of Soviet Sinology", *Problemy Dalnego Vostoka*, No. 2, 1982, p. 12.

⑳ Neronov and Stepanova, p. 46.

如說，西方學者多半讚許中共恢復劉少奇、彭德懷等人名譽的做法，但蘇聯卻繼續指責中共不願平反王明、高崗等所謂「國際派」的歷史地位㉑。西方人士認爲中共重提「新民主理論」顯示中共有意貶抑階級鬪爭在國內政治中所扮演的角色，因此有助於團結安定。但蘇聯卻把此舉認爲是中共企圖「把中國的特殊情況絕對化，完全忽視了指導社會主義建設的共同原則㉒。」西方人士爲了中共不再高舉反對蘇修的大旗而忐忑不安，蘇聯卻絲毫不領情，反而認爲中共不過想藉四化建立「中國形式的社會主義」㉓。總之，西方人士傾向於把毛澤東時代看成一個特殊的左傾路線典型，同時把鄧小平種種不同於毛澤東的政策作爲看成「非毛化」、「務實」、「穩健」的舉動而大加讚揚。但在蘇聯眼中，「左」、「右」、「激進」、「務實」的分類並不適用。唯一適用的是「民族主義」與「國際主義」的標準。因此，蘇聯所觀察的不是鄧小平「非毛化」到什麼程度，而是鄧小平及其同黨「非民族主義化」到什麼程度。用這個標準衡量，莫斯科自然傾向於把鄧小平與毛澤東視爲一丘之貉，並對鄧小平在一九七九年以後的內政外交政策深懷戒心了。

八〇年代初期，蘇聯對中共內部派系的分析似乎更加確認中共對蘇聯的敵意，以及蘇聯對中共的高度不信任感。在一九八一年的一篇長文中，蘇共中央聯絡部副部長也是蘇共的中國問題權

㉑ O. B. Borisov, "The 26th CPSU Congress and Some Problems of Studying the History of China", *Problemy Dalnego Vostoka*, No. 3, 1981, p. 11.

㉒ 同⑲，頁九。

㉓ 同⑯，頁七。

威羅曼寧寫道：「一場尖銳的權力鬪爭已在（中共內部）繼續進行。不過，北京高階層的這場鬪爭並不會影響到毛澤東當年所宣示的戰略目標。當前所有的中共領導人都一致希望把中國變成一個軍事與工業上的強權。他們全部支持『馬克思主義中國化』的基本政綱，以及大國沙文主義、霸權主義與反蘇主義的立場。他們彼此之間的差異只有在於完成這些既定任務的方式及速度上而已㉔。」至於對鄧小平個人的評價，蘇聯專家也普遍不同意西方把他歸類爲「進步的改革者」的做法。《共產黨人》月刊的一篇文章說得最露骨：「事實上，鄧小平根本就是毛派右傾民族主義與親帝國主義潮流的標準代表人物。這個潮流在中共內部出現已有多年，最近更是躍居中共政治的主導地位㉕。」

證據顯示，蘇聯一方面對鄧小平充滿不信任感，一方面也對未來中共領導人的政治態度深感不安。在一九八二年《遠東問題》季刊的一篇分析文章中，蘇聯第一次公開它對中共「共產主義青年團」的看法。在當時「共青團」人馬（諸如總書記胡耀邦、「外交部長」吳學謙等）不僅跳出幽居多年的牛欄，而且個個位居要津，正向黨政各界急速伸展勢力。蘇聯對這支人馬的基本評價是：「共青團」在六〇及七〇年代大量吸收許多充滿毛澤東思想的分子；毛死後，這羣人仍然堅

㉔ O. B. Borisov, "Certain Aspects of Chinese Policy", *Kommunist*, No. 6, 1981, pp. 120-121.

㉕ O. Vladimirov, "The CCP Central Committee Sixth Plenum and Beijing's Current Policy", *Kommunist*, No. 12, 1981, pp. 83-84.

持過去的外交政策主張，其中包括「對世界第一個社會主義國家進行鬪爭㉖。」如果蘇聯對「共青團」的這個認識反映當時莫斯科對中共未來領導人的預估的話，那麼對蘇聯來說，顯然有必要繼續嚴防中共的「虛情假意」。在這種情況下，「虛與委蛇」、「談判而不妥協」當然也就成爲蘇聯對中共政策的最高指導原則了。

如果蘇聯僵硬的基本觀點導致僵硬的對中共政策，那麼又是什麼導致這種僵硬的基本觀呢？由各種證據來看，最重要的還是因爲蘇聯政策在八〇年代初期仍然緊緊掌握在布里茲涅夫時代同一批人手上的緣故。前面提到蘇聯在一九六四年布里茲涅夫上臺以後曾對中國問題進行全面的反思工作。執行這次工作的是一批完全不同於黑魯雪夫時代的黨政學者新貴。在五〇年代，蘇聯漢學的中堅分子集中在專門研究舊中國的「東方研究所」與一九五六年才成立以研究當代中國爲重心的「中國學研究所」。由於這批學者多半親中共，甚至在毛澤東於一九五八年發動「大躍進」運動（後來蘇聯以該年爲中蘇共關係惡化的分水嶺），而且蘇共當時對毛澤東漸感不耐以後，仍然對該運動歌頌不已㉗。所以黑魯雪夫在一九六〇年下令關閉「中國學研究所」。原來該所的機

㉖ V. N. Urov, "The Historical Fate of the Chinese Komsomol", *Problemy Dalnego Vostoka*, No. 2, 1982.

㉗ 詳見拙著，"Soviet China-Watchers' Influence on Soviet China Policy", *Journal of Northeast Asian Studies* Dec. 1983, pp. 27-30. 蘇聯學者的歌頌文章爲 A. V. Meliksetov, "A Great Leap in the PRC's Economic and Cultural Development", *Sovetskoe Kitaevedenye*（蘇聯中國學）, No. 4, 1958; A. A. Martynov, "The Great Race in the Socialist Construction of China and Its Historians", *Problemy Vostokovedenye*（東方學問題）, No. 2, 1959.

關刊物《蘇聯中國學》的十二名編輯當中，七名被併入「東方研究所」，其他五名終其餘生亦未再發表有關當代中國的文章㉘。一九六〇年至一九六六年間，蘇聯的中共研究不僅混亂而且落後。據統計，七年間有關中共的期刊文章只有二十三篇，僅略高於五〇年代任何一年的產量，而遠低於一九六七年以後的產量。而且這二十三篇文章中，有十三篇純粹是紀念中共建黨日、偽慶等的應景文字，不僅篇幅甚短，而且空無內容㉙。

自一九六四年上臺開始，布里茲湼夫就企圖重整中共研究，改變過去的錯誤傾向與混亂狀態，藉著對中共問題的深入探討，尋找蘇聯對中共政策的「科學性」答案㉚。這項重任在當時就交給於一九六六年成立的「遠東研究所」。由該所成立初期研究人員的生平資料，我們可以發現幾項特點。第一、該所所長斯拉德考夫斯基（M.I. Sladkovsky）雖具學者身份，但在接任前三十餘年的工作經驗全在蘇聯對外貿易部，而不是學界。第二、研究人員依年齡分，呈現六十歲左右和四十幾歲兩個截然不同的團體。老一輩的人中絕少五〇年代當紅的「中國通」，而年輕一輩的人一大半是一九四九年以後才大學出爐、忠貞程度可能較高的新血。顯然，當局用意不僅在新

㉘ 見㉗所引拙著，頁二八—三〇。
㉙ 見㉗所引拙著，頁三〇，及 Gretchen Ann Sandles, "Soviet Images of the People's Republic of China, 1949-1979", (Ph. D dissertation, University of Michigan, 1981), p. 117.
㉚ 有關蘇聯的中國研究，亦請參見畢英賢，〈蘇聯對中國的研究素描〉，《時報雜誌》，一四六期，民國七十一年九月十九日—二五日。

陳代謝，而且確實排除過去「親中共」的研究傾向。第三、重視一九四九年以後（而不是以前）在中國大陸工作的經驗。其中曾經一九六〇年代洗禮的研究人員，尤其在後來竄升得快。第四、黨政界與學界的交流遠比以前密切。許多具有學者身分的黨政要人（如羅曼寧、賈丕才）不僅參與《遠東問題》季刊（該所代表刊物）的編輯事務，而且經常出席該所的座談會㉛。

經過九年的辯論，支持前述「民族主義」基本觀的《遠東問題季刊》編輯羣取得了絕對優勢的主控地位。這些人包括由官而學的遠東研究所所長斯拉德考夫斯基，以及由學而官的賈丕才（經歷包括外交部副司長、司長、副部長）、羅曼寧（經歷包括蘇共聯絡部處長、副部長）、齊赫文斯基（外交部外交學院院長）等人。同意「民族主義」觀點但對政策主張略爲彈性的學者則有莫斯科社會科學情報研究所某部門主管的布爾拉茨基、莫斯科東方研究所中國部門主管的德魯恂（L. P. Deliusin）、國立莫斯科大學系主任的麥立克塞托夫（A. V. Meliksetov），及蘇聯科學院院士魯米揚切夫（A. M. Rumiantsev）。這四位專家曾在西方被稱爲「改革派」，以有別於斯、賈、羅、齊等「主流派」㉜。這些「改革派」人士與「主流派」年歲相當，但直到戈巴契夫上臺以後才逐漸受到重視。

㉛ 見㉗所引拙著，頁三三—三五。

㉜ Gilbert Rozman, "Soviet China-Watchers in the Post-Mao Era: The Responses to a Changing China", *China Quarterly*, No. 94, June 1983.

相對的，「主流派」人士長期橫跨黨政學界，有的（如斯拉德考夫斯基）盤據學術要津，直到八〇年代下半期才因病亡而盡瘁。有的（如賈丕才、羅曼寧、齊赫文斯基）則在官場步步高昇、一帆風順。八〇年代初期蘇聯換了布里茲涅夫、安德洛波夫、契爾年柯等三位總書記，但這些人卻有如長青樹一般歷久彌新。以這三名總書記在八〇年代初期的年老體衰，以及安氏與契氏的短暫任期（十五個月與十三個月），相對於這些人的歷久彌新來看，我們可以想像他們在政策上定然發揮持續的影響力。卽使「進步」如安德洛波夫者，縱然內心存有積極改善中蘇共關係的念頭，但限於體力（一半任期躺在床上），恐也無法眞正落實。

如果我們再換個角度看蘇聯在八〇年代初期僵硬的人與事，就更不會驚異。一九八一年蘇共第二十六屆黨代表大會結束前，布里茲涅夫親自向大會代表正式建議，把包括他自己在內的十四人政治局（平均年齡七十歲）全部留任。不僅如此，他還提議把八名候補政治局委員（平均年齡六十五歲），與十名書記處書記（平均年齡六十八歲）也全部留任原職。這是自一九一七年布爾希維克革命以來表現得最「安定團結」的一次黨代表大會。表面上，它象徵布氏至高無上的權力，但同時它也種下蘇共在後來數年江河日下的敗因。正像前述的蘇聯中國問題專家一樣，圍繞在克里姆林宮高階層的人士幾乎全是與布里茲涅夫共事二十年以上，乃至四十年（如契爾年柯）的官僚。這些人長期與他共生共榮，到了八〇年代也與他一起蒼老凋謝。也正由於這些人堅持「鞠躬盡瘁，死而後已」，所以自一九八二年底的布里茲涅夫死亡（或算得更早些，一九八二年一月蘇斯洛夫的死亡）至一九八五年三月戈巴契夫的繼位爲止，蘇聯歷經了一場艱辛的繼承危機。而這個繼承不僅代表權力的轉換，而且更重要的，它是世代的交替㉝。在這個繼承過程中，一般公認安德洛波夫的領導顯得有心無力，而契爾年柯則根本被認爲缺乏開創的企圖心。在外交政策上，安氏從未訪問西方國家，契氏的國際經驗亦極爲缺乏。因此兩人都極端依賴年已七十許的外交部長葛羅米柯。葛氏在一九四三年（時年三十四歲）即出任駐美大使，後任第一任駐聯合國大使。一九五七年起執掌外交部。他的僵硬態度使他在西方贏得「不先生」（Mister Nyet）的綽號。在他的領導之下，要求蘇聯外交推陳出新，幾與緣木求魚無異。上焉者既然尸位素餐，下焉者因循苟且，自然也就不足爲奇。

由以上的敍述看來，蘇聯在一九八〇年代初期仍對中共存有高度的不信任感。而這種不信任感實導源於七〇年代人事的延續與觀念的延續。同時它也說明了爲什麼蘇聯在一九七九與一九八〇年間對中共的示好動作遲疑不前，爲什麼在一九八一年開始擺出「急驚風」模樣的同時，卻對中共的基本要求絲毫不肯讓步。但蘇聯又爲什麼會做「急驚風」狀呢？

㉝ Jerry F. Hougt, *Soviet Leadership in Transition* (Washington, D.C. Brookings, 1980) 這本書就此觀點討論得最淋漓盡致。

第二節　蘇聯的如意算盤——「變」

蘇聯對中共的態度突然由冷淡轉成熱絡的原因，依常理分析，不外有四。一是蘇聯決策人士更替。二是蘇聯對中共的主觀認知發生轉變。三是中共政策軟化。四是蘇聯的其他國外環境起了變化。

首先，決策人士。蘇聯共黨在八〇年代初期確實三易其主。但問題是，第一，如前所述，總書記以下的相關重要職位並無變化；第二，蘇聯對中共態度的轉變根本就發生在總書記易手之前。當年主張強硬的是布里茲涅夫，現在展開笑顏的也是布里茲涅夫。換句話說，人事更動應與政策改變無關。

其次，蘇聯對中共的認知是不是先有變化？依上節論述，蘇聯對中共的認知在戈巴契夫上臺以前並沒有改變。事實上，不僅「主流派」認定中共代表一意孤行、不識大體的「民族主義」，而且許多蘇聯內外的異議份子也採同樣的看法㉞。所以這個可能性也不成立。

再其次，中共本身對蘇政策的轉變是否導致蘇聯「良好」的回應？由表面上看來，這點不無

㉞ 譬如，Roy Medvedev, "The USSR and China: Confrontation or Detente?" *New Left Review*, Nov. -Dec. 1983, pp. 5-29.

可能。但如深入分析，卻發現亦不盡然。因爲正如前節所述，由八〇年代初期蘇聯的眼光來看，中共對蘇政策的轉變並不代表中共的善意，而只代表中共「民族主義分子」策略的轉變而已。它的基本反蘇意向依然存在。更重要的，中共政策轉向在一九七九年四月就已初露端倪，蘇聯爲何遲至一九八一年才投桃報李呢？當然一九七九年底蘇聯入侵阿富汗的事件可能要負部分責任。但它說明的應是爲什麼中共暫停示好，而不是蘇聯爲什麼毫無動作。如果蘇聯眞的有意修好，大可以在一九八〇年，而不必等到一九八一年才向中共一口氣提出五個建議，而且都是舊飯新炒的建議。因此，關鍵點似乎在時機的選擇。而時機的選擇又與一九八一年蘇聯國際環境的新變化有關。資料顯示，蘇聯對一九八一年新國際情勢所蘊含的意義極感興趣。做爲一個全球性的強權，蘇聯在制訂針對某國的外交政策時，當然會仔細考慮它的全球及區域性環境。對蘇聯而言，這個環境在一九八一年發生了極度重要的變化。那就是，中共與美國之間的關係首度出現嚴重的矛盾。

當然，任何明眼人在當時都看到美國的新總統雷根與中共之間存有意識形態及歷史情感的鴻溝。蘇聯分析家對這個問題的著墨相當的多，涵蓋面也相當的廣。有的人指出美國內部一直有人反對打「中共牌」，尤其是軍售給中共；有人則集中討論中共與美國合作關係（這包括經濟關係）的極限，強調雙方仍然互不信任；還有人表示「臺灣問題」確如中共所說，是美「中」雙方最嚴重的障礙[35]。即使對中共一直充滿敵意的羅曼寧也在一九八一年四月撰文指出這種現象：「雖然美國與中共因爲反蘇主義與反對社會主義而結合在一起，但我們不可能不注意到中共領導階層與帝國主義之間所存在的差異與矛盾。他們都在努力牽制對方，卻又不願意對方把自己用任何重大承諾牽制住㊱。」

這種情勢顯然使蘇聯有機可乘，而擔任蘇聯外交部遠東司司長的賈丕才似乎正著眼於這一點。在他出席一九八二年蘇聯漢學家會議所提的報告中，賈丕才順著「主流派」的一貫邏輯，點出他的要義：「中共目前的情形是這樣的：好些當初把民族中心主義（ethnocentrism）強加在中國頭上的毛澤東主義者已經葬在八寶山了。但仍有許多人健在，位居要津，繼續用他們的民族沙文主義毒化全國的思想。不過，也有越來越多的人認識到：當前的世界已經不像漢唐時期可以以『天朝』自居；中國的建設落後某些『蠻夷之邦』幾十年，甚至幾百年；中國必須努力五十到七十年才能完成必須的現代化，必須採取正確的政策而不是只給人民洗腦；最後，帝國主義者絕不可能協助中國現代化。所以隨著中國國際經驗的增加，下面的信念也日趨普遍；給帝國主義當『小夥伴』（junior partner）的角色，可說直接違背了中國人民的利益與尊嚴㊲。」這個「小夥伴」的綽號顯然是被賈丕才用來刺激中共的民族主義。布里茲涅夫在同年的塔什干演說中故意強調蘇

㉟ 譬如 V. Petukhov, "Taiwan in U.S. and Chinese Policy", *Problemy Dalnego Vostoka*, No. 1, 1981.

㊱ 見㉔所引 Borisov 文，頁一一五。

㊲ M. S. Ukraintsev (Kapitsa筆名), "Soviet-Chinese Relations: Problems and Prospects", *Problemy Dalnego Vostoka*, No. 2, 1982, p. 23.

聯不支持「兩個中國」，應該也是基於同樣的考慮。賈丕才在安德洛波夫上臺不久就被擢升爲外交部副部長。他與其他「主流派」人士的看法自此應該更受蘇共中央的重視。

所以說穿了，蘇聯的「變」與「常」是同源的。因爲認定中共新政策是「民族主義」的產物，所以蘇聯繼續採取敵視的態度。但也正因爲有這個認定，所以才想利用它來離間危機乍現的美「中」關係。就其根本而言，蘇聯在八〇年代上半期的政策是萬變不離其宗的。

第三節　中共政策轉變之成因——中共因素

如果「急驚風」有其成因，「慢郎中」自然也有他的邏輯。自一九七九年開始，中共一反過去十年的常態，主動修補過去二十年的裂痕。至一九八四年底止，中共的這項新政策雖有時慢，卻無時停。更重要的是，它似乎緊緊扣著中共內部與國際局勢的發展而前進。顯然，主導這項新政策的人（或一批人）胸中自有丘壑。

如所週知，這項新政策的背後導演非鄧小平莫屬，自一九七七年復出以來，鄧小平技巧地借勢造勢，逐步排除異己，收攏同道，最後終於在一九七八年底的十一屆三中全會上達到奪權的目的。自一九七九年開始，中共高層領導雖然對若干重大問題（如經濟政策）偶有爭議，雖然在若干主題（如對毛澤東的歷史評價）上顯露妥協的痕跡，雖然總書記數易其人，但鄧小平的最高領導地位卻始終屹立不搖㊳。一九八九年五月，趙紫陽曾在象徵中蘇共關係正常化的北平高峰會議上透露鄧小平主掌國家大計㊴。後來趙紫陽卽因「洩露國家機密」而入罪。此一事件似亦正好佐證鄧小平之最高地位確非虛假。在整個八〇年代，中共內部對以鄧小平爲首的領導班子所制訂的對蘇政策，似有相當高的共識。而這個共識乃建築在針對三大問題的共同認識基礎上。這三大問題依重要性的順序分別爲：中共對「和平國際環境」的期許；對「蘇聯霸權主義」與蘇聯政治的認知；對國際局勢的了解。本節卽擬先對首要問題試作分析。

任何研習中共外交政策的人都知道，「和平的國際環境」可說是八〇年代中共外交所追求的最基本目標。經過二十年的動亂（其中包括狂風暴雨式的文化大革命），中共迫切需要一個和平的國際環境，以爭取一段喘息的時間，便於推動各種重建工作。而這些重建工作之成敗相對的又決定了以鄧小平爲首的紅朝新貴的統治基礎。所以，「和平」的外交政策應該在中共內部享有極爲廣泛的支持。

「和平」之成爲中共的最高外交目標，也與鄧小平上臺息息相關。至一九七八年爲止，中共

㊳ Carol Hamrin, "China Reassesses The Superpowers", *Pacific Affairs*, Summer 1983; Gerald Segal, "China and Afghanistan", *Asian Survey*, Nov. 1981.

㊴ 周祉元，〈中蘇共高層會談及未來走向〉，《中共問題資料週刊》，第三六七期，一九八九年五月二十九日，頁三八—四五。

對外關係的主軸不是反美，就是反蘇，甚至兩者皆反㊵。七〇年代末期，由於美國受控於越戰，蘇聯勢力在短短數年間伸向越南、柬埔寨、寮國、伊索比亞、安哥拉、莫三鼻克、南葉門、尼加拉瓜等國，而越南又悍然出兵侵入柬埔寨，所以中共時時高唱「反霸」，處處不忘建立反蘇的統一戰線。一九七八年與日本締結和約，並在和約中加入「反霸條款」，更是當時中共外交的一大勝利。遍覽毛澤東死後至一九七八年止的中共文件，似乎沒有一篇文章強調和平的重要性。

但一九七九年元月，也就是鄧小平上臺後的第二個月，《紅旗》雜誌卻出現不同的說法。在這篇以「評論員」名義稱讚美「中」建交（又一「反霸」勝利）的文章中，《紅旗》卻提到：「我們國家確定了在本世紀內實現四個現代化的宏偉目標，需要一個長時期的國際和平環境。我們搞社會主義建設，一向以自力更生爲主，同時要爭取外援，要向外國學習。過去相當長的一段時期裏，我們沒有同世界各國廣泛開展經濟和科學技術交流的條件。現在，已經有了這樣的有利條件。全世界絕大多數國家都希望中國迅速強盛起來。中美兩國建交以後，中美兩國間經濟貿易、科學技術等各個領域的交流也將進一步開展。我們要在平等互利的條件下發展同世界各國交流合

㊵ 討論此一主題的書刊極多。請參見 Greg O'Leary, *The Shaping of Chinese Foreign Policy* (New York: St. Martin's Press, 1980). 及 Ross Terrill, "China and the World", *Foreign Affairs*, Jan. 1977.

作，善於學習外國一切先進的東西，來加快我們的社會主義現代化建設的步伐㊶。」就筆者資料所及，這是第一篇直接提到「和平的國際環境」，而且把它與四化連繫起來的文章。自此以後，「和平」出現的次數越來越多。「和平」與「四化」逐漸成爲中共內外政策的最高目標。

不過，「和平」與「四化」除了內外之別，也有輕重緩急之別。「四化」由於是對內政策，所以在很大的程度內可以先做，快做，自己做。但「和平」是對外政策，要看國際情勢，而且需要別的巴掌合拍才會響，所以不能也不必操之過急。如從位階上來說，「和平」的最終目的是「四化」，而不是「四化」爲了「和平」，所以在某些情形下，如果非和平的手段更能達成四化的目的，這些手段應該也可以成爲中共對外政策的一部分。或許正因爲有這層考慮，所以中共在一九七九至一九八四年間把「和平」的論調越彈越高，但「反霸」的聲音卻依然不絕如縷。兩者比重直到戈巴契夫上臺以後才逐漸改變。

鄧小平本人在一九八〇年與一九八二年的兩次談話中把「四化」與「和平」的重要性及其關係表達得十分清楚。一九八〇年時他說，中共在八〇年代應該抓緊三大任務。這三大任務依序爲「反霸」、「統一」、「四化」㊷。一九八二年時，鄧小平重提三大任務的說法，但把順序換成

㊶　本刊評論員，〈有利於世界和平的重大事件〉，《紅旗》，一九七九年第一期，頁七七。

㊷　〈目前的形勢和任務〉，《鄧小平文選：一九七五—一九八二》（北京：人民出版社，一九八三），頁二〇三—二〇五。

「四化」、「統一」、「反霸」㊸。顯然「四化」的重要性升高，而「反霸」的重要性降低。但更值得注意的是，在這兩篇文章中，鄧小平都說，「四化」是三大任務的核心，而「我們的對外政策，就本國來說，是要尋求一個和平的環境來實現四個現代化，這不是假話，是眞話㊹。」根據鄧小平的提示，中共總書記胡耀邦才敢在一九八二年的十二屆黨代表大會上公開宣稱：「中國與外國關係的指導原則一直是和平共處五原則。這些原則適用於我們所有的對外關係，包括與社會主義國家的關係㊺。」

爲了推動四化，中共在經濟與政治上都大肆更張，其中又以經濟改革的步伐較快，步幅較大㊻。在對內的經濟政策上，最重要的新措施是逐步解散人民公社體系，釋放八億農村人口的勞動力，允許他們進行有限度的自主生產與買賣。基於「先讓一部分人富起來」的原則，中共統治下的中國大陸終於出現一批「萬元戶」，以及有限的私營經濟。中共還改變過去偏重國防重工業的優先順序，轉而鼓勵輕工業與消費品的發展。此外，爲了增加經濟效率，中共中央計畫的權限範圍也予以縮小，地方當局遂較以往享有更多更大的自主權。

㊸〈中國共產黨第十二屆全國代表大會開幕詞〉，《鄧小平文選》，頁三七二。

㊹《鄧小平文選》，頁二〇五。

㊺《人民日報》，一九八二年九月五日，頁一。

㊻ Harry Harding, *China's Second Revolution: Reform After Mao* (Washington, D. C.: Brookings, 1987).

在對外經濟政策方面，中共逐漸放棄毛澤東時代的「自力更生」政策，改採「對外開放」方針，希望藉著經濟交流，尤其是先進科技的輸入，達到提升生產力的目的。具體而言，中共在數年間陸續設立四個經濟特區，開放海南島與其他十四個沿海口岸給國外投資；中共對外貿易總值至一九八四年底已躍升至國民生產毛額（GNP）的百分之二十；重要的經濟性國際組織（如世界銀行、國際貨幣基金等）陸續接納中共爲成員；中共還派出四萬名留學生前往美歐日等先進國家學習最新的經驗。這一連串的內外經濟措施很快地「調動了人民的積極性」，使中共的經濟成長在八〇年代上半期一直維持兩位數的高成長率[47]。

在政治上，中共也放鬆了若干方面的控制。譬如，個人崇拜不再明目張膽地做；意識形態的重要性逐漸降低；政治運動的次數與幅度都在減少；政治鬪爭的殘暴性也逐年降低。透過對毛澤東與劉少奇等人的歷史評價，慢慢地把在中共政壇上盤旋已久的陰影抹去。這些都對當時中共內部的穩定產生相當正面的影響。

在對外關係上，爲了營造「和平的國際環境」，中共亦開始展開笑臉攻勢。一九八一年四月，中共向印度提議雙方進行恢復友好關係的「無條件談判」。是年六月，中共「外長」黃華走訪新德里，成爲二十一年來訪問印度的最高官員。同時它還鼓勵巴基斯坦積極參與聯合國居中調

[47] Huan Guocang, "China's Opening to the World", *Problems of Communism*, Nov.-Dec. 1986.

停的阿富汗問題談判。在東亞，除了擴大與日本的經貿文化交流外，北平還藉著各種機會與南韓發展關係。至一九八五年爲止，表面上中共對北韓的基本政策未變，但實際上中共與南韓的間接貿易已經達到十四億美元之鉅額，超過北韓全年對外貿易的一半㊽。在一九八三年仰光爆炸事件發生以後，中共甚至公開支持朝鮮半島的南北對話，並且強調美軍撤退不再是統一的先決條件㊾。在歐洲，北平亦透過高層互訪（義大利，一九八〇年四月；西班牙，一九八〇年十一月；法國，一九八二年三月；荷蘭，一九八二年三月）逐步完成與西歐共黨的關係正常化。針對第三世界，中共再三聲明它對這些中小國家的基本認同。而對於在臺灣的中華民國，中共亦自一九七九年展開一波又一波的統戰喊話，拋出一個又一個的和談建議㊿。此外，中共不但加入世界銀行、國際貨幣基金等會被中共認爲是屬於「資本主義世界體系」的國際組織，而且參加了涉及國防安全的國際原子能總署。

在對美關係上，中共尤其表現出相當大的容忍能力。對幾個可能影響美「中」關係的「烏雲」，北平都竭力不使它化雲成雨。譬如，對臺軍售問題紛擾竟年，最後以「八一七公報」的模

㊽ *Far Eastern Economic Review*, May 8, 1986, p. 11.

㊾ Byung-joon Ahn, "North-South Korean Relations and the U. S.", in Robert A. Scalapino and Han Sung-joo, eds., *United States-Korea Relations* (Berkeley CA: Institute of East Asian Studies, UC Berkeley Press, 1986), pp. 158-175.

㊿ 見拙著，〈中共對臺政策淺析〉，《臺灣春秋》，一九八八年十二月號。

糊文字收場。針對胡娜投奔自由事件，中共只中止一年的官方文化交流活動，而不是中止數量更爲龐大的非官方交流活動；只中止一九八三年的體育互訪，而完全沒有影響到一九八四年的洛杉磯奧運。對泛美班機重飛臺北航線，中共只拿泛美公司開刀，而不波及整體民航關係；而對泛美亦只略施薄懲，終止其登陸廣州的權利而已。對美國限制中共紡織品進口一事，中共只削減當時仍在紙上作業階段的美國大豆穀物輸出，而不影響雙方已經議定的交易。最後，針對湖廣債券案，中共儘管聲稱主權豁免，但最終仍然聘請律師出席阿拉巴馬州的審判。凡此均顯示中共非常小心地在維護辛苦締建成功的美「中」外交關係[51]。

由以上敍述看來，中共在一九七九年以後的對蘇正常化外交，說穿了只是它建立「和平的國際環境」一系列新做法的一部分而已。其基本出發點也是爲了便於推動四個現代化。爲了四化，中共一方面擴大與蘇聯的各種接觸，一方面降低彼此衝突的熱度，所以才會出現前面一章曾提到的許多示好、克制、出發再出發的舉動。不過值得注意的是，也正因爲中共是以「四化」而不是「正常化」爲最高目標，所以中共對蘇「正常化」的努力必然有其極限。在八〇年代上半期，這個極限有二。一是蘇聯的中共政策，或更正確的說，中共對蘇聯本質與政策的認知。另一是中共

51 見拙著，"China and the Soviet Union: Principled, Salutary and Tempered Management of Conflict", 及 Samuel Kim, *China and the World* (Boulder, Colorado: Westview, 1984), p. 154.; 及同書 Steven Levine 的文章 "China and the United States"。

對國際環境的認知。

第四節　中共政策轉變之成因——蘇聯因素

中共怎樣看待蘇聯這個國家？就理論而言，任何國家對別國的認知都是決定其外交政策的重要因素。有道是，世界上沒有事實；任何人的認知，對他而言就是事實(perception is reality)。這種認知在一個重視意識形態的國家尤其重要，因爲認知不僅爲外交決策人士提供一副認識外國的鏡片，而且透過所謂鏡子形象（mirror image）的效果，它往往還具體地反映了認知者對自己的看法，而這種看法又與該國對內政策密不可分[52]。譬如，在五〇年代末期，黑魯雪夫對內希望發展農工業，改善經濟；對外希望與帝國主義暫時和平共存，在這種情形下，當然就會把毛澤東的「大躍進」及對外冒險（如八二三砲戰）視爲「小資產階級思想」（意即不穩定、不成熟）醞釀出來的「左傾冒進主義」作爲。在布里茲涅夫時代，蘇聯國力陡增，豪氣頓生，自以爲對內已

[52] 有關這部分理論的探討，請見 Robert Jervis, *The Logic of Images in International Relations* (Princeton: Princeton University Press, 1970), and *Perception and Misperception in International Politics* (Princeton: Princeton University Prees, 1976); Irving L. Janis and Leon Mann, *Decision-Making: A Psychological Analysis of Conflict, Choice and Commitment* (New York: Free Press, 1977).

經成就了「發達社會主義」，對外又與「美帝」平起平坐。這時自然容易傾向於把中共的言行視爲「民族主義」的表徵，是個太不識大體，乃至存心攪局的壞份子。就中共而言，它的對外認知也與自我形象（self-image）息息相關。正因爲毛澤東自以爲是史達林的衣缽傳人，所以他會稱呼黑魯雪夫的蘇聯爲「修正主義」。正因爲中共自以爲幾十年來受了蘇聯領導人（包括史達林）許多冤枉氣，所以在布里茲涅夫的強硬政策下，中共立即反控「霸權主義」。

因此，這些名詞——「左傾冒進主義」、「民族主義」、「修正主義」、「霸權主義」等等——絕不只是宣傳用語而已。它實際上揉合了各該國領導人對自己的看法，以及對對方的認知。這種認知一旦固定，由於它牽涉到本國的自我形象，也由於它牽涉到領導精英個人，所以改變就相當不容易。本章第一節談到蘇聯八〇年代初期對中共政策之所以萬變不離其宗，主要是因爲人的認知與認知的人都沒有變的緣故，就是一個具體的例子。

至於中共對蘇聯的認知，則可以分成內政與外交兩方面來分析。就內政而言，簡單的說，中共在八〇年代初期逐漸拋棄以往刻板的「修正主義」印象。這種做法當然反映中共自己的內政也在朝著「修正主義」的方向前進。一位西方學者曾經一針見血地說：「中共如果繼續對蘇聯進行意識形態批判的話，那就未免太可笑了。中共自己在學蘇聯，又如何去指控它背離教條[53]。」但

[53] Donald Zagoria, "The Moscow-Beijing Detente", *Foreign Affairs*, Spring 1983, p. 854.

如果蘇聯不算「修正主義」，它又是什麼呢？有關這點，中共官方在八〇年代上半期並沒有公開提示，而中共的學者之間似乎也沒有定論。

產生這種現象的原因有二。第一是中共的蘇聯研究在一九七九年以後才重新解放。許多研究人員返回工作單位，再度拾起荒疏多年的書本。他們的求知熱情或許還在，但一方面餘悸猶存，一方面可能基於務實的精神，所以對於如何看待當前蘇聯政經制度的問題，中共學者似乎仍在內部學習討論的階段。執中共社會科學界牛耳的宦鄉曾經說過：「在文化大革命前的社會科學中，也存在一些缺點和錯誤。由於這些缺點和錯誤的存在，影響我國社會科學工作未能取得本應取得的更大成績。到了一九六六年至一九七六年這十年，由於林彪、四人幫一伙的瘋狂破壞，社會科學工作者受到殘酷的打擊、迫害，科學研究機構遭到解散，全部研究工作被迫停頓。他們大搞現代迷信，窒息科學思想，使社會科學瀕臨毀滅的危險[54]。」雖然他沒有點明，但我們可以推論，蘇聯研究學者必然是其中遭遇最慘的一羣。一九八〇年，中共社會科學院中國近代史研究所所長劉大年爲文談到中共近代史的研究現況時，曾含蓄地指出，中共對中蘇共關係的歷史研究「範圍狹窄，理論性的研究太少[55]。」七〇年代曾經長期擔任駐莫斯科大使的王幼平在卸任之後的某個場合也曾公開承認，使館人員當年曾經「背離實事求是的原則」；「周總理講過，我們對蘇聯情況

[54] 《中國百科年鑑》，一九八〇（北京：中國大百科全書，一九八〇），頁四三二。
[55] 劉大年，〈中國近代史研究現況〉，《近代史研究》，一九八〇年第二期，頁三四。

若明若暗。我想，所以產生這種現象，是因爲我們對蘇聯的調研工作，背離了實事求是的原則。我們在蘇聯工作期間，由於種種原因，也是國內需要什麼就報什麼，那年遇到蘇聯出問題，報告就好寫，總是說內外交困，走投無路。這我們有責任[56]。」這些都說明了中共的蘇聯研究在一九七九年以前處於「內外交困」的狀態。而八〇年代初期中共對這點的感受特別深刻。

在一片呼籲加強蘇聯研究聲中，蘇聯東歐研究所終於在一九八〇年再生於社會科學院。上海、哈爾濱、長春及其他大城市也陸續成立研究單位。大大小小的討論會、座談會開始舉行。有的學者（如蘇東研究所副所長徐葵）更被派往國外吸取最尖端的知識[57]。同時，各種有關蘇聯的出版品也開始發行。譬如社科院情報文獻中心（原名爲情報研究所）推出《俄蘇中國學手册》，介紹俄國與蘇聯的中國學家及主要機構[58]。蘇東所對內發行《蘇聯東歐問題》雙月刊[59]。另外，亦是僅供內部參考的《學術情報》雙月刊則集中介紹國外對蘇聯政治、經濟、社會的研究[60]。中

---

[56] 王幼平，〈在中國駐外使節會議上的講話〉，《廣角鏡》，第九十一期，一九八〇年四月，頁二〇。

[57] 徐葵後來發表了他的研究感想於 Xu Kui, "Soviet Studies in the People's Republic of China," *AAASS Newsletter*, No. 23, Summer 1983, p. 1.

[58] 中國社會科學院文獻情報中心編，《俄蘇中國學手册》（北京：中國社會科學出版社，一九八六），上下兩册。

[59] 《世界經濟》，一九八一年十二月號出現《蘇聯東歐問題》雙月刊的廣告。後者應爲內參資料。

[60] 《學習與探討》，一九八一年三月號出現《學術情報》的廣告，明白點出該刊爲內參資料。

共人民大學蘇聯東歐研究所有限度地刊印《蘇聯問題資料》[61]。最後，根據賈丕才透露，中共至一九八二年爲止，短短三年間就已經向蘇聯購進五十萬册書籍[62]。凡此皆顯示中共在八〇年代初期確實十分努力於重建蘇聯研究，企圖克服過去的落後狀態。

在這段百家爭鳴的時期，各種觀點紛紛出現。據報導，一項在一九七九年於哈爾濱展開的蘇聯當代文學討論會上，大多數與會學者認爲蘇聯制度屬於社會主義，但其他人卻堅持蘇聯制度是個「不完美、有缺陷、僵化的社會主義」，或仍然是「修正主義」[63]。一九八一年《北京大學學報》與《武漢大學學報》的二位作者分別撰文辯論沙俄體制是否爲「軍事封建帝國主義」[64]。我們雖無比較詳細的資料，但類似具有政策含義的討論一定也在其他的會議及內部文件上進行。總之，在八〇年代前半期，中共的蘇聯研究尚處於再出發的階段。無論是人員、機構、刊物、觀點，都在進行調整與充實。因此並沒有就蘇聯制度的本質問題產生定論。正如王幼平所說：「關於蘇聯的社會制度究竟屬於什麼性質，現在國內許多兄弟單位和研究機關的研究人員有多種不同的看法。我認爲不一定要匆匆作出結論，但要從實際出發，擺事實，講道理，加強研討，對照馬列主

[61] Harry Harding, "Social Sciences", in Leo Orleans, ed., *Sciences in Contemporary China* (Stanford, CA: Stanford University Press, 1980), p. 488.

[62] Ukrantsev（即 Kapitsa）前引文，頁二三。

[63] 《文藝百家》，一九七九年第二期，頁二四五—二五五。

[64] 請見《北京大學學報》，一九八一年第五期范大仁文，與《武漢大學學報》，一九八一年第二期蕭凡文。

義、毛澤東思想的基本原理，研究新情況，不武斷，看事實，逐步統一認識㊿。」

第二個產生這種現象的可能原因就是當時的中共內部的政治氣氛。在八〇年代初期，中共的內政外交政策似乎都在刻意走「非意識形態化」的道路。中共的官方文件也儘量避免批評別國的制度及政策。鄧小平曾在一篇講話中說：「各國的事情一定要尊重各國的黨、各國的人民，由他們自己去尋找道路、去探索、去解決問題，不能由別的黨充當老子黨，去發號施令。我們反對人家對我們發號施令，我們也絕不能對人家發號施令。這應該成為一條重要的原則㊶。」除了這層考慮外，中共的意識形態及內政作為事實上也在向當年批評不遺餘力的蘇聯「修正主義」接近。諸如對毛澤東與劉少奇的歷史評價，以及一九八二年的新憲法等文件都意味中共不能再像過去那樣理直氣壯地指責蘇聯。

總之，在八〇年代初期的中共正在實事求是地重新研究蘇聯問題，無論官方或學者都沒有達成具體的結論。這個基本態度雖然不一定意味將來中蘇共關係一定會改善，但在當時卻有助於緩和雙方間長期存在的緊張關係。既然意識形態的爭執在中蘇共分裂初期扮演相當重要的角色，那麼意識形態的休戰最起碼也會使雙方今後的衝突儘可能地局限於國家利益的範疇。對中共來說，這項休戰一方面反映中共本身內政的調整；一方面自然也增加了它對蘇政策的彈性空間。一九八二

㊿ 王幼平，頁三一。
㊶ 鄧小平，〈處理兄弟黨關係的一條重要原則〉（一九八〇年五月三十一日），《鄧小平文選》，頁二七九。

年，布里茲涅夫在塔什干一反過去「幾乎否定中共爲社會主義國家」的說法，公開表示蘇聯「從來不否認，現在也不否認社會主義制度在中國的存在」，似乎正是針對中共意識形態休戰而做的正面反應[67]。

除了內政因素以外，第二個影響中共對蘇政策的就是中共對蘇聯外交政策的看法。如果說八〇年代初期中共對蘇聯制度的定性問題遲不表態，那麼它對蘇聯外交的觀點眞是再清楚不過。這個基本觀點就是「霸權主義」。

「霸權」這個名詞自從在一九七二年的上海公報出現以來，就一直經常被中共用來形容蘇聯。越南入侵柬埔寨以後還被中共戴上「小霸權」的名號，以暗示它與蘇聯狼狽爲奸。八〇年代初期，隨著「修正主義」與「社會帝國主義」稱呼的逐漸消失，「霸權主義」遂成爲蘇聯的專有代名詞。由中共的各種刊物文章看來，「霸權主義」指的是，蘇聯不但具有向全球投射武力的能力與意願，而且正在積極推行這種政策。

根據中共現代國際關係研究所（據稱與中共公安部關係密切）的機關刊物《現代國際關係》在一九八一年發行的創刊號首篇文章〈反對霸權主義鬪爭的幾個突出問題〉表示，蘇聯「霸權主義」的「基本目標可概括爲：以美國爲主要對手；把歐洲作爲戰略重點，從中東、非洲側翼包抄

[67] *Pravda*, March 25, 1982, p. 2.

歐洲，置北約國家於欲戰不能的境地；以亞洲太平洋爲重要戰略區，使東西兩線互相策應，加緊向第三世界其他重要地區或薄弱地區擴張。其主要實施手段則是：以軍事實力爲後盾，搞核訛詐，以緩和作幌子，玩弄政治謀略；並不斷壯大經濟實力，輔以經濟誘餌；爭取用全面戰爭以外的一切手段在全世界取勝，從而稱霸全球[68]。」

類似的觀點出現在許許多多的中共分析文字中。譬如，一九八一年的一篇《紅旗》雜誌文章指責蘇聯「同一切老殖民主義、帝國主義一樣」，「企圖取美帝國主義的地位而代之」，「加強對所謂『大家庭』其他成員國的控制，因而成了當今最大、最凶惡的民族壓迫者[69]。」一九八二年兩名戰略學者亦聯合撰文表示：「多年來，蘇聯在國際共運中以老子黨自居，在『大家庭』裏以家長自居，在第三世界面前，以『天然盟友』自居，以大欺小，以強凌弱，根本不顧起碼的國際準則。動輒進行干涉、顛覆和侵略，把自己的『模式』和『經驗』強加於別國，並迫使別國內外政策服從自己內外政策的需要[70]。」

不過，自一九八一年開始，中共也偶爾出現一些觀點略有不同的文章。這些文章並沒有否定「蘇聯霸權主義」的威脅性，但藉著突出蘇聯本身的一些問題，對蘇聯是否眞的能夠或願意窮凶

---

[68] 啟亞、周紀榮，〈反對霸權主義鬭爭的幾個突出問題〉，《現代國際關係》，一九八一年第一期，頁二。

[69] 義立，〈逆歷史潮流者必敗〉，《紅旗》，一九八一年第二四期，頁三四—三六。

[70] 張震、榮植，〈略論蘇聯的緩和政策〉，《國際問題研究》，一九八二年第四期，頁一九。

極惡地擴張表示一定程度的懷疑。譬如，社科院世界經濟與世界政治研究所的機關刊物《世界經濟》就曾經發表多篇文章，描述蘇聯經濟的困境，並將這種困境歸因於蘇聯僵硬的經濟體制[71]。這種結論隱含的意義就是，蘇聯所面臨的問題相當根本，不是小修小補所能奏效。另外，上海國際問題研究所所長陳啟懋也著重分析蘇聯對外擴張已經逐漸呈現力不從心的疲態，而波蘭動亂亦使得蘇聯後院擾攘不安[72]。一位學者李凝甚至引用布里茲涅夫在蘇共二十六大（一九八一年二月）的報告中的話來證明蘇聯亦不得不正視國力走下坡的趨勢[73]。李凝在另一篇文章中更進一步指出，因爲身處這種困境，所以安德洛波夫的領導班子才會考慮儘量集中力量在內政改革上，因此對外不得不放慢擴張的步伐[74]。像這樣對蘇聯困境的基本假定，在中共來說並不新鮮。但由此而推論蘇聯放慢擴張的步伐，卻是當時比較少見的說法。顯然中共內部已有人就舊的材料做出新的詮釋。

話雖如此，我們不得不強調，在八〇年代上半期絕大多數的中共公開文字都在反覆申論蘇聯「霸權主義」的危險性。除了那些專門分析蘇聯經濟的文章外，所有其他文字都把重點放在蘇聯

---

[71] 譬如，《世界經濟》，一九八一年第十二期、一九八二年第四期。
[72] 《國際形勢年鑑》，一九八二（上海：中國大百科全書，一九八二）。
[73] 《國際形勢年鑑》，一九八二，頁六。
[74] 李凝〈更加緊張動盪的一年〉，《國際問題研究》，一九八三年第一期。另外，謝小川，〈蘇美爭奪的新特點〉，《世界知識》，一九八三年第三期，亦表達類似的看法。

的威脅上。一篇接一篇的文章批評蘇軍佔領阿富汗，認爲阿富汗是「蘇聯全球野心的關鍵性環節⑮。」許多文章警告不可過份高估蘇聯所面對的困難。好些學者（包括社科院的其他經濟學家）堅決認爲，蘇聯的軍事開支仍然超過美國的軍事開支；蘇聯的經濟成長速度雖然不如以往強勁，但仍然超過大部份的西方國家；蘇聯的軍事力量雖然不及西方國家的總和，但由於地理位置比較鄰近兩大集團激烈競爭的地區（如歐洲、中東、波斯灣等地），所以仍然在這些地區保持優勢⑯。此外，許多文章也不厭其煩地描寫蘇聯爲何在世界各地擴充地盤，掠奪勢力，而各國（如日本、西歐）又應該如何提高警覺，保持戒備⑰。對於蘇聯所說，世界正由資本主義向社會主義過渡的論調，中共則直指爲蘇聯有意向美國奪取世界霸權⑱。

總之，雖然蘇聯在八〇年代初期已經呈現疲態，而中共也注意到這種疲態，但整體而言，中共仍然堅持認爲蘇聯並沒有喪失它對外擴張的能力與意願，所以世界各國仍然需要加強戒備。一九八二年，四位知名的美國戰略專家（McGeorge Bundy、George Kennan、Robert McNa-

---

⑮ 譬如，義立，前引文；及《人民日報》社論，一九八二年十二月二十七日，頁一。

⑯ 李琮，〈八十年代世界經濟發展中的若干問題〉，《世界經濟》，一九八二年第十一期。李琮是中共社科院世界經濟與政治研究所的副所長，自稱該文是該所集體研究的成果（頁一）。

⑰ 譬如，啟亞、周紀榮，前引文。

⑱ 張震、榮植，頁一九。

mara、Gerald Smith）聯名撰文建議西方向蘇聯表示「不首先使用核子武器」[79]。此一建議在當時廣受重視。但該文一出，前面提到論點比較溫和的李凝，立即聯合另兩名資深的中共戰略問題專家（莊去病、金君暉）發表文章，表示「不首先使用核子武器」的建議完全不切合實際，因爲它假定莫斯科所處的困境必然會導致它的行爲更趨謹慎溫和。而這種假定在當時對中共而言，仍然言之過早[80]。

這一系列根深蒂固的中共基本觀點可以用鄧小平的一句話做爲總結。一九八一年中共在敏感的中蒙邊境舉行和平時期歷來最大規模的軍事演習。鄧小平在親自校閱演習部隊以後表示：「蘇聯霸權主義加速推進全球戰略部署，嚴重地威脅著世界的和平和我國的安全。對此，我們必須保持高度的警惕[81]。」

第五節　中共政策轉變之成因——國際因素

[79] McGeorge Bundy, George Kennan, Robert McNamara, Gerald Smith "Nuclear Weapons and the Atlantic Alliance", *Foreign Affairs*, Spring 1982.

[80] 莊去病、金君暉、李凝，〈對〈核武器和大西洋聯盟〉一文的若干看法〉，《國際問題研究》，一九八三年第三期。

[81] 《鄧小平文選》，頁三五〇。

正像蘇聯一樣，中共在考慮中蘇共關係時也很少只把眼光局限在雙邊的範疇之內。蘇聯分析家常使用「世界力量對比」(correlation of world forces) 的概念來分析國際局勢，而「力量」又是一個包含本國及盟國軍事、經濟力量等有形因素以及民心士氣、政治安定、領導品質、團結程度等無形因素的廣義用語。在這種情形下，衡量「世界力量對比」就必然要衡量整體的世界局勢，以及敵我兩方面的能力與企圖。對於國力一直處於劣勢的中共來說，時時進行整體評估並適時適度修正其外交政策，更屬必要。

自一九四九年「建國」以來，中共曾經數度改變它對國際威脅來源的基本認知。五〇年代中共最怕的是「美國帝國主義的侵略」。六〇年代與七〇年代初期，中共反對「美國帝國主義與蘇聯修正主義的勾結」。七〇年代中期，中共反對「美蘇的勾結與爭奪」。到了七〇年代末期，中共全心全力高唱反對「蘇聯霸權主義」的論調。及至八〇年代初期，中共的看法似乎愈趨複雜。這種看法可以分兩方面分析。第一，誰最能在現階段給予中共的安全及現代化最大的協助？第二，當前國際局勢的基本特性是什麼？它對中共可能的影響又是什麼？

就第一點而言，中共的認識相當明確。那就是，不管怎樣，美國能給中共的幫助遠大於蘇聯。若就經貿關係而言，儘管中蘇共貿易已經起死回生，並且與日俱增，但中共與西方國家（包括新興工業國家）的貿易畢竟佔到中共全部對外貿易總額的百分之八十[82]。至一九八五年初爲

[82] *China Business Review*, March-Apirl 1985, pp. 54-55.

止，中共吸收了四百九十億美元的外資，其中美國部份高達一百七十億美元[83]。蘇聯固然可以協助中共改善五〇年代興建的各種工廠，但美國對中共所迫切需要的能源、機械工業、基本設施，卻能提供更多、更先進的技術服務。此外，正在美國受教育的中共學生數量（四萬名）更是當時留俄學生的幾百倍。因此，不論是盱衡現況或是展望未來，美國以其龐大的經貿科技力量及其在西方世界的龍頭地位，都會是中共四化最大的支持來源。

若就安全關係而言，中共的基本願望是打破蘇聯擺開的圍堵架勢。但蘇聯在八〇年代初期只會說正常化，卻對中共提出的三條件寸步不讓。在阿富汗，蘇聯師老無功，卻拒不撤軍。在中南半島，越南堅壁清野，佔著柬埔寨不走，而蘇聯顧及它與越南的關係以及貪圖金蘭灣的戰略利益，也絲毫沒有鬆動的跡象。在中蘇邊境地區，雖然邊境貿易恢復，緊張程度降低，但蘇聯地面部隊不減反增。凡此皆顯示「霸權主義」對中共的威脅仍然極爲眞實。

相反的，美國對中共的安全卻有多方面的功能。總的來說，美國是唯一具有嚇阻蘇聯力量的國家。正由於美「中」完成建交，所以中共才敢也才能藉力使力，向蘇聯試探正常化。就細部而論，美國可以藉科技轉移幫助中共的國防現代化；藉情報交換、人員與意見交流，提昇中共國防決策的品質。美國可以協助維持朝鮮半島的安定，避免戰爭的發生；可以牽制日本的國防發展，

[83] 《人民日報》，一九八五年七月三十日，頁一。

避免「軍國主義」的坐大；可以影響臺灣的政經發展，有助於未來的統一；可以支持東協國家，促使它們團結抗越；可以援助阿富汗游擊隊，安定南亞局勢等等。

所以，美國對中共所能提供的利益明顯易見，可說涵蓋政治、經濟與安全等各個方面。而中共所求於蘇聯的不過是威脅的降低而已。如果中共對「正常化」操之過急，以致損害到美「中」關係，那麼就極可能得不償失，因爲屆時不僅現代化的進程會遭到挫折，國境安全會再度亮起紅燈，甚至由於失去美國的這根支柱，最後連與蘇聯談判「正常化」的本錢都沒有了。

除了美國因素外，中共還需要考慮的第二個國際因素就是整體國際局勢的特性及其影響。有關這點，中共在八〇年代上半期的態度與七〇年代大不相同。七〇年代的國際格局在中共眼裏是個「蘇攻美守」的格局㉔。時至八〇年代，「蘇聯霸權主義」固然餘威猶存，但美國的腰桿也越挺越直，其對外政策表現得越來越積極，越來越有自信。依中共的看法，這個趨勢的起點是一九七九年底的阿富汗事件。當時卡特政府受了這個刺激，對蘇態度開始強硬。雷根入主白宮後，共和黨在參議院亦取得多數席位，兩者配合之下，反蘇遂成爲美國外交政策的綱領。根據中共專家分析，雷根爲了抗拒蘇聯，在國內外採取了許多措施。在國內，他大幅提高國防預算，全力推動核子武器與傳統武器的更新。在國外，他堅決反對「和解」，集中全力軍援各地反對蘇聯附庸政

㉔ 解放軍報編輯部編，《蘇聯全球戰略初探》（北京：長征出版社，一九八一）。

權（如阿富汗、柬埔寨、尼加拉瓜、安哥拉等）的游擊隊，同時加強與歐日等盟邦的政策協調。另外，他還努力修補過去被卡特人權政策傷害的外交關係，並積極尋求與中共的各種合作連繫[85]。

當然，中共對雷根新政策也不無疑問。美國經濟能夠支撐得住雷根所希望的建軍計畫嗎？美國可能協調美歐間日趨分歧的政經利益嗎？美國一腳踩在以色列與南非的船上，如何又希望另一腳能夠搭上第三世界的船？如果美國繼續根據臺灣關係法對臺軍售，繼續干涉「中國」內政，它又如何能希望取得中共的合作？不過，疑問歸疑問，中共對整體美國外交政策的轉向卻深信不疑[86]。

這種轉向對國際格局造成什麼新情勢呢？中共的說法是「蘇攻美守」的局面慢慢變成「僵持共處」的競爭局面[87]。這其中又牽涉到幾個因素。經濟上，美蘇在八〇年代的成長率將大致均等（蘇聯介乎百分之二與三之間，美國在百分之二點五）[88]。軍事上，雙方已經達成「基本均衡」(essential equivalence) 的對比態勢，而這種態勢應可維持至八〇年代底。此外，雙方都將越

---

[85] 金君暉，〈里根政府的對外政策〉，《國際問題研究》，一九八二年第一期；李凝，同[74]。

[86] 金君暉，同上註。

[87] 啟亞、周紀榮，頁一〇。

[88] 邢書綱、李允華、劉英娜，〈蘇美力量對比及其對八〇年代國際局勢的影響〉，《國際問題研究》，一九八三年第一期。

來越受制於國內各種鉅大難解的經濟社會問題，越來越容易受到來自盟邦的壓力，同時由於兩國力量相對於其他國家一直在降低，所以兩大超強對國際事務的影響力亦必然日趨消退。最後，由於雙方都不願意彼此之間爆發戰爭，所以美蘇將只在邊緣地區進行代理戰爭，以期積小勝爲大勝。總之，依照中共專家這些相當深入的分析，美蘇之間雖然基於生存的理由有可能在某時某地暫行妥協，但整體走向卻肯定是遠離和解，加強競爭，處於一種緊張「僵持」、不穩定「共處」的狀態[89]。

這種狀態對中共又有什麼影響呢？簡單的說，中共似乎認爲其中既蘊含機會，又包藏危險。機會是，雷根的出現使美國甘願充作反蘇的急先鋒。中共不必再擔心自己的國境安全，不必再像當年對卡特那般苦口婆心地開導反蘇的重要性。從此中共可以退居第二線，佔據三角關係中最有利的位置，享受最大的彈性空間，一方面慢慢與蘇聯改善關係，一方面不時向美國討取利益。對這種角色互換，主客易勢的意義，施亞努親王在一九八二年初訪問北平時，對鄧小平剖析得最簡單而露骨。他說：「現在是美國需要中國，而不是中國需要美國。」鄧小平答得也妙：「這個道理我們也多次講過[90]。」新華社副總編輯穆廣仁則就此點再做進一步的闡釋：「作爲戰略全局，

[89] 見前引邢書綱等，李凝、謝小川等文。亦請參見〈關於當前西方國家經濟形勢的座談紀要〉，《世界經濟》，一九八二年第一期。

[90] 周慈朴，〈鄧小平與西哈努克會見記〉，《瞭望》，一九八三年第三期，頁三。

雷根政府多次表示要把中美關係正常化的進程繼續下去，要發展中美間的戰略關係。這表明，美國繼續要借重中國，在北面牽制百萬蘇聯軍隊，在南面牽制越南幾十萬部隊。在阿富汗和柬埔寨問題上，繼續需要同中國協調，支持和鼓勵兩國人民的抵抗運動，支持東南亞各國對付蘇聯、越南的威脅。在世界其他地方，凡涉及戰略全局的問題上，美國也都需要同中國協調抗衡蘇聯的步驟91。」

有機會，就有危險。對中共而言，這個危險既根自於美蘇的競爭，也導源於兩大超強影響力的衰退。由於美蘇加強競爭，所以世界和平會變得更脆弱。由於超強力量衰退，所以今後中小國家之間因爲新仇舊恨而爆發的局部戰爭將更不容易控制。這兩種情況如果不幸結合，那麼就會使局部戰爭因爲超強的介入而升高成大型戰爭。對於以四化爲第一優先目標的中共來說，它當然寧可這種戰爭不會爆發。而它的戰略任務當然也變成防止這種情況的出現。

基於上述對美國與國際格局因素的複雜考慮，中共在八〇年代上半期的政策當然不宜再像以前那樣專心致志地反蘇、或反美、或兩者皆反。相反的，由於美國仍然能對中共的四化與安全提供最大的協助，由於國際格局在美蘇「僵持共處」的情況下日趨複雜，所以中共外交的上上策當然就變成，在美國的安全掩護與經濟援助之下，逐步進行對蘇關係的正常化，降低雙方緊張情勢，

91 穆廣仁，〈美國當前對華政策〉，《半月談》，一九八一年第十六期，頁五三。

同時儘量拓展全方位的國際關係，以求消極地避免惹禍上身，積極地成功營造一個有利於四化的「和平的國際環境」。

第六節　結　語

綜合以上的分析，我們即可對第三章的結論做出解釋。首先，中共會在一九七九年四月跨出正常化的第一步，主要是基於中共建立「和平的國際環境」的願望，而這項願望又是基於四個現代化的需要。第二，蘇聯之所以表現得先驚後急，是因爲蘇聯對中共的認知仍然大致延續過去的看法，存有高度的不信任感，後來認爲美「中」關係出現破綻，才狀似急切地鼓吹正常化。其情景頗類似七〇年代初期蘇聯離間美「中」關係的手法[92]。至於中共，則主要考慮到蘇聯的「霸權主義」餘緒、美國的心情、複雜的國際環境，以及本身的四化需要，所以才不急不徐、小心謹愼地推動正常化。第三，由於美蘇對立的尖銳化，中共才獲得「獨立自主外交」的國際條件。第四，由於中蘇共雙方仍然高度不信任對方，而中共基本上仍認爲美國最可能協助中共的四化與安全，所以中蘇共的正常化過程雖有進展，卻極有限。這種情況在一九八五年戈巴契夫出任蘇共總書記以後才出現轉機。

[92] 見拙著，"US-China Relations: Soviet Views and Policies", *Asian Survey*, May 1983.

第四章　步向關係「正常化」

一九八五年三月十一日，戈巴契夫接替去世的契爾年柯就任蘇共的總書記，時年五十有四（生於一九三一年三月二日）。他的上臺不僅給沉悶多年的蘇聯政壇帶來一番嶄新的氣象，也給欲振乏力（安德洛波夫時期）、開低走高（契爾年柯時期）的中蘇共關係注入新的生命。

自是而後，中蘇共關係正常化的進程只有前進，沒有後退。如果說八〇年代上半期，北平與莫斯科還在相互試探，瞻前顧後，那麼八〇年代的下半期雙方已經逐漸跳出過去的陰影，用更開放的態度接納對方存在的事實，用更務實的態度尋求問題的解決，以達到互爲「好鄰居」（而不是「好朋友」）的有限目標。對一九八五年以後的中蘇共來說，和解的基本意願已不再是個問題。剩下的只是雙方有沒有能力在彼此之間求同存異，並在國際間儘可能地消除障礙。等到這些條件一一成熟，正常化自然就水到渠成。正因問題沒有牽涉到基本的認知及意願，所以比起前五年的曲折過程，八〇年代下半期的發展顯得順利、平淡得多。

事實上，正常化最後能夠水到渠成，戈巴契夫這個人可以說是最關鍵的因素。當然，沒有人敢說沒有他，正常化就一定不會完成。事實上，我們知道布里茲涅夫、安德洛波夫，以及契爾年柯等三人都不排斥正常化。但戈巴契夫與他們不同的是，他一方面接下了他們追求正常化的棒子，一方面卻比他年邁而保守的前任先進更敢冒險。自史達林以降，蘇聯對外政策絕不肯吃虧，往往在談判雙方互做讓步、即將簽訂最後協議之際，想偷一把葱。但戈巴契夫似乎相信，適度的吃虧就是佔便宜。因此就像他處理美蘇關係、國際安全問題，或國內的改革問題，他常會出乎意表地主動對中共做出讓步，搶得外交先機。而中共這邊其實早已芳心暗動，此時自然情投意合、漸至佳境。

當然戈巴契夫肯吃虧，也有他的道理。在某種程度上，他很像一九七九年的鄧小平。他看的是全局，他也看到未來。他的中共政策其實只是他亞洲政策的一部分，而亞洲政策是他外交政策的一部分，外交政策又只是他「重建」(perestroika) 計畫的一部分。與鄧小平不同的是，鄧小平當時國內權力雖然穩固，但由於中共國力落後，外交基礎（尤其是對美關係）不够踏實，所以在國際作爲上只能按步就班，徐圖發展。而戈巴契夫卻有掩不住的急迫感。他的國內權力基礎不如鄧小平穩固，但蘇聯的國際地位與角色卻使他能够大開大闔，在幾條陣線上同時推進。正因如此，我們由本章以下各節的敍述可以看到，戈巴契夫上臺後經過初期的盤整遲疑，立即接二連三地在外交上出擊，並且逐漸迭創佳績。因爲八〇年代下半期的中蘇共關係是在既有基礎上發展，因爲雙方的基本觀念越來越接近，所以一方讓步，僵局自然很快就打破。比起八〇年代上半期，這段時期不僅故事的發展情節較為平淡，而且動因似乎也比較單純。

第一節　海參崴演說前的中蘇共政治關係

自戈巴契夫上任至一九八六年七月的海參崴演說為止的中蘇共關係有一個很大的特色。那就是，中共這個「慢郎中」竟然向蘇聯頻送秋波，而戈巴契夫在回應之餘，卻頗能沉得住氣。

戈巴契夫是在一九八五年三月十一日就任新職。當天他對蘇共非常中央全會發表了一篇演說❶。兩天後，又在契爾年柯的葬禮上再發表一篇演說❷。這兩篇談話透露了他的初步施政構想。簡單地說，他的第一優先是改革經濟，把蘇聯經濟「送上深化發展的軌道」。第二是改善紀律、整治貪污。第三是改善與各國的關係。他的演說還極具暗示性地強調「執行第二十六屆黨代表大會以及一九八二年十一月中央全會的決議❸。」對明眼人來說，後項會議指的正是安德洛波夫就任總書記以後主持的第一次中央全會，也是提出經改政策方針的重要里程碑。這種提法顯示戈氏在精神上以安氏繼承人自居。就中蘇共關係而言，戈巴契夫的起身砲一定令中共感到十分悅耳：

❶ *Pravda*, March 12, 1985, p. 1.
❷ *Pravda*, March 14, 1985, p. 1.
❸ 同❶。

「我們希望同中國的關係能有重大改善，同時相信只要相互配合，這是十分可能的❹。」中共的反應是派遣李鵬去莫斯科參加契爾年柯之葬禮。李鵬的任命頗富意義。他在當時已是中共「國家副總理」，但不是黨的政治局委員，因此論地位略低於當年派去參加安德洛波夫葬禮的萬里（副總理、政治局委員），藉此顯示中共對契爾年柯的不滿。但同時李鵬曾與戈巴契夫同學，年齡相當，會操俄語，而且儼然有領導接班人的架勢❺。由他出馬，更可能拉近雙方感情上的距離。果然戈巴契夫一反當年契爾年柯拒絕單獨會見萬里的做法，與李鵬做了兩次的晤談。第一次只是葬禮上禮貌的寒暄。第二次也就是在葬禮次日所舉行時間較長的單獨會談中，戈氏重申蘇聯希望關係「重大改善」的意願，並且呼籲雙方進行更高層次的對話，努力消除歧見。李鵬則不僅代表北平「政府」向他致賀，而且更進一步地稱呼蘇聯為「社會主義國家」，稱呼戈巴契夫為「同志」，並聲明中共不會與任何國家（意指美國）建立戰略關係❻。戈氏的話固然顯露他的示好用意，但李鵬的話似乎更準確地擊中蘇聯心結的七寸要害，顯示他完全是有備而來。

一九八五年三月以後的發展讓人覺得中共內心比蘇聯還熱切地渴望正常化。譬如四月間，鄧小平對比利時記者說：「如果同時消除三個障礙在蘇聯方面有困難，可以先從解決其中一個問題

---

❹ 同❶。

❺ 中共人名錄編修委員會編，《中共中央高層領導人名錄》（臺北：政大國研中心，一九八八），頁五一六。

❻ Robert C. Horn, "Vietnam and Sino-Soviet Relations", *Asian Survey*, July, 1987, p. 740.

做起；如果蘇聯抱著明智的態度，可以先從使越南從柬埔寨撤軍這件事做起⑦。」他還引誘蘇聯說，如果越南從柬埔寨撤軍，中共可以容忍蘇聯使用金蘭灣的基地⑧。同月，中共「總書記」胡耀邦甚至對香港記者表示：「什麼是三大障礙啊？我都不清楚⑨。」這種情形在一個月前幾乎不能想像。當然，越南也在此時隱隱然感到自己的處境將日益困難。一九八五年間河內藉著與莫斯科高層互訪的機會，幾次公開或私底下表達不安的情緒，都沒有獲得滿意的結果。蘇聯只願意表示「蘇聯、越南與中共關係的正常化有助於亞洲及世界的安全」，卻不願公開重申過去常說的「蘇中關係的改善不會以犧牲第三國的利益為條件」之類的話。顯然戈巴契夫的基本態度有別於其前任⑩。

一九八五年四月，中蘇共還在莫斯科舉行了定期的副外長級磋商⑪。雙方就正常化交換了意見，並表示願意擴大在政治、經貿、科技、文化等領域的聯繫交往。五月底，蘇聯外交部領事局局長率團訪問，進行領事磋商，雙方同意在列寧格勒和上海互設總領事館。六月，中共「總理」

---

⑦〈走向正常化的歷程：中蘇關係大事記（一九八二—一九八八）〉（以下簡稱大事記），《世界知識》，一九八九年三月，頁一一。

⑧ Gregory D. Knight, "China's Soviet Policy in the Gorbachev Ea", *The Washington Quarterly*, Spring 1986, p. 101.

⑨同上註。

⑩ Horn，頁七三九—七四一。

⑪〈大事記〉，頁一一。

趙紫陽在一次記者會上表示，中共注意到戈巴契夫關於中蘇共關係正常化的講話，但中共並不放棄要求消除安全上的障礙⑫。

一九八五年七月，中共派遣「副總理」姚依林訪蘇，表面上他的目的是答聘前一年阿希波夫的訪問，並簽訂一個長期貿易協定，但眞正的目的卻是給「三大障礙」問題的進展加一把勁。結果，根據中共內部傳出的說法：「這次姚依林同志去，戈爾巴喬夫沒有見。他大概認爲不見比見好。見面我們必然要講話，他必然要回答。當面回答含糊了不行，強硬了不好，軟了也不行。如果我們去了只嘻嘻哈哈，不談三大障礙，他可能會見。政治方面他摸了底，雙方都不會讓步，因此他到明斯克去了⑬。」戈巴契夫的有意廻避顯示他仍有爲難之處。接受中共的三條件，或只是越南這一項條件，對一個剛上任不久、立足不穩的人來說相當不容易。但如果當面話不投機，又會損傷前幾個月的努力。所以最好的辦法就是一走了之。而卽使這一走了之，比起以前的當面或公開拒絕承認的態度，仍然是前進了一步。

七月以後中蘇共之間的外交接觸更加頻繁，而中共的做法更加積極。八月間，中共報刊升高對蘇聯佔領阿富汗的攻擊⑭。九月間，中共「外長」吳學謙與蘇聯新任外長謝瓦納澤（Eduard

⑫〈大事記〉，頁一一。

⑬沈允，〈八十年代後半期我國現代化建設的國際政治環境〉，中共政協湖南省委員會學習委員會辦公室編印，《學習參考資料》，一九八六，頁四二。

⑭Knight, p. 102。

Shevardnadze）在紐約的蘇聯常駐聯合國代表團駐所會晤，雙方互相發出訪問邀請。這是繼前一年九月雙方在紐約舉行首次外長級會談以來的第一次晤面。十月四日至十八日，中蘇共再在北平舉行定期磋商。磋商期間，中共做出好些配合動作。其中最重要的是，十月九日鄧小平通過來訪的羅馬尼亞總書記齊奥塞斯古（Nicolae Ceausescu）給戈巴契夫傳話，提議舉行高峰會議，但條件是蘇聯應促使越南從柬埔寨撤軍⑮。這是齊奥塞斯古第二次替中共做傳話人。所不同的是，一九六九年齊氏替美國傳話給中共，而這次卻是中共主動尋求齊氏的協助⑯。此外，中共領導人還在十月間利用不同的場合透過西方人士放話。譬如在會晤西德巴伐利亞總理史特勞斯（Franz Joserf Strauss）時，鄧小平表示中共還在等待蘇聯踏出「決定性的第一步」⑰。趙紫陽訪問南美時也不時俟機對中蘇共關係缺乏進展表示不滿⑱。在十一月間接受美國《時代週刊》的談話中，鄧小平似乎已經有點按捺不住。他說：「這三項障礙不但威脅中國，也威脅到全亞洲。我們每次與他們開會時都拿出來講。我們瞭解一次解決三障礙並不容易。所以我們現在只說一項。但到目

⑮ 〈大事記〉，頁十二。鄧小平在一九八九年五月與戈巴契夫見面時特別提到這點，見《人民日報》，一九八九年五月十七日，頁一。

⑯ Henry Kissinger, *White House Years* (Boston: Little, Brown & Co., 1979), pp. 180-181, 669.

⑰ Knight, p. 102.

⑱ 同上註。

前為止，我們還沒有得到正面的回應[19]。」十二月八日，「外長」吳學謙又再度對關係進展緩慢表示「遺憾」[20]。

一九八五年十二月李鵬的莫斯科密訪把中共外交攻勢帶到一個新高點。在結束前往法國、捷克、保加利亞的訪問以後，李鵬未經事先宣佈，突然折往莫斯科，見到了戈巴契夫、阿希波夫、買丕才等人。據報導，戈巴契夫重申蘇聯希望關係獲得「重大改善」的「熱切期望」，但對中共拿高峰會議來引誘蘇聯消除「三大障礙」的提議仍然不肯接受[21]。戈巴契夫對中共這一連串主動追求（包括登門求教）的反應顯然令中共失望。依照中共自己的分析：「戈巴契夫上臺後談中蘇共關係時有幾個特點：①總是從正面講，②用詞含糊，③過去領導人使用過的套話他都沒用。但是從本質上沒有絲毫鬆動的跡象[22]。」

儘管如此，時序進入一九八六年時，新的發展又給中共帶來新的希望。是年二月，蘇共召開第二十七屆黨代表大會。戈巴契夫依例在會中提出一篇冗長的政治報告[23]。這篇報告在外交問題

[19] An Interview with Deng Xiaoping, *Time*, November 4, 1985, p. 40.
[20] Bohdan Nahaylo, "Sino-Soviet Relations: Will The Impasse Be Broken?", *Radio Liberty Research*, RL 306/86, August 11, 1986, p. 1.
[21] *Far Eastern Economic Review*, March 20, 1989, p. 49.
[22] 沈允，頁四二。
[23] *Pravda*, February 26, 1986, p. 1.

上著墨不多，他強調限武談判的重要性，聲明中蘇共合作的潛力是巨大的，並首次承認阿富汗是「流血的傷口」等等。這些論點固然有突破框框之處，但也有陳腔濫調。總的來說，這篇報告的重點是蘇聯內部的改革。戈巴契夫比以往更清晰、更大膽地提出他對「重建」的見解與決心，反覆申論改革是蘇聯當前第一要務。這種說法顯然使中共刮目相看。中共分析家開始更認眞地對待戈巴契夫，認爲他的改革方案會與布里茲涅夫任內虎頭蛇尾的改革不同，認爲蘇聯未來的外交會越來越受到內政的牽制，而不再像以前那樣把對外擴張視爲最高的目的㉔。

同年三月，中蘇經濟貿易科技聯合委員會第一次會議在北平舉行。雙方簽署了「中蘇兩國政府關於互相派遣工程技術人員條件的議定書」。蘇方代表阿希波夫並邀請中共專家赴蘇考察核能電廠設施。此舉具象徵與實質的意義。因爲核武曾是當年中蘇共爭執焦點，目前中共電力缺乏，蘇聯終於可以在核能的和平用途上有所貢獻。四月初，蘇聯派遣特洛揚諾夫斯基（Oleg Troyanovsky）出任駐北平大使。特氏是蘇共中央委員，曾任駐聯合國大使。他的派任顯示莫斯科對中共的尊重。四月七日至十四日，新一輪的磋商在莫斯科舉行。雙方再就三障礙、高峰會議等問題交換意見。中共「副外長」錢其琛再度堅持三障礙，而蘇聯則堅持不讓。這個僵局一直維持到該年七月二十八日戈巴契夫在海參崴發表演說才出現轉機。

㉔ 王守海，〈振興經濟的課題、藍圖和實踐—戈爾巴喬夫任職以來蘇聯經濟調整和改革的動向〉，《社會科學戰線》，一九八六年第二期；《人民日報海外版》，一九八六年一月八日，頁六。

第二節　海參崴——新起點

戈巴契夫在海參崴的演說內容大半是檢討蘇聯遠東地區的經濟問題與前景，但最受世人矚目的還是它與中共有關的部分[25]。除了習慣性地強調中蘇共關係的重要性以外，他還具體提到：①在該年年底以前自阿富汗撤出六個團的部隊；②蘇聯正與外蒙古商量撤出大部分蘇聯駐軍的問題；③蘇聯願意任何時候和在任何層次上同中共討論任何問題；④蘇聯願與中共討論平衡削減雙方地面武力的具體步驟；⑤蘇聯願意接受界河以主航道劃分的原則（Thalweg principle）；⑥繼續與建連結新疆與哈薩克的鐵路；⑦共同研究如何開發利用黑龍江流域的問題；⑧蘇聯與中共經濟發展「相似」；⑨太空合作；⑩在日本廣島召開亞洲安全合作會議[26]。

這十點建議雖然沒有眞的排除「三大障礙」，卻也把每個障礙都刮一層皮。前述第一、二點很明顯地觸及三障礙之二，而第三點暗指柬埔寨問題。第四、五、六、七點則與雙方邊境關係改善有關。整體來說，正如鄧小平在一九八九年會晤戈巴契夫所說：「海參崴講話令世界人民都看

---

[25] *Pravda*, July 29, 1986, pp. 1-3.

[26] 同上註，亦請參閱畢英賢，〈蘇聯亞太政策新動向〉，《問題與研究》，一九八六年九月。

到了，有新內容㉗。」而這個新內容的基本意義就是蘇聯首次顯露放鬆對中共包圍態度的善意。

隨後幾個月中間，中共對海參崴的講話表達了審愼歡迎之意。中共學者認爲戈氏講話，「透出了一些耐人尋味的信息，其中有一些新東西。這表明蘇聯爲了貫徹和加速經濟社會發展的戰略，其對外政策在根本戰略不變前提下有一些局部調整㉘。」中共「外交部」發言人也公開承認「戈巴契夫說了些以前不曾說過的話，我們正在研究這篇講話㉙」。在此同時，中共還做了其他的一些反應。譬如，中共透過施亞努親王向外宣稱，如果越軍撤出柬埔寨，中共願意向越南提供經濟援助㉚。八月七日，中共「副外長」劉述卿率團訪問烏蘭巴托，簽訂領事協定。這是二十年來第一次中共派遣高階層官員訪問外蒙古。九月二日，鄧小平更親自出馬，向戈巴契夫提出一項更爲誘人的建議，企圖順勢造勢。他在接受美國哥倫比亞電視公司「六十分鐘」節目訪問時說：「如果蘇聯能夠幫助越南從柬埔寨撤軍，我願意破例地到蘇聯任何地方同戈巴契夫見面㉛。」對這項建議，蘇聯如何答覆，外界不得而知。但鄧小平肯宣稱願意「屈駕」往訪，而且是在西方媒體上做此宣稱，顯示中共當時對正常化與趣很濃，濃到對西方反應已不甚顧忌的地步。

㉗《人民日報》，一九八九年五月十九日，頁一。

㉘谷繼，〈戈爾巴喬夫海參崴講話初析〉，《國際問題資料》，一九八六年第十六期，頁三。

㉙Nahaylo, p. 5.

㉚*New York Times*, Aug. 7, 1986.

㉛"Deng on Issues of World Interest", *Beijing Review*, September 22, 1986, pp. 4-6.

九月以後雙方關係續有進展。首先蘇聯副總理塔里津（Nikolai Talyzin）在九月中旬訪問北平。由於他身兼「國家計畫委員會」主席及政治局候補委員，政治份量顯較阿希波夫爲重。離去前，塔氏與中共簽署了領事條約和兩「國」計委關於相互聯繫合作的協定。塔里津訪問期間，一枚蘇聯飛彈由於偏離航道而墜落於中國東北邊境的中國領土內。中共外交部一直拒絕就此事發表評論。其實在同年七月十二日，也就是海參崴演說以前，一名中共守軍在一次邊境衝突中被殺害。中共也一直等到八月二十二日才公開證實此消息。這種情形顯示中共對蘇聯的態度益趨容忍克制。九月底，吳學謙與謝瓦納澤再度相會於紐約。蘇聯限武談判的首席代表卡波夫（Viktor Karpov）亦訪問北平，雙方就全球戰略問題交換意見。十月六日至十四日，新任（八月起，亦即海參崴演說以後）的蘇聯副外長羅高壽（Igor Rogachov）在北平參加每年兩次的定期磋商。會中雙方首次就中共最重視的柬埔寨問題進行討論，雖然沒有協議，但最起碼雙方已開始正式就此事展開談判。越南對此突破性發展自然深感不安㉜。此外，這位較年輕（一九三二年生），外交經驗豐富（曾駐節北平、華府）而且中文流利（曾任蘇聯官方譯員）的蘇聯副外長還與中共協議在次年二月恢復副外長級的邊界談判——又是一個突破㉝。這段期間，美蘇舉行冰島高峰會議，美國國防部長溫柏格（Casper Weinberger）訪問中國大陸。顯見美蘇中共三邊均在接觸，而新三角關係的雛形已隱約可見。

一九八七年的發展勢頭可說是海參崴演說的延續。一月十五日，蘇聯外交部發言人宣佈，該年四月至六月蘇聯將把「臨時」駐紮在外蒙古的一個機動化步兵師和某些其他部隊撤回蘇聯㉞。二月九日至二十三日雙方在莫斯科舉行九年來第一次的邊界談判，商定從東段開始討論邊界全線走向。在所有中蘇共「爭議地區」中，東段邊界最容易解決㉟。這項選擇顯示雙方已有求同存異的默契。果然在同年八月於北平舉行的第二輪邊界談判中，雙方都同意以目前中蘇邊界條約爲基礎，按照通航河流以主航道中心線，非通航河流以河流中心線或主流中心線劃界的原則，來處理東段界河問題。次年一月雙方工作小組卽在莫斯科進行第一次會議。根據這項原則開始具體討論中

㉜ Horn, pp. 743-744.

㉝ 羅高壽在接受南斯拉夫記者訪問時，曾說自己在中國大陸總共住過十五年之久：「當身爲漢學家的家父派駐中國時，我只有二個月大。在那裏渡過六年的童年生活，後來又在大使館前後工作了九年。此外我還參加不同的代表團訪問了中國大陸許多次。」羅高壽在一九五六年加入蘇聯外交部工作，立卽被派往中國大陸擔任譯員。一九六一年才離任返國。一九六四年到一九六九年在華府工作。一九六九年到一九七二年又返回北平擔任公使。一九八六年出任副外長時，只有五十四歲。請參閱 *FBIS-SOV-88-049*, March 1988, pp. 24-25.

㉞ *Pravda*, January 8, 1987.

㉟ 有關「爭議地區」，請參見尹慶耀，《中蘇邊界問題與「中」蘇關係》，《中國大陸研究》，一九八八年十二月，頁十三—十九。拙著，"Sino-Soviet Border Negotiations: 1969-1978", 政大邊政研究所國際中國邊疆學術會議論文。April 1985, pp. 779-866; Tsien-hua Tsui, *The Sino-Soviet Border Dispute in the 1970s* (Oakville, Ontario, Canada: Mosaic Press, 1983), pp. 72-76; Thomas Hart, Sino-Soviet Relations: *Reexamining the Prospects for Noirmailzation* (Hants, England: Gower Co., 1987), pp. 74-76.

蘇東段邊界線走向的問題。換句話說，短短一年間雙方爭執多時的邊界問題就已經出現了曙光。

一九八七年五月，中蘇經濟貿易科技聯合委員會第二次會議在莫斯科舉行。六月，趙紫陽以中共「代總書記」的身份走訪外交路線比較親蘇聯的五個東歐國家（波蘭、東德、捷克、匈牙利、保加利亞）。這是自一九四九年以來中共領導人第一次以黨的身份訪問這五個國家。在此之前，僅有胡耀邦以總書記身份訪問羅馬尼亞（一九八三），趙紫陽以「總理」身份訪問南斯拉夫（一九八六）。但南、羅兩國均標榜外交獨立㊱。

同年七月，蘇共中央書記拉祖莫夫斯基（Georgii Razumovsky）以聯邦院立法提案委員會主席身份訪問北平。他是戈巴契夫手下最親信的健將之一。一九八五年四月（也就是戈氏上臺次月）就被任命出掌蘇共中央組織工作部。次年二十七大時又被擢升爲書記，繼續監督組織工作。一九八八年二月，他再被選入政治局，成爲候補委員。表面上他的位階略低於政治局委員李加契夫（Yegor Ligachev），但他的職等與快速擢升的過程顯示他實際上是戈巴契夫用來牽制李加契夫的主要棋子，也是戈巴契夫上臺以後人手佈局的關鍵性人物。此外，他也是第一個不具政府官員身份而到中國大陸訪問的蘇共高層人士。以他的黨內地位及「通天」程度而論，中蘇共間所

㊱ 洪茂雄，〈趙紫陽訪問東歐五國之分析〉，《中國大陸研究》，一九八八年八月，頁三三—三四。

謂黨與黨不接觸的表象實在越來越薄弱㊲。

一九八七年七月，吳學謙與謝瓦納澤又藉聯合國開會之便在紐約晤面。十月，雙方副外長在北平循例磋商，「總結了近五年來中蘇兩國在各個領域聯繫和交往的情況，就政治解決柬埔寨問題的途徑詳細闡述了各自立場㊳。」十月中共舉行第十三屆黨代表大會。會中總書記趙紫陽的政治報告沒有在對外關係上提出任何新的口號。這種與過去幾屆大會迥異的做法似乎顯示中共暫時無意改變十二大所提的「獨立自主外交」路線。另外，是年十一月三日，《人民日報》刊登了蘇聯致送趙紫陽新任總書記的賀電㊴。回顧一九八二年蘇聯亦來電向在十二大就任總書記的胡耀邦道賀。但中共毫無表示。一九七六年中共甚至退回蘇聯悼念毛澤東的電報。相比之下，一九八七年確實不同。

及至一九八七年底，美蘇中短程飛彈裁減談判（INF）加速進行，終於在十二月達成全面銷

㊲ 有關拉祖莫夫斯基及其訪問中共的資料，見 Jerry F. Hough, "Consolidating Power", *Problems of Communism*, July-August 1987, p. 30; Elizabeth Teague, "Soviet Leader Examines Chinese Reforms at First Hand", *Radio Liberty Research*, RL 251/87, July 1987; Alexander Rahn, "Leadership Changes at the Central Commtitee Plenum in February", *Radio Liberty Research*, RL 64/88, Feb. 18, 1988, p. 3.

㊳ 〈大事記〉，頁一三。

㊴ 《人民日報》，一九八二年九月五日，頁一。

燬的協定㊵。這項協定雖然只使美蘇核武減少百分之五的存量，但它畢竟標誌著美蘇第一次裁減，而不只是限制核子武器。因此對美蘇關係的緩和具有極其重大的意義。對中共來說，這項協定有兩個含義。第一，由於針對中共的四百三十六枚蘇聯中短程飛彈也在銷燬之列，所以中共的安全大爲提高。第二，也是更重要的，美蘇和解將使中共不再能坐山觀虎鬪；它必須也尋求與蘇聯的和解，以免喪失活動的空間，根據中共專家的分析，除了蘇聯外，美國似乎也因爲內部因素才同意和解。這次雷根受到雙赤字、伊朗軍售醜聞案，及「黑色十月」股市崩盤的壓力，不得不與蘇聯達成協議。但由於這些內部因素極可能長期存在，所以即使雷根內心不願意，美國的外交也勢必將在較長的一段時間內趨疲回軟。對這種情況，中共自然需要對自己的政策加以調整㊶。

因此，中蘇共關係在一九八七年底突然加快。這次採取主動的是中共，而討論主題則環繞在高峰會議上，彷彿其他問題已經解決到相當成熟的地步。是年十一月十六日，鄧小平藉著會見日本社會黨委員長土井多賀子的機會表示，他曾捎信給戈巴契夫說，如果戈氏完成越南撤軍，他就可以到蘇聯任何一個地方與戈氏見面，但戈巴契夫一直沒有就越南撤軍問題做出積極的反應。鄧

㊵ *Strategic Survey: 1987-1988* (London: IISS, 1988), pp. 21-32.

㊶ 請參見顏聲毅，〈軍備競賽和八十年代美蘇戰略態勢〉，《社會科學》，一九八七年第六期；黃庭煒等，〈對國際形勢發展中幾個問題的看法〉，《現代國際關係》，一九八七年第二期。

小平還用急切的口吻說，再過兩年他就八十五歲，再也沒有力氣去莫斯科了㊷。對鄧小平的這番催促，戈巴契夫十分重視。時隔十一日（即十一月二十七日），戈巴契夫會見桑比亞總統時表示注意到鄧小平的談話，並認爲舉行高峰會議也符合他自己的願望。事實上，戈氏說：高峰會議正是爲了討論和解決複雜的雙邊和國際問題才要舉行㊸。十二月二日，中共「外交部」發言人也表示注意到戈氏的談話，但重申中共最關切越南撤軍的立場㊹。四日，鄧小平會見日本國際貿易促進會會長櫻內義雄時說：「實際上戈巴契夫拒絕了我的願望，他雖說願同我會晤，但反對有任何先決條件。我的說法是有先決條件的，就是蘇聯讓越南從柬埔寨撤軍㊺。」同月十八日，戈巴契夫接受中共《瞭望》週刊記者訪問時表示：「蘇中最高級會晤可以成爲這種對話（指進行中的政治對話）的合乎邏輯的發展。從種種情況來看，無論是這一方或是另一方，都感到有舉行這種會晤的客觀需要。只要彼此配合，就能夠找到相互可以接受的解決辦法㊻。」以上這段隔簾喊話顯示：①雙方歧見已經具體地集中在越南自柬撤軍的問題上；②中共以高峰會議爲餌，蘇聯卻不肯上鈎，雙方對高峰會議與越南撤軍孰先孰後，仍然立場分歧；③蘇聯暗示中共在越南撤軍問題

㊷ 中共〈十三大後看中俄共關係〉，《中共問題資料週刊》，二九七期，一九八八年一月十一日，頁一二。

㊸ 〈大事記〉，頁一三。

㊹ 同上註。

㊺ 同上註。

㊻ 唐修哲，〈戈爾巴喬夫答本刊記者問〉，《瞭望》，一九八八年一月十一日，國內版，頁一二；海外版，頁四。

上也需「彼此配合」，才有希望。不管中共內心對戈巴契夫的「圓滑」感到了多麼頭痛，中共還是在一九八八年元月初把戈巴契夫的訪談內容在《瞭望》週刊的國內版與海外版同時刊出，並附上戈氏的簽名相片。這種手法與一九七〇年史諾（Edgar Snow）與毛澤東在天安門上一起亮相，可說如出一轍㊼。其基本的目的都是爲了讓一般人對卽將到來的外交關係轉變先有心理準備。當然，它也暗示中共對戈巴契夫仍然懷抱著很大的希望。

結果，戈巴契夫並沒有讓中共失望。一九八八年一月，中蘇共邊界談判代表團工作小組在莫斯科舉行第一次會議，雙方具體地討論中蘇東段邊界線走向的問題，四月在北平舉行第二次會議。十月在莫斯科舉行第三次會議時，已對東界大部份地段的邊界走向取得一致性的意見，對意見尚未一致的地段（卽黑龍江及烏蘇里江交會口的黑瞎子島歸屬問題）同意繼續討論，同時並開始討論西段邊界問題，商定成立西段工作小組，展開作業。至此爭論已久的邊界問題雖然留有一條尾巴，但已取得了一定程度的協議㊽。

更重要的是，一九八八年二月，蘇聯國防部長雅佐夫（Dimitrii Yazov）宣佈蘇聯將自中蘇共邊境地區大幅度撤軍㊾。三月間，中共與越南在南沙羣島爆發激烈的武裝衝突。結果越南損兵

㊼ Henry Kissinger, *White House Years* (Boston: Little, Brown, Co., 1979), p. 698.

㊽ 有關黑瞎子島問題，見㉟；及 Neville Maxwell, "Why the Russians Lifted the Blockade at Bear Island", *Foreign Affairs*, Fall 1978.

㊾ *Krasnaia Zvesda*（紅星報）, Feb. 23, 1988.

折將、棄甲失土，而蘇聯卻一反常態，未加置喙⑩。同月，戈巴契夫反而回信給四川省向他寫信致意的小學童說：「我們相信你們這屬於二十一世紀的一代人一定會繼續加強蘇中友誼⑪。」四月，經過聯合國的調停，關於政治解決阿富汗問題的協議在日內瓦簽署。協議規定，蘇軍將自五月十五日起，在九個月內全部從阿富汗撤出。蘇聯副外長羅高壽並向河內表示，蘇聯的這項撤軍可以做爲越南自柬埔寨撤軍的「樣板」⑫。換句話說，一九八八年開春短短幾個月，「三大障礙」問題突然全部出現曙光。

這其中最重要的，當然還是越南撤軍問題。而它也正是中蘇共在爾後幾個月內談判的重點。六月間，錢其琛在聯合國總部會見謝瓦納澤時表示，蘇聯決定從阿富汗撤軍是件好事，值得歡迎；蘇聯可以在越軍撤出柬埔寨一事上發揮促進作用。同月，雙方在莫斯科舉行定期副外長磋商時，中共「副外長」田曾佩（新任）著重討論柬埔寨問題。蘇方建議，雙方就此問題舉行專門磋商。七月一日，中共「外交部」發表聲明，指出越南應儘早提出短期內從柬埔寨撤軍的時間表；中共並贊成建立柬境四方臨時聯合政府，舉行自由選舉。七月二日，田曾佩向蘇方表示，同意就柬局舉行專門磋商，建議舉行副外長級工作會晤。八月底，田曾佩與羅高壽在北平召開柬局工作

---

⑩ *Strategic Survey: 1988-1989* (London: IISS, 1989), p. 115.
⑪ *FBIS-SOV-88-051*, March 16, 1988, p. 12.
⑫ *Time*, March 23, 1988, p. 15.

會晤。雙方都主張這問題應該通過政治手段解決，並表示將盡力促使這個目標實現。九月十六日，戈巴契夫在克拉斯諾雅斯克（Krasnoyarsk）演說時提到，蘇聯今後準備協助柬埔寨問題儘快解決。他並表示願意立卽開始籌備中蘇共高峰會議事宜[53]。九月二十二日，中共表示注意到這項談話，但重申「如果蘇聯在這方面（卽柬局）創造了條件，中蘇高級會晤就會提到日程上來。」九月二十八日，錢其琛與謝瓦納澤再在紐約會晤，集中討論柬埔寨問題。雙方商定錢氏將於年內訪蘇，繼續未竟之討論。九月二十九日，錢其琛接受記者訪問時說，柬埔寨問題是中蘇共關係中主要的障礙，現在出現了一些有利於障礙消除的跡象，而中蘇共外長互訪是朝著高峰會議前進了一步。十月十三日，鄧小平會見芬蘭總統時說，中蘇共關係正常化不損害中共同其他國家的關係。這句話顯然已在爲正常化進行舖路的工作。同月十七日，鄧小平又對齊奧塞斯古說，三年前托他帶給戈巴契夫的口信已有成果，可能第二年能够實現高層會晤。十二月一日至三日，錢其琛應邀訪蘇，這是一九五七年以來第一次中共「外長」訪蘇，其主要目的卽是討論柬局與準備高峰會議。二日，戈巴契夫接見錢其琛時表示，柬埔寨問題是到該解決的時候了，蘇聯願意在和平共處等原則上與中共建立新型關係。雙方認爲，一九八九年上半年舉行高層會議是有可能的。錢其琛還正式邀請謝瓦納澤回訪。在錢氏訪蘇同時，越南宣佈將於十二月十五日至二十一日間自

---

[53] *Pravda*, Sept. 17, 1988.

柬埔寨撤出一萬八千名部隊。至此，越南撤軍與高峰會議均已齊頭並進至相當的程度。

一九八八年其他重要的相關發展包括：三月李鵬就任「總理」，自一九八二年起就擔任中共首席談判代表的錢其琛就任「外長」，兩人均通曉俄語。六月，中蘇共「經濟貿易科技聯合委員會」第三次會議在北平舉行。雙方簽署了關於建立合營企業的協定和關於直接開展地方貿易的協定。十二月七日，戈巴契夫在聯合國大會宣佈將於兩年內裁減五十萬軍隊的計畫。其中二十四萬現駐於歐洲地帶（即烏拉山以西），二十六萬現駐於亞洲。而亞洲部份的二十六萬，六萬撤自蘇聯高加索與中亞地區，二十萬撤自遠東軍區[54]。一九八九年四月，河內也進一步宣佈將於九月底完全撤出柬埔寨[55]。此一宣佈配合中南半島的進展，不啻同時減輕中共來自南北的壓力。其重要性，自不待言。

因此，對中共來說一九八九年初的「三大障礙」問題均已發展到了「不滿意，但可以接受」的程度：蘇軍撤離阿富汗。莫斯科具體地宣佈將自邊境撤軍，而越南亦表示將自柬埔寨撤軍。此外，邊界問題也有了初步的結果。當然，如果我們認眞探討這些成果就會發現，除了阿富汗以

[54] 《中國時報》，一九八八年十二月九日。

[55] 蘇聯不只對外聲稱正常化目標有限，對內亦然。在一次電視訪談中，蘇聯外交部研究設計委員會主席 Vladimir Lukin 說：「（在現階段）不可能恢復『偉大的友誼』，所以不可能有親密的結盟關係，只是『好鄰居』而已。」見"Does The Soviet Far East Have A Future?", *Radio Liberty Report on the USSR*, RL 97/89, Feb. 13, 1989, p. 6.

外，其他「障礙」其實都只是沒有具體實踐，因此形式意義大於實質意義的成果，但由於雙方已經體認到國際情勢變遷而國內各種問題又紛至沓來，所以各自同意在「睦鄰」的有限目標下，舉行高峰會議[56]。是年二月初，蘇聯外長謝瓦納澤訪問中國大陸，會見了鄧小平、李鵬、錢其琛等人，爲中蘇共三十年來第一次高峰會議預作鋪路。雙方約定戈巴契夫在五月十五日至十八日間訪問中共，同時並就柬埔寨問題達成九點協議，雖然雙方在問題上的歧見並未完全消除[57]。

五月十五日，戈巴契夫率團抵達北平，先與「國家主席」楊尚昆晤談。十六日首先會晤了鄧小平[58]。鄧小平在會上正式宣佈「中蘇兩國關係正常化」與「兩黨黨際關係正常化」，同時表示這次會議的主要意義是「結束過去、開闢未來」[59]。接著戈巴契夫即分別與趙紫陽及李鵬會談。十七日他向中共學術界發表演講，就蘇聯改革、中蘇共雙邊關係（包括政治、經濟、軍事、文化

[56] Steven M. Goldstein, "Diplomacy Amid Protest: The Sino-Soviet Summit", *Problems of Communism*, Sept.-Oct. 1989, p. 55.

[57] 陸大有，〈中蘇共關係加速正常化〉，《中共問題資料週刊》，第三五六期，一九八九年三月十三日，頁三七—三八。

[58] 有關此次高峰會議的詳細經過見畢英賢，〈中蘇共高峰會晤〉，《問題與研究》，一九八九年六月；胡志強，〈中蘇共高峰會談與我國外交政策——從彈性到務實〉，《中山社會科學季刊》，一九八九年六月。

[59] 《人民日報》，一九八九年五月十七日，頁一。

等）及國際形勢作了詳細的分析[60]。十八日雙方發表了含有十八點內容的「聯合公報」，正式結束長達三十年的「不正常」關係[61]。

第三節　一九八五年後的中蘇共經濟關係

八〇年代下半期的中蘇共經濟關係較上半期有顯著的成長。雙方互訪層次升高，經濟活動增加，交通更爲順暢，邊境貿易的接觸點也越來越多。資料顯示，一九七九至八四年間，中共與蘇聯簽訂了二十項協定[62]。但如表一所示，一九八五年以後雙方所簽訂協定的種類與數目均大量增加。

一九八四年底，蘇聯第一副總理阿希波夫的北平之行不僅是中蘇共政治關係的一大突破，也對經濟交流發揮了促進的作用。在他離去前，雙方簽訂了一個經濟技術合作協定，一個科學技術合作協定，和一個成立「中蘇經濟貿易科技聯合委員會」的協定。這三個協定爲今後雙方的商品

[60]《人民日報》，一九八九年五月十八日，頁四；*Pravda*, May 18, 1989, pp. 1-2.
[61]《人民日報》，一九八九年五月十九日，頁一〇。
[62]劉經巖，〈戈巴契夫執政後中蘇共關係正常化之研究：1985-1989〉（臺北：政大外交研究所碩士論文，民國七十九年），頁九四。

貿易、科技轉移、人員交流和資訊提供奠下了法律的基礎。

戈巴契夫上臺不久（即一九八五年七月），中共「副總理」姚依林回訪莫斯科，同阿希波夫簽訂了一個「一九八六——一九九〇的交換貨物和付款協定」和「在中國建設和改造工業項目的經濟技術合作協定」[63]。前者是中蘇共之間第一個長期貿易協定。其中約定雙方可能進行交易的項目，相互承諾共同努力的意願，並且預先設想一九九〇年的雙邊貿易總額應是一九八五年的兩倍[64]。後者則規定蘇聯將協助中共興建七個新廠，改造十七個舊廠。這些工業項目涵蓋動力、冶金、工程、採煤、化學、運輸等方面[65]。此外，在一九八五年三月，雙方還針對運輸瓶頸問題在莫斯科舉行了第一次會議[66]。

一九八六年雙方的接觸更多。一月簽訂了當年的「換貨和付款議定書」。三月在北平舉行了中蘇共「經濟貿易科技聯合委員會」的第一次會議。會中同意進一步發展合作關係，並簽署了「中蘇兩國政府關於互相派遣工程技術人員條件議定書」。六月，雙方在北平簽訂了科學院合作計畫。七月間，中共在莫斯科舉辦了經濟貿易展覽會。中共擺出四千個攤位[67]。八月，中共在駐俄

63 A Kuznetsov, "USSR-PRC Trade and Economic Relations", *Far Eastern Affairs*, No. 3, 1986, p. 66.
64 同上註。
65 *Pravda*, July 11, 1985.
66 Kuznetsov, p. 67.
67 *Pravda*, Sept. 23, 1986; Izvestia, July 27, 1986; Ekonomicheskaia Gazeta, Feb. 1987.

表一 一九八五——一九八八年中共與蘇聯簽訂各種協定分類統計表

年度	政治	財經	貿易	科技	文教	新聞廣播	交通郵電	其他	合計
一九八五	1	1	2		2	1	2		9
一九八六	1	1	4	5	2	2	7	1	23
一九八七	4	4	2		5	1	4	.	20
一九八八	4	5	4	1	3		3	1	21

資料來源：《匪情年報》1985-1989（臺北：國防部軍事情報局），轉引自劉經巖，〈戈巴契夫執政後中蘇共關係正常化之研究：1985-1989〉（臺北：政大外交研究所碩士論文，民國七十九年），頁九五。

大使館舉行時裝表演，戈巴契夫夫人偕同總理與外長夫人一起出席[68]。九月，蘇聯副總理塔里津再訪北平。十月雙方同意在農業、土壤改良、水利等十個領域開展長期合作。十二月，蘇聯亦在北平舉行三十年來最大的工業貿易展覽會，趙紫陽和姚依林都赴現場參觀[69]。

一九八六年間的邊境貿易除了原已有協商的黑龍江與蒙古地區外，雙方還在三月換文確認新

---

[68] *Journal of Commerce*, August 22, 1986.

[69] 中華人民共和國外交部外交史編輯室編，《中國外交概覽》（北京：世界知識出版社，一九八七），頁二三九。

疆地區與蘇聯中亞五個加盟共和國展開貿易。塔里津訪問北平時，雙方更進一步同意讓吉林、寧夏、青海三個內陸省份也加入邊境貿易。蘇聯這方面則增加布里亞特（Buryat）、伊爾庫茨克（Irkutsk）和薩哈林（Sakhalin）三個地區[70]。

一九八七年間，雙方協議恢復河運方式，以同仁港和蘇聯的下列寧斯闊耶港（Nizneleninskoye）為中蘇河運進出口貨物的轉運口岸[71]。蘇聯還同意提供若干電氣火車頭給中共，以提高其運輸能力[72]。五月，蘇聯開始協助中共設計三個建於中國東北的火力發電廠[73]。五月間，中蘇共「經濟貿易科技聯合委員會」第二次會議在莫斯科舉行。十二月，中共的「衛生部」官員訪問蘇聯，協商合作事宜。同時蘇聯同意提供最新式的紡紗機給上海造絲廠[74]。

一九八八年六月中蘇共「經濟貿易科技聯合委員會」在北平舉行第三次會議，雙方簽署了一個關於合營企業的協定和一個關於直接開展地方貿易的協定。九月，戈巴契夫發表克拉斯諾雅斯克

---

[70] 鄒藩封，〈中蘇邊境貿易的恢復和發展〉，《國際貿易問題》，No. 2, 1988, 頁五八—五九，A. Kiryanov and M. Kiryanov, *Foreign Trade* (in English, Moscow), No.2, 1987, pp. 16-18.

[71] 上海《世界經濟導報》，一九八七年十二月七日；引自 *JPRS-UIA-88-003-L*, April 1, 1988, p. 15.

[72] 莫斯科華語廣播，一九八七年二月十八日，引自 *FBIS*, Feb. 25, 1987, p. B2.

[73] 莫斯科華語廣播，一九八七年五月三十日，引自 *FBIS*, June 2, 1987, p. B3.

[74] 莫斯科華語廣播，一九八七年十二月二十三日，引自 *FBIS-SOV-87-250*, Dec. 30, 1987, p. 23.

演說，表示希望在遠東地區設立「合資企業區」[75]。十月，鄧小平會見芬蘭總統時表示，將來正常化以後，「兩國應在和平共處的五項原則基礎上建立新型的政治關係和新型的經濟關係[76]。」次年的高峰會議上，李鵬表示「中蘇發展經濟合作存在著許多有利條件，在這方面有互補性。」而戈巴契夫也認爲「發展蘇中雙邊合作潛力很大[77]。」與李鵬會談的第二天，戈巴契夫對中共學術界的講話中更具體地表示願意在「以下的傳統領域加強關係」：「如原料和工業產品交換，促進與建能源項目以及研製和使用先進技術的最爲現代化的領域」。此外，他還建議「努力爭取在企業、設計局、科學研究所之間建立直接連繫，建立包括第三國參加的合營公司和生產單位」，「鋪設『液體煤炭』的管道」，「開發從中國到歐洲新『絲綢之路』，由北京經烏魯木齊、阿拉木圖直到莫斯科的鐵路幹線」、「考慮在蘇聯建立經濟特區的問題，包括一系列與中國鄰近的邊境區」，同時並擴大中國東北與西北各省與蘇聯的邊境貿易[78]。

以上這些發展從表面上看似乎頗富活力，但表二卻顯示雙方貿易固然在八四——八五年暴增，但自一九八五年起至一九八八年止不僅沒有增加，反而減少。而且總額只在二十億美元上下。此外，表三不完整的資料則顯示雙方邊境貿易自一九八五年起確實不斷增長，但總額仍然相當有

---

[75] 同[53]。
[76] 〈大事記〉，頁一四。
[77] 《人民日報》，一九八九年五月十七日，頁一。
[78] 《人民日報》，一九八九年五月十八日，頁四。

表二　中蘇共貿易

（單位：百萬美元）

年　　份	貿　易　總　額
1984	1327
1985	2100
1986	2169
1987	1452
1988	1867

資料來源：本表乃由《世界知識》一九八九年三月十日，第十四頁的數字換算出來。原表單位爲億瑞士法郎。

表三　中蘇共邊境貿易

（單位：百萬瑞士法郎）

年　份	新　疆	蒙　古	黑龍江	總　額
1983		3	15.9	
1984	16.26	15.44	29	60.7
1985	14	35	32.5	81.5
1986	18			
1987（1－6月）	22	46.3	50	118.3

資料來源：Valerie NIQUET-CABESTAN, "L'evolution recente des relations economiques. entre la chine et l' URSS (1982-1987). *Revue d'etudes comparatives estouest* (Paris) Vol. 19 No. 2, 1988, p. 91.

限。譬如一九八五年全年總額換算成美元，只有二千七百萬美元。一九八七年上半年增加到五千四百萬美元。雖然這個資料並不完整，但即使後來中蘇共邊境貿易以倍數成長，也無法與世界其他主要地區之間動輒以億，乃至十億美元爲計算單位的貿易相比。

這種情況顯示我們在第三章所分析的四項限制中蘇共經濟關係的因素當中，就算政治因素可以排除，但其他非政治的因素仍然有力地存在。換句話說，第一，中蘇共的經濟互補性還沒有大幅改善。雙方都不能向彼此提供對方最需要的資金與技術。第二，雙方都依賴西方國家超過依賴對方。第三，交通瓶頸的障礙可能仍未突破。難怪戈巴契夫在高峰會議期間感慨地說：「我們兩國間的貿易額近幾年雖然有了一定的增加，但是不僅貿易額而且貿易增長速度遠離現有的可能性。在一體化的過程中，在不斷加強國際勞動分工和協作聯繫迅速擴大的背景下，還不到二十億盧布的蘇中貿易交流看起來是太少了。況且所談的還是兩個具有巨大潛力的國家。它們有世界上最長的邊界，也就是說，有極爲良好的合作條件。經濟協作的潛力比現有的合作水平高得多。當然，即使雙方都很希望利用這些可能性，但是他們也無法一下子就能實現。必須確定有前途的領域，解決複雜的定價的問題和幫助企業尋找適合伙伴。此外，還必須有時間培訓人才，積累經驗，因爲在經濟關係實際壓縮的那些年內失掉了好多時間⑲。」

---

⑲ 同上註。

戈巴契夫這番話顯示他對問題瞭解得非常深刻。過去四十年來中蘇共都以政治干涉經濟。關係好的時候拉得很高（如五〇年代中蘇共貿易佔中共對外貿易的一半），但壞的時候又壓得很低。如今正常化了，開放了，雙方貿易自然也回到全世界其他貿易國家所共同面對的基本問題——人才、經驗、地理、經濟結構，與相互競爭。政治關係的正常化只能使經濟關係的改善更有可能，但在當前情況下卻不一定能够保證成功。

第四節　一九八五年後的中蘇共軍事關係

一九八〇年下半期的中蘇共軍事關係中，最值得注意的不是建軍，而是雙方開始逐步撤軍的過程。如果純就邊境地面武力而論，中共方面出現大幅降低的趨勢，而蘇聯不減反增（見表四）。中共所撤軍乃中共百萬裁軍計畫的一部分[80]。

[80] Gerald Segal, "As China Grows Strong", *International Affairs* (London), Spring 1988, pp. 218, 224-225.

表四 中蘇共邊境地面武力表

（單位：師）

	蘇聯	中共
1984-85	52	66
1985-86	53	66
1986-87	53	71
1987-88	56	71
1988-89	56	50

資料來源：*Military Balance* 年刊

但在其他方面，蘇聯卻做出重要的讓步。自西而東，首先蘇聯自一九八八年起開始撤出駐紮於阿富汗的十一萬部隊。至一九八九年五月高峰會議止，這項撤軍已全部完成。至於中亞駐軍，一九八八年十二月戈巴契夫曾在聯大演說時表示將撤出六萬守軍。在遠東與西伯利亞地區，戈氏宣佈的是：兩年內撤出二十萬人。這項數字顯示的意義是，蘇聯在遠東的軍力佔全國總軍力的四分之一，但預定裁減的比例卻佔五分之二[81]。在戈氏訪問中共時，他還進一步透露，未來裁減的是陸軍十二個師，空軍十一個團，太平洋艦隊十六艘軍艦，以及外蒙古駐軍的三個師（其中包括兩個坦克師）和全部的空軍集羣[82]。此外，隨著一九八七年美蘇中短程飛彈協定的簽署，蘇聯同意開始銷燬所有的亞洲中短程飛彈（四三六枚），因此而大幅降低對中共的安全威脅。在外蒙古部分，蘇聯同意撤出駐紮於外蒙古的四分之三軍力，並已撤出其中的一部分，外蒙古亦已

[81] 有關蘇聯遠東駐軍詳情，見 Richard H. Soloman and Masataka Kosaka, eds., *The Soviet Far East Military Buildup* (Dover, MA: Anbura House, 1986).

[82] 《人民日報》，一九八九年五月十八日，頁四。

同意與中共實施「建立互信措施」[83]。至於蘇聯的太平洋艦隊亦在近年有逐漸減少的趨勢。例如，一九八八年蘇聯在太平洋戰略潛艇的總數量是一九八六年最高潮的百分之七十五，非戰略潛艇是一九八四年最高潮的百分之八十，主要作戰潛艇是一九八三年最高潮的百分之八十二，戰機是一九八六年最高潮的百分之八十七[84]。在南方，隨著越南宣佈撤軍與柬局談判的逐步進展。中共與越南的緊張關係亦相對的逐年降低。凡此皆顯示蘇聯過去對中共的所構築的圍堵之牆已經在每個角落發生鬆動的現象。這些當然都有助於中共安全的提升。

不過話說回來，這些轉變有的固然已經發生，有的卻只是開出而未兌現的支票。它一方面顯示中蘇共軍事關係在一九八〇年代下半期確有緩和的跡象[85]。但另一方面也意味雙方彼此的安全疑慮並未完全消除，未來仍然大有相互磋商的餘地。

第五節　結　語

[83] Gerald Segal, "Taking Sino-Soviet Detente Seriously", *Washington Quarterly*, Summer 1989, p. 61.

[84] 各項比例均由倫敦國際戰略研究所 (IISS) 的 *Military Balance* 系列計算而來。

[85] 據報導，中蘇共士兵甚至舉行射擊比賽，見 *BBC Summary of World Broadcast* (SWB), Su0025, Dec. 1, 1987, P. A. 3. 4.

綜合以上的敍述，我們可以看出：第一，中共對正常化的基本興趣是一貫的。八〇年代上半期如此，下半期亦復如此。根據資料我們甚至可以肯定地說，中共的熱度隨著時間不斷加強。戈巴契夫上臺前，中共緊咬著「三大障礙」不放，但戈氏上臺才一個月，鄧小平就自動轉口，把「三大障礙」減爲越南撤軍一項。胡耀邦甚至連三大障礙是什麼都裝做不知道。在高峰會議的問題上，也是先由鄧小平透過齊奧塞斯古傳達中共的提議。後來鄧小平還數度在關鍵時刻出面加一把勁。最後在召開鄧戈會議時，事實上中共最關心的越南撤軍問題並沒有排除。中共只因爲蘇聯展示合作的意願及一些具體跡 象就視此障礙而不見。凡此皆顯示中共對正 常化具有相當熱切的期待。而十年來中共對蘇政策的穩定開展，由一九七九年鄧小平重新執政，到一九八五年他提議召開高峰會議，到一九八九年他宣告「結束過去，開闢未來」，在在皆表現他在其中扮演的主催角色。

第二，相對於中共的穩定加溫，戈巴契夫的做法卻可以海參崴演說（一九八六年七月）爲分水嶺。海參崴演說以前，戈巴契夫顯得有心無力。對於中共的一再催促，他沒有具體的作爲，只以漂亮的場面話來應付，雖然這些話聽起來確比以前悅耳。有時他甚至以避不見面來躲避可能的尷尬局面。不過在海參崴他一口氣提出十點相關建議。每個建議都不算重大，但都很具體，也頗富新意。隨後他就一步步對「三大障礙」進行稀釋的工作，最後終於做到使中共「雖不滿意，但可以接受」的程度。海參崴演說與布里茲涅夫在一九八二年於塔什干發表的講話不同的是，布氏講的比較是空話，而戈氏的較具體。兩者相同的是，兩人都給人一種「急驚風」的感覺。雖然最後證明前者做假，後者認眞，但這種「急驚風」的作風仍然與鄧小平不慍不火的「慢郞中」作風形成有趣的對比。

第三，這段時期的中蘇共正常化進程基本上是有進無退。由對罵終止，到相互問好，由副部長互訪，到部長、副總理互訪；由政府官員互訪，到黨的高層幹部互訪；在在都反應雙方關係持續的量變。在其他方面，雙方軍事對抗程度逐漸降低，經貿關係不斷加強，社會文化團體一個接一個掛上了鈎。最後鄧小平與戈巴契夫在電視機萬千觀衆之前緊緊握手，宣告正式完成正常化的刹那，並沒有對華府、東京及其他國家的人民造成強烈的震撼，正是因爲它實際上已普遍被接受爲自然的量變結果，自然得就像是瓜熟蒂落一般。

第四，中蘇共關係雖然宣告正常化，但這個正常化卻頗爲有限。中蘇共都反覆強調不再可能回到五〇年代的結盟情況，雙方只以「睦鄰」或「和平共處」爲目標。在區域與其他國際問題上，我們暫時看不出有積極協調的現象。雙邊貿易關係一時間似乎也不易超越各自與西方的關係。軍事對抗固然鬆弛，但離六〇年代雙方大量增兵以前的水準還有一段很長的距離。凡此皆顯示中蘇共之間仍然互有猜忌。

究竟一九八〇年代下半期爲什麼會發生這些變化？這是下面一章所要探討的問題。

第五章　步向「正常化」的動因

一九八五年是蘇聯政策與人事的新起點，也是中蘇共關係「正常化」過程重新發動的一年。雖然雙方在八〇年代下半期的行爲相對於上半期而言，都是有變有常。但不可否認地，在中共這方面「常」多於「變」，而蘇聯這方面則「變」多於「常」。如果我們仔細檢視中蘇共之間的這些「常」與「變」，就會發現雙方的利益與觀點逐漸大同小異。這些共同點說明了北平與莫斯科爲什麼最後殊途同歸，握手言和。但同時，雙方之間依然存在某些差異，而這些差異也說明了爲什麼雙方步調不盡然一致。

第一節　人事的變遷

共產黨的論著中常常強調，決定上層建築（政治制度）的是下層建築（經濟變遷），決定意識的是環境，決定個人命運的是潮流。但實際上，因爲共產社會遠比民主社會來得集權，所以共產社會中人事的變化往往更能直接導致政策的變化。退一步說，即使人事安定，但倘若領導人的觀念改變，政策也會立即出現轉化的現象。這種例子在中共或蘇共的歷史可說屢見不鮮。

本書第三章就曾經從人事與觀念的角度說明，八〇年代初期中共的人事變化（鄧小平上臺）與觀念變化（由「反霸」變成「和平」）如何使中共改變對蘇聯的外交政策。而蘇聯人事與觀念的延續又如何使蘇聯政策先是處驚不變，繼而萬變不離其宗。同理，八〇年代下半期中共政策之所以「常」大於「變」，也是因爲它基本上乃根植於人事的延續（鄧小平）以及觀念的延續（「和平」、「獨立自主外交」）。至於蘇聯之所以「變」多於「常」，戈巴契夫之所以先緩後急，當然也可以由人事與觀念兩個方向去找原因。本節即擬集中討論蘇聯與中共人事的變遷，觀念部分則將在下兩節進行分析。

戈巴契夫在一九八五年得以黃袍加身，絕非偶然。由表面上看，他優越的個人條件，以及老成凋謝的客觀權力環境當然是非常重要的因素。但更重要的似乎是，他本來就是布里茲涅夫等人有意培養的接班種子。已有的資料無法告知我們戈氏在當年究竟爲何雀屏中選，但根據美國的權威學者赫夫（Jerry Hough）的說法，戈巴契夫在一九七八年（布里茲涅夫的權力高峰期）以四十七歲之「稚齡」出任書記處主管農業的書記之時，已經顯示他在布氏眼中具有不凡的身價。當時他還與蘇斯洛夫、安德洛波夫、契爾年柯等人保持相當親近的關係❶。一九八〇年他被選爲政治局委員時，更是當年同時手握決策（政治局）與執行（書記處）大權的人中最年輕的一位。安德洛波夫與契爾年柯擔任總書記的二年多時間內，戈巴契夫一直穩坐蘇共的第二把交椅，主持意識形態與組織人事的工作。這個職位不僅使他後來能夠在元老級的葛羅米柯推薦下十分順理成章地坐上第一把交椅，而且給他一個提前安插自己人馬的好機會。根據赫夫的統計，戈巴契夫在就任總書記前短短的兩年時間內，更換了許多地區的第一書記。這些地區後來選出參加第二十七屆黨代表大會（一九八六年二月）百分之三十二的代表席次。另外百分之三十一的黨代表則來自與戈氏同齡或低齡的第一書記所掌握的地區。這些書記基於戈氏的主要政治背景（地方黨工）與年齡，也極可能比較傾向於接受戈巴契夫的觀點❷。總之，戈巴契夫在一九八五年三月入主克里姆林宮時，一方面身懷布氏、安氏與契氏等人的同意戳記，一方面自己也已經打下了一定的政治基礎。

不過，戈巴契夫的底子到底不如他的前任。但他的運氣卻比他的幾位前任好。因為他上任僅僅一年，蘇共就依例召開黨代表大會（每五年一次）。而這一年的時間一方面足夠讓他做必要的

---

❶ Jerry F. Hough, "Consolidating Power", *Problems of Communism*, July-August 1987, p. 28. 有關戈巴契夫一九八五年就任總書記前的事蹟，尚可參見 Zhores A. Medvedev 原著，蕭耀先、劉峻譯，《戈爾巴喬夫傳》（北京：國際文化出版公司，一九八七年）；Christian Schmidt Haeuer, *Gorbachev: The Path to Power* (London: I. B. Tauris, 1986). 及尹慶耀，〈戈巴契夫的政治體制改革〉，《問題與研究》，民國七十七年九月。

❷ Hough, p. 28.

人事部署，然後藉黨代表大會淘汰部分「不適任」的中央委員級人物（官員、黨工、軍人等），但同時又使他不必等太久（即一年）就可以正式開始推動他的人事與政策改革方案。所以我們在戈巴契夫上任的第一年內幾乎看不出任何重大的政策改革跡象。譬如，他對中共表示有意正常化，但卻堅持不做任何實質讓步。他對美國表示有意談判限武，但卻咬住「星戰計畫」不放。他暗示希望內政改革，卻連「改革」這個名詞都不太敢用❸。顯然，他的策略是先人後事，亦即先進行人的換血，再談政策的革新。

在一九八五年三月至一九八六年三月的一年中間，戈巴契夫更動了十四名副總理中的八名，八十二名部長中的三十名，十四名加盟共和國第一書記中的四名，一百五十名省級第一書記中的四十六名，二十名軍區或軍團司令中的六名❹。在黨的最高決策核心也就是政治局中，他陸續汰換了九名委員中的五名，其中四名完全失勢(包括對他威脅最大的羅曼諾夫，Grigorii Romanov)，另一名也就是護駕有功的外交部長葛羅米柯被架空爲國家主席。剩下的四名政治局委員都是擔任次要職務的人❺。外交部長一職改由與戈氏關係深遠的謝瓦納澤擔任。在一九八五年七月走馬上任以前，謝氏的外交經歷根本是一張白紙。他的任命顯示戈巴契夫有意切斷葛羅米柯在外交界盤

---

❸ Seweryn Bialer and Joan Afferica, "The Genesis of Gorbachev World", *Foreign Affairs*, No. 3, 1986, p. 611 指出這點。

❹ Hough, p. 31, Table 1.

❺ Hough, p. 27.

根錯節的人脈。但戈巴契夫高人一等的是，他在其他部會大舉更動人事，但在外交部卻暫時保留副部長以下的人事，以示對葛羅米柯的基本尊重❻。另外，如前章所述，戈巴契夫在一九八五年四月任命親信拉祖莫夫斯基出掌主司組織人事的書記，藉此掌握全盤的人事業務。他還把總書記辦公室的六名助理更動了五人，其中多人爲「自由派」學者出身或鼓吹「新思維」多年卻一直遭到冷凍的人❼。在這一年內，戈巴契夫還加強與學術界的連繫，在黨政機關設置新的研究單位，廣邀人才，允許知名的經濟學者（如 Tatyana Zaslavskaya）與外交學者(如Evgenii Primakov)參與政策的制訂過程❽。顯然這一年他做的是打底的功夫。

一九八六年初召開的蘇共二十七大使戈巴契夫的權力更形鞏固。三百零七名新選出的中央委員中，只有百分之五十六爲連任，百分之三十爲完全新任，其餘曾經擔任中央候補委員或評議委員。這個新陳代謝比例對當時一灘死水的蘇共不可謂不高。另外，在十二名政治局委員中，只有四名是布里茲涅夫時代的遺老（包括戈巴契夫，平均年齡六十八歲），三名是安德洛波夫時期的「中生代」（平均年齡六十四歲），五名是新任委員（平均六十二歲）。在十名書記處的書記

❻ Hough, p. 32.

❼ Alexander Rahr, "Gorbachev's Personal Staff", *Radio Liberty Research*, RL 2 16/88, May 30, 1988.

❽ 見上註，及 Jeffery Checkle, "Gorbachev's 'New Political Thinking' and the Formation of Soviet Foreign Policy", *Radio Liberty Research*, RL 429/88, Sept. 23, 1988.

當中，所謂「資深書記」（即同時擔任政治局委員者）由原來的五人減爲三人。這三人是戈巴契夫、李加契夫（Yegor Ligachev）和柴可夫（Lev Zaikov），而後兩者均爲一九八五年以後才出任現職，比較起來，戈巴契夫雖然最年輕，但資歷卻最深❾。更重要的，戈巴契夫成功地在十名成員的書記處安插了四名旗幟鮮明的戈氏人馬。其中拉祖莫夫斯基主管人事，雅可夫列夫（Aleksandr Yakovlev）與梅德維德夫（Vadim Medvedev）是戈巴契夫的文宣智囊，杜布萊寧（Anatolii Dobrynin）則是外交參謀❿。這種情況顯示，戈巴契夫在蘇共最高決策層的力量已經大爲提升，雖然還沒有達到完全控制的地步。

二十七大以後，戈巴契夫繼續大搬風。至一九八七年爲止，他又更動了十二名副總理中的二名，八十二名部長中的二十三名，十四名加盟共和國第一書記中的二名，一百五十名省級第一書記的三十八名，二十名軍區或軍團司令的十四名⓫。在外交人事方面，過去戈巴契夫不敢輕舉妄動，但在一九八六年二十七大結束以後也終於大刀闊斧地革新組織，提拔新秀。譬如在外交部，他新成立四個司級單位，分別負責武器管制、人道問題、新聞，與太平洋羣島⓬。過去澳、紐被

---

❾ Elizabeth Teague, "Turnover in the Soviet Elite Under Gorbachev: Implication for Soviet Politics", *Radio Liberty Research*, Supplement 1/86, July 8, 1986.

❿ 同上註。

⓫ Hough, p. 34, Table 2.

⓬ Alexander Rahr, "Winds of Change Hit Foreign Ministry", *Radio Liberty Research*, RL 274/86, July 16, 1986, p. 2.

歸類於英語系國家，與英國、愛爾蘭、加拿大同屬第二歐洲司。中共、外蒙古、北韓屬於第一遠東司。日本、印尼、菲律賓等島國在第二遠東司，越南、寮國、柬埔寨與其他非共的東南亞國家（泰國、馬來西亞、新加坡）共處一司。經過戈巴契夫的重新分割，中共、外蒙古、北韓、越南、寮國、柬埔寨等共產國家被合併在一起。東南亞司包含東協國家。日本則與澳、紐、太平洋島國同屬太平洋合作司⓭。這種組織變革顯然較符合實際情況。至一九八六年八月爲止，他還更動了葛羅米柯任用的八名副部長中的七名，其中對中共部分即由羅高壽開始掌舵⓮。這種改變配合他在蘇共書記處的佈局使他對外交政策幾乎能夠如臂使指般地充分掌握。在對中共部分，除了在一九八六年四月間派出新大使（特洛揚諾夫斯基）外，自一九六七年開始就一直擔任蘇聯科學院遠東研究所所長的斯拉德考夫斯基也因病亡故，由年齡比他小二十歲的提塔年柯（M. L. Titarenko）接任。該研究所的機關刊物《遠東問題》季刊編輯羣本來個個都是資深或政學兩棲的人物。但新任的編輯羣卻新鮮到連中共在一九八三年出版的《俄蘇中國學手冊》都沒有把他們列入

⓭ 見上註，及尹慶耀，〈戈巴契夫執政後的蘇聯〉，《問題與研究》，民國七十六年八月，頁三〇；"China Mafia Doomed as Ties with Peking Improve", *Far Eastern Economic Reviews*, Aug. 14, 1986, pp. 36-37.

⓮ Hough, p. 33.

「蘇聯的中國學家」行列的程度⑮。在一九八六年下半年，主導蘇共對中共政策多年的羅曼寧亦宣告退休。接替他擔任蘇共聯絡部副部長的是沙赫納查諾夫（Georgii Shakhnazarov）。沙氏具有豐富的黨工經驗，自六〇年代初期就在蘇共聯絡部工作。但他也是聲望卓著的政治學家，自一九七四年起就一直擔任蘇聯政治學會的會長。而且他在戈巴契夫上臺前就曾多次撰文公開呼籲民主化⑯。他與羅高壽的上任給蘇共中央和外交部的中共問題決策過程注入了嶄新的觀念與做法。

一九八七年戈巴契夫的人事佈局續有進展。在一月舉行的中央全會上，戈氏的改革軍師雅可夫列夫（廿七大後才出任書記）被選爲政治局候補委員。斯留柯夫（Nikolai Slyunkov）出任書記處書記，負責經濟事務。魯甲諾夫（Anatolii Lukyanov）亦出任書記，負責總務行政。這三人的擢升必然加強戈氏在中央的控制力量⑰。

同年七月的另一次中央全會上，雅可夫列夫與斯留柯夫的地位又獲提升，成爲政治局委員。主管農業的尼可諾夫（Viktor Nikonov）也變成政治局委員。這些任命使政治局委員的人數由十

---

⑮ 在一九八七年《遠東問題》季刊的編輯是 U.A. Arkhipov, B.G. Grebennikov, 及 V.S. Sagarev, 三個人的名字都沒有出現在中共社科院在一九八三年出版的《俄蘇中國學手册》的「蘇聯的中國學家」名單中。

⑯ Archie Brown, "Gorbachev and Reform of the Soviet System", *The Political Quarterly*, April-June 1987, p. 145; Elizabeth Teague, "Georgii Shakhnazarov Appointed Aide to Mikhail Gorbachev", *Radio Liberty Research*, RL 122/88, March 22, 1988.

⑰ Hough, pp. 34-35.

一人增為十四人，而且使戈氏人馬穩居黨的最高決策層的半數。另外，戈巴契夫任命的新任國防部長雅佐夫（Dimitri Yazov）也被選為政治局候補委員⑱。雅佐夫原來擔任遠東軍區司令。他出任國防部長可說已經跳過其他四十餘名資深軍方將領。但戈巴契夫另外還任命他的一名老友李志契夫（A. D. Lizichev）出任總政戰部主任，強迫將近二百名較李氏資深的將領退役。這兩個任命使軍方在黨內的地位降到黑魯雪夫時期以來的最低潮⑲。

一九八八年戈巴契夫的換血動作更加大膽明快。在二月的中央全會上，他的長期助手拉祖莫夫斯基被選為政治局候補委員。年僅五十歲的蘇聯計畫委員會主席馬斯留可夫（Yurii Maslyukov）也被選為政治局候補委員⑳。六月間，戈巴契夫推動召開自一九四一年起就沒有再舉行過的黨大會。會中戈巴契夫提出他大膽的政治改革方案，建議重組最高蘇維埃，賦予地方蘇維埃更多的權力，要求地方黨工必須參加地方蘇維埃選舉而且必須獲勝方可續任。此外，選舉必須有二

---

⑱ Elizabeth Teague, "Personnel Change in the Politburo", *Radio Liberty Research*, RL 233/87, June 26, 1987.

⑲ Seweryn Bialer, "Gorbachev's Program of Change: Sources, Significance, Prospects", in S. Bialer and M. Mandelbaum eds., *Gorbachev's Russia and American Foreign Policy* (Boulder, Colorado: Westview, 1987), p. 276.

⑳ Alexander Rahr, "Leadership Changes at the Central Committee Plenum in February", *Radio Liberty Research*, RL 64/88, Feb. 18, 1988.

人以上競選，而且必須秘密投票㉑。這個改革方案使戈巴契夫可以動員廣大求新求變的一般黨員與人民，透過選票迫使中央與地方若干不適任的黨工與官員離職。表面上看來，「蘇聯埃」的權力上升，共黨的權力下降。但戈巴契夫如果同時兼任總書記及最高蘇維埃主席，那麼他的個人權力卻絲毫不受影響，反而因為反對改革人士的減少而獲得增強，這也正是後來演變的結果。

同年九月底，戈巴契夫突然召回正在國外訪問的外交部長謝瓦納澤與國防部長雅佐夫，舉行了一次非常中央全會。會中戈巴契夫進行了自從一九五七年黑魯雪夫粉碎「反黨集團」以來的最大高層人事改組。葛羅米柯、索羅門切夫（Mikhail Solomentsev）、德米契夫（Petr Demichev）、德爾基（Vladimir Dolgikh）、卡匹托諾夫（Ivan Kapitonov）、杜布萊寧等六名政治局委員、候補委員或書記處書記全部宣告退休㉒。他還精簡書記處組織，成立六個委員會綜理過去書記處主掌的業務。這六個委員會分別由拉祖莫夫斯基（人事）、梅德維德夫（意識形態）、斯留柯夫（經濟社會政策）、李加契夫（農業政策）、雅可夫列夫（外交）、契布里可夫（Viktor Chebrikov，法律問題）等六人擔任主席㉓。在這六個人中，除了具有保守傾向的李加契夫之

㉑ Viktor Yasmann, "The Soviets and the Leading Role of the Party: From a 'State' Party to a 'Party' State", *Radio Liberty Research*, RL 321/88, July 14, 1988.

㉒ Alexander Rahr, "Restructuring of the Kremlin Leadership", *Radio Liberty Research*, RL 423/88, Oct. 4, 1988.

㉓ Alexander Rahr, "Gorbachev Changes Party Structure", *Radio Liberty Research*, RL 519/88, Nov. 30, 1988.

外，全部都是戈巴契夫的親信。而李加契夫被迫放棄重要的意識形態工作，接掌一向吃力不討好的農業政策，顯然是這次改組中的輸家。接替李氏原來工作的梅德維德夫是經濟學家出身，對改革的支持向來不遺餘力，在黨內與雅可夫列夫並列爲戈巴契夫的哼哈二將㉔。這次人事大搬風使戈氏一夕拔除「先朝遺老」，今後不僅他本人成爲政治局與書記處最資深的成員，而且他的人馬在政治局及書記處也佔到絕對優勢的地位。是年十二月，戈巴契夫越級提拔年僅四十九歲的莫塞耶夫（Mikhail Moiseev）擔任總參謀長。配合他過去任命的雅佐夫與李志契夫，軍方勢力也納入他的掌握㉕。

一九八九年四月，蘇共再舉行中央全會。結果三百零一名中央委員中的七十四名，一百七十名候補中央委員中的二十七名，以及八十三名中央評議委員中的二十名全部宣告退休，另外二十四名候補中央委員補正爲中央委員㉖。這次一百一十名高層人士在任期內的集體退休不僅史無前例，而且使戈氏人馬進一步在中央全會也穩居多數。起碼在短期內戈氏不必再擔心來自黨方面的挑戰。

㉔ Viktor Yasmann, "Vadim Medvedev: New Ideological Chief in the Kremlin", *Radio Liberty Research*, RL 435/88, Oct. 1, 1988.

㉕ Milan Hauner and Alexander Rahr, "New Chief of Soviet General Staff Appointed", *Radio Liberty Research*, RL 546/88, Dec. 16, 1988.

㉖ *Izvestiia*, April 27, 1989.

另外，根據統計，戈巴契夫自一九八五年三月上臺至一九八九年爲止，更換了七十二名部長中的六十六名，比例高達百分之九十三㉗。在這新任的六十六名部長當中，二十四名在布里茲涅夫時代就有部會工作經驗，十六名在安德洛波夫或契爾年柯時期曾出掌某個部會，而二十六名則完全沒有任何早期的任事經歷。最後這批「空降部隊」（佔新任部長人數的百分之四十）之中的絕大多數都是在廿七大後才出任部長，一方面顯示戈巴契夫對現有部會體制內的人員感到不滿，一方面顯示他對部會人事的影響力在增加㉘。

一九八九年五月二十五日，也就是戈巴契夫自北平返國以後的一個星期，蘇聯開始選舉人民代表，組織新的人民代表大會，選出新的最高蘇維埃，最後並選舉戈巴契夫爲新的最高蘇維埃主席。這一連串的改變使戈巴契夫透過民主的形式取得事實上更獨裁的權力。一九九〇年三月戈巴契夫順利當選蘇聯第一位總統，爲他過去五年鞏固權力的努力劃上一個漂亮的句點。

綜合以上的敍述，我們可以看出一九八六年確實是個關鍵的年份。在一九八六年前，戈氏雖然略有根基，但人事部署尚不够週全。在外交人事上他顯然還對葛羅米柯的既有勢力相當顧忌，所以在外交政策上不敢放手去做。中共在一九八五年屢次向戈巴契夫主動示好，戈氏卻只能用詞

㉗ Dawn Mann, "Gorbachev's Personnel Policy: The USSR Council of Ministers", *Report on the USSR*, Nov. 17, 1989.

㉘ 同上註。

含糊地從正面講中蘇共關係，而不敢具體地做出讓步，正是因爲他當時力有未逮，只把注意焦點放在人事佈局上。

一九八六年開始，戈巴契夫在高層擁有更多的力量，外交人事（包括對中共政策）有了大幅度的更動，他就陸續推出海參崴演說，展開中蘇共邊界談判，自外蒙古撤出部分軍隊，開始討論柬埔寨問題、高峰會議問題，發表克拉斯諾雅斯克演說，進一步宣佈裁軍，最後召開鄧戈高峰會議。反應在其他對外關係方面，他也是在一九八六年開始才敢認眞面對美蘇中程飛彈問題（如一九八六年十月的冰島高峰會談，與一九八七年十二月的華府高峰會談）及阿富汗撤軍問題。這些發展都暗扣戈氏在黨內的權力擴展進程，顯示他的權力與他的外交政策之間確實具有相當直接的關係。

至於在中共方面，由於鄧小平在這段期間居於完全主控的地位，所以人事變遷與外交政策的關係並不十分明顯。其中比較值得注意的是在四〇年代末期、五〇年代初期曾留學蘇聯「莫斯科動力學院」並擔任「中國留蘇學生總會」主席的李鵬在六屆人大出任「副總理」一職，復在一九八八年三月的七屆人大升任「總理」。當時李鵬的新內閣包括了三分之一曾經留學蘇聯的「部長」，其中長期擔任首席對蘇談判代表的錢其琛升任「外交部長」，最受重視㉙。

㉙《中央日報》，一九八八年四月二十五日，頁二；李平，〈中共新任「外長」——錢其琛〉，《中共問題資料週刊》，三一一期，一九八八年四月二十五日，頁四八；《中共中央高層領導人名錄》，政大國研中心出版，一九八八年，頁五－六。

其實，李、錢兩人只是所謂「新留俄派」的代表人物。早期留俄學生有劉少奇、周恩來、鄧小平、葉劍英、楊尚昆、陳紹禹、張國燾、瞿秋白等人。但這些人因為受的多半是以養成「職業革命家」為目的之「革命」教育，所以多為造反之才，而非建設人才㉚。「新留俄派」則不然，他們主要是研習科技，以建設為主要的學習目的。自一九四九年開始至一九六〇年中蘇共交惡為止，蘇聯訓練了為數相當可觀的中共精英分子。這些人大致可以分成三類。第一類是所謂的「烈屬」，即因為共產黨革命而幼失怙恃的孤子。這些人在幼時就被送往莫斯科寄居於「國際兒童之家」，接受完整的俄式教育。這類人總數並不多，不超過一百人。一九四九年以後他們已成年，就陸續返國投身建設行列㉛。第二類是在五〇年代前往蘇聯留學的學生。根據蘇聯的說法，五〇年代共有一萬一千名中共學生在蘇聯研習高等學位。另外中共還派出一千七百名教師赴蘇留學及若干學生赴東歐留學㉜。這些人本來就是資質比較優秀的一羣，完整的正規教育使他們在後來更能擔負重大的責任。第三類人並沒有赴蘇留學，但卻在中國大陸各地接受蘇聯專家長期或短期的教導。他們包括十七萬名教師與若干在各地俄造工廠或單位受訓的幹部、技師、工人㉝。

㉚ 方雪純，〈新留俄派在中共政壇的崛起〉，《匪情月報》第二十七卷，第七期，頁八三。

㉛ 根據一名「烈屬」子女對筆者的口述。

㉜ 詳見O. B. Borisov and B. T. Koloskov, *Soviet-Chinese Relations: 1945-1970* (Bloomington: Indiana University Press, 1975)，第三章。

㉝ 同上註。

上述三類人後來在中共各領域逐漸爬升，文革時期受到鎮壓，但在毛澤東死後又陸續得到解放。在八〇年代這些人佔到中共高等教育學府教員人數的四分之一㉞。據報導在最有名的清華大學裏面，所謂「中年知識份子」佔全體教員人數的百分之六十四，同時主持全校百分之八十的研究計畫。在北平的中國科學院內，一九七八與七九年間，共有一百七十九人榮獲全國性的研究首獎或次獎，其中百分之九十三是「中年知識份子」㉟。雖然報導並未說明「中年知識份子」中有多少人具有留俄背景，但相信這些人為數一定不少，不管怎樣，「新留俄派」確實是中國大陸社會的骨幹。八〇年代他們正值五、六十歲盛年，散佈在各個領域的重要崗位上，他們的存在一定使中蘇共在這段時期內的接觸交流更加容易㊱。阿希波夫兩次訪問中國大陸，在中共內部激起一陣熱潮，打破了雙方之間的僵局，實在不能不歸功於他當年擔任「總顧問」的歷史事實。這個感情基礎絕不是當年美國與中共開始交往時任何美國人或團體可以望其項背的。

第二節　平行的國內需要

㉞ *Sovetskaia Kultura*, July 5, 1986, p. 7.

㉟ 徐民和、楊瑞敏，〈黨中央關心著中年知識分子〉，《新華月報》，一九八二年七月，頁四五。

㊱ 社論〈中共留蘇派得勢與美蘇中共三角關係新變化〉，《聯合報》，民國七十八年八月十六日。

如果人的延續使中共在八〇年代下半期繼續追求「正常化」，而人事的變換又使蘇聯政策能夠跳出舊的窠臼，那麼究竟是什麼因素導致雙方（尤其是戈巴契夫）願意這樣做呢？歸根究柢地說，這個因素就是雙方各自的國內需要。雙方分別認清自己眞正的敵人不是對方，也不是西方國家，而是所謂的「新技術革命」。這場革命在非共世界風起雲湧，不但使美日歐等西方國家大步向前邁進，而且成就了好些新興的工業國家。如果蘇聯與中共不再調整自己的觀念與做法，到二十一世紀就一定會淪落成二流的國家。正因爲雙方均有了這個新而深刻的認知，所以雙方的語言及心態越來越接近，對彼此求同存異的興趣也越來越濃厚。

中共在這方面的覺悟比蘇聯早上好幾年。如第三章所述，中共「正常化」努力的出發點根本就是爲了完成四個現代化，希望藉此營造一個比較和平的國際環境，以便從事國內的各項改革。在八〇年代隨著「獨立自主外交」的開展，鄧小平等人也確實在經濟上做出了一些成績。在農村部份，人民公社終於解散，幹部的權力受到節制，而農民的生產力逐漸釋放出來，使得向來一窮二白的農村慢慢有了生氣。中共還開放四個經濟特區，十四個沿海口岸，以及越來越多的內陸縣市，企圖吸引大量的外資與技術。到八〇年代下半期，中共的改革重點由鄉村轉向城市，但同時也遭遇到更多更大的問題，諸如價格不合理、通貨膨脹、投資過熱、幹部腐化、知識份子不滿等等。這些問題使中共的改革進程險象環生，不時需要藉人事的更替（如胡耀邦下臺）、政策的調整（如收縮投資）或較嚴厲的手段（如「反精神污染運動」）來控制情勢。不過，總的來說，由於中共領導人深深領悟到本身實力遠落於先進國家之後，所以中共在八〇年代下半期追求四化的決心似乎並未因爲這些困難而稍挫。「正常化」做爲這項努力的一部份自然也有繼續的必要。

相對於中共而言，蘇聯卻是後知後覺者。過去蘇聯仗著底子厚，又礙於「第一個社會主義國家」的自尊，所以好幾次改革最後都虎頭蛇尾，草草收場。黑魯雪夫曾經以較快較猛的手段，同時進行經濟體制（如計畫權力下放）與政治體制（如把黨分爲工業黨和農業黨）的改革，最後卻因爲得罪黨政軍特等各路人馬的既得利益而黯然下臺。布里茲涅夫時期的改革手段比較是和風細雨式，但成效亦不明顯。譬如，一九六五年的改革賦予地方企業某些自主權，一九七一年的「二十四大」要求全國經濟向集約化方向調整，一九七三年又開始進行減少管理環節的機構改革，一九七九年決議要求建立長短期計劃相結合的計劃體制，一九八一年的「二十六大」再度提出集約化的老問題。這些經濟改革措施基本上都沒有突破黑魯雪夫時期的做法，而政治體制改革問題更是連提都沒提。其結果就是，蘇聯經濟的成長率由六〇年代初期的百分之六降到八〇年代初期的百分之三。安德洛波夫於一九八二年十一月上臺後力圖振作，提出了以擴大聯合公司和企業自主權，以及推動農業集體承包制爲核心的改革構想。契爾年柯接手後開始著重強調科技發展的必要。但蘇聯的多年沈疴，已非這兩位病魔纏身，自身難保的老人所能救濟於一時。

戈巴契夫上臺時所面臨的問題由於許多專家學者多有論述，在此不擬贅述㊲。或許我們還可用三個危機來概括。第一是意識形態的危機。由於蘇聯經濟長期衰敗，社會條件持續腐化，許多蘇聯內部的知識份子開始對「社會主義的優越性」感到懷疑。這種懷疑或許部份因爲自尊，部份因爲沒有經過類似文化大革命的衝擊，而長期壓在心底。但它的存在卻是毋庸置疑的。第二，就是經濟危機，或更正確的說，史達林式中央計劃經濟的危機。過去蘇聯當局常把經濟困難歸咎於資源條件惡化、勞動力缺乏、氣候不佳等因素。但越來越多的事實證明，根本的問題在於制度，而且不只是經濟制度，還包括政治制度。這就是爲什麼戈巴契夫後來一面要「重建」（perestroika，或譯爲「改造」、「翻修」），一面要「民主化」的原因。危機之三就是帝國的危機。它牽涉到蘇聯內部加盟共和國要求獨立自主的願望。東歐盟邦尋求自由改革的呼聲，以及蘇聯過去在世界各地急速膨脹勢力所造成的負擔（其中包括軍備支出與援外負擔）。這三大危機的同時存在爲戈巴契夫的改革製造了有利的客觀條件。它們的加速惡化則使戈巴契夫的所作所爲表現出高度的急迫感。

如前所述，戈巴契夫在一九八五年的努力重點不在改革，而在人事部署。在改革方面，他強調的是「加速」發展（uskoreniye）和紀律，而不是「重建」，基本上還只是重拾安德洛波夫當年的遺緒。「重建」這個字眼雖然已經出現，但只被使用在「經濟機制的重建」一語中，而不

㊲ 譬如，Robert Kaiser, "The USSR In Decline", *Foreign Affairs*, Winter 1988/89; Mark Katz, "The Decline of Soviet Power", *Survival*, Jan./Feb. 1990; Bialer, 見註⑲。

是像後來引申到整體制度觀念與做法的大幅更張㊳。這一年中最有創意的就是言論「公開」（glasnost）的主張。過去許多蘇聯公民本來就喜歡透過「親愛的同志」之類的信函表示自己的想法、困難，或建議㊴。在戈巴契夫鼓吹「公開」以後，這些來自基層的聲音更加可以宣洩，從而達到他想達到的政治目的——衝擊僵硬的官僚階層，揭發中層黨政人員的惡行，並培養一般老百姓的危機意識。當然言論「公開」也有助於戈氏爭取知識份子的支持與國際人士對他的好感。

一九八六年開始，戈巴契夫的各種新觀念才逐步出籠。是年一月十五日，他在「完全銷燬核武器聲明」中提出「新政治思維」的名詞㊵。對於當前的時代性質，他開始採用西方學者早有共識的「互依互賴」的概念，強調「資本主義和社會主義之間的對抗僅僅而且完全通過和平競賽與和平競爭的方式進行。」；主張世界是個整體，而安全只能是同等、相互，和全面的國際安全；認爲「沒有一個（世界上的）政治問題、經濟問題、社會問題、意識形態問題或者任何其他問題是能够通過使用武力和以武力威脅來積極解決的，也沒有不能用和平方式解決問題」；同時在對外關係上「我們的對外政策是國內政策的延續」、「國內的改革不能不導致國際政策的更新和改

㊳ Timothy Colton, "Gorbachev and the Politics of System Renewal", in S. Bialer and M. Mandelbaum, *Gorbachev's Russia and Americans Foreign Policy* (Boulder, Colorado: Westview, 1987), p. 158.

㊴ 見❶ Medvedev 譯本，頁二四三。

㊵ 顧關福，〈蘇聯的新政治思維〉，《現代國際關係》，一九八七年第四期，頁二二。

革」、「不允許把堅持某一立場的堅定性變成毫無意義的頑固，不要讓人家把蘇聯代表叫做『不先生』（Mr. Nyet）」。

在經濟上，蘇共「二十七大」討論通過「一九八六——二〇〇〇年加速社會經濟發展基本方針」。這個方針的基本重點已經不是傳統上量的增加，而是藉由「完善生產力佈局」和「完善社會生產地域結構」，達到質和效益的提升㊶。

在「二十七大」的會議上，他還首次把「重建」的概念用在整個體制上，包括「社會主義民主」的改進，而不只是經濟制度的改善：「我國當前的情況不容許我們只做局部的改善。一場劇烈的改革（radikalnaya reforma）是必需的。」為了進行這場改革，他還要求重新檢討有關財產、計畫、價格等問題在意識形態上的定位㊷。

一九八七年開始的兩年間，戈巴契夫的改革進入第二階段，其淨結果不是經濟改革的推進，而是戈巴契夫在黨內權力的鞏固。在一九八七年一月的中央全會上，戈氏發展了自一九五六年黑魯雪夫鞭史以來最重要的演說。這篇演說明確地指出蘇聯問題的根源在於史達林留下來的制度。「重建比我們早先想像得還難，問題的根源也比我們過去想像得還深。」他說：「只有透過民主

㊶ 同上註，頁二二一—二二五。

㊷ *Pravda,* Feb. 26, 1986.

化（demokratizatsia），重建才有可能實現㊸。」因此，他建議採行選舉及其他政治改革方法。也透過這個由下而上的過程，他逐步削弱可能反對改革人士的權力基礎。如前節所述，戈巴契夫在一九八七年的兩次中央全會中使自己的力量佔到政治局與書記處的多數。在一九八八年的中央全會與第十九屆黨大會，以及一九八九年四月的中央全會上，他更進一步掌握中央委員的多數。

或許正由於他集中精力在權力的鞏固上，這段時間內戈巴契夫的經濟改革叫得最響，做得卻最少。他在一九八七年六月才提出一套比較具體週詳的方案。基本上，戈氏的改革方向是所謂的「市場社會主義」。他允許更多的自耕農與小型企業存在。在一向國營的工業生產、建築、採礦、交通、外貿等領域，也做不同程度的開放。不過市場機制內最重要的價格仍然由行政官僚緊緊握在手中。

雖然到今天為止，鄧小平與戈巴契夫改革的重點很不相同。鄧小平的重點是經濟，而在政治與文化上面幾乎乏善可陳，而戈巴契夫至今的主要成就都表現在文化與政治變革上（包括中蘇共高峰會議後逐步實現的「總統制」）。但兩人的基本動機卻似乎是一致的，那就是希望藉由內部的更新，健全體質，加強國力，以為二十一世紀新一輪國際競賽的基礎。中國大陸由於經過文化大革命與「四人幫」的摧殘，上上下下早有求新求變的強烈共識，所以鄧小平上臺以後可以在這

㊸ *Pravda*, Jan. 28, 1987.

個共識上全力推動內外政策革新。但戈巴契夫的處境不同。蘇聯有最悠久的社會主義背景，因此也有最沉重的歷史包袱。蘇聯的黨政官僚體系多年來率由舊章，從來沒有經過類似文化大革命的衝擊；它在蘇聯社會內部盤根錯節的影響力，經過布里茲涅夫高度「安定性」的統治，只見提升，不見下降㊹。一般老百姓習於專制的傳統，昧於世界的大勢，對於改革的需要並沒有十分深刻的體會。此外，戈巴契夫還需要面對先朝遺老的挑戰。這種種情形使得戈巴契夫上臺以後一直無法像鄧小平那樣放手去進行經濟改革。遲至一九八八年，他還在語帶諷刺地說：「許多人還在困惑，不知道我們是不是從社會主義上退縮……是不是在修正馬列主義。難怪有人自以爲馬列主義、社會主義正在遭遇危險，還要起來保護它呢！」㊺有鑒於此，戈巴契夫花了好幾年時間在剷除異己（美其名曰：「民主化」），「教育」人民（美其名曰：「公開化」），而不是推動經濟改革，其實並不奇怪，因爲沒有這些先決條件，經濟改革就不可能成功。一九八八年，戈巴契夫的重要親信雅可夫列夫在接受一項訪問時曾就這點清楚地表示：「重建是個過程。我們現在只是剛剛開始談論它的一般性質和基本原則。你可以說，民主化是重建的支柱。我們相信，沒有民主

㊹ 關於中蘇共改革的背景比較，見 Marshall Goldman and Merle Goldman, "Chinese and Soviet Reform", *Foreign Affairs*, Vol. 66, No. 3, 1987/88.

㊺ *Pravda*, Feb. 19, 1988.

化，就根本不可能有重建，不管是經濟基礎或是上層建築的重建㊻。」

不過，戈巴契夫的改革需要是一回事，中共如何看待戈巴契夫又是一回事。如果中共像早期西方某些學者那樣認爲戈巴契夫也不過虛晃一招，不能或不願認眞進行改革的話，中共也就不會在戈巴契夫上臺後頻頻示好，以免最後落個自討沒趣的下場。但資料顯示，中共對戈巴契夫的改革誠意一直保持相當肯定的看法。一九八五年七月的一份中共內部文件卽指出：「戈爾巴喬夫勁頭很大，他決心扭轉進入八十年代以來蘇全球戰略地位下降的不利趨勢，迎接他面前的幾個挑戰，最重要的是與美國搞軍備競賽的挑戰，還有世界新技術革命的挑戰，以及中國和東歐國家進行的經濟體制改革的挑戰。戈聲稱，今後五年是蘇聯的『轉折點』，要把『振興經濟置於一切工作的首位』，以縮小同美國的差距。從戈爾巴喬夫上臺，蘇聯將進入比較穩定的時期，外交政策上也趨於緩和……戈一上臺就抓改革，抓科技革命，抓整頓紀律，抓調整班子。他的目標是要把經濟搞上去，他已看到了迫切性，經濟增長率年平均爲百分之三的速度已不行，老百姓的生活急於得到改善……」㊼類似的觀點出現在許許多多其他的中共刊物上㊽。如果說一九八五年前中共

㊻ Aleksandr Yakovlev, "Interview: Redefining Socialism at Home and Abroad", *Journal of International Affairs*, Spring 1989, p. 334.

㊼ 沈允，〈八十年代後半期我國現代化建設的國際環境〉，政協湖南省委員會學習委員會辦公室編印，學習參考資料（一九八六），頁三二一—三三。

對蘇聯的主流看法是定位在「霸權主義」上的話，那麼一九八五年以後這種論調已經逐漸被「霸權衰落論」取代。當然，強調「霸權主義」的文章依然存在，但它們出現的頻率與強度均大不如前㊾。到一九八八年初《瞭望》刊出戈巴契夫的訪問與照片後，中共對戈巴契夫的正面評價更是無可置疑。

總之，鄧戈的改革重點儘管不同，他們的需要則一。鄧小平基於四化的需要，不得不努力營造一個和平的國際環境。戈巴契夫爲了進行他的「重建」（或更正確地說，爲了建立「重建」的政治條件），也一樣需要一個和平的國際環境。而中蘇共關係正常化不可避免地成爲這項平行努力的一部份。一九七九年，對鄧小平是如此。一九八五年，對戈巴契夫亦復如此。正因爲雙方的這項需要都是內生的，而不是外在的，所以它有相當的一貫性，支撐著鄧小平過去十年與戈巴契夫過去五年的「正常化」政策。

㊽《人民日報》，一九八七年七月二十二日，頁四；張明澍，〈蘇共關於政治體制改革的思想評介〉，《理論信息報》，一九八七年七月二十七日，頁四；朱瑞眞、單令魁，〈蘇聯新政治思維與對外政策調整〉，《國外政治學》，一九八七年三月；王守海，〈振興經濟的課題、藍圖和實踐〉，《社會科學戰線》，一九八六年第三期。

㊾譬如，加貝，〈戈爾巴喬夫的亞太政策〉，《國際問題研究》，一九八七年第二期，仍堅持「蘇霸權主義的立場和政策沒有改變」。

第三節　轉變中的戰略觀

除了雙方各自的內部需要外，中蘇共對戰略情勢的估計也是影響「正常化」的重要因素。在雙方領導人的眼中，八〇年代的世界與七〇年代大異其趣。不過，如果我們仔細比較雙方的看法就會發現北平與莫斯科的觀點有相同之處，也有相異之處。相同的是，雙方都認為決定國家權力的主要因素由軍事轉成經濟，而未來的國際競賽將不只是單純的軍事或經濟力量競賽，而是整體國力的競賽㊿。基於這項瞭解，雙方逐漸把眼光投向未來，投向更形密切的全球互依互賴關係，也投向自己百病叢生的經濟，從而希望藉著「四化」與「重建」，振衰起敝，最終能在二十一世紀初期佔上重要的世界地位。但雙方很明顯的差異是，中共比較強調全球權力結構的變化，而蘇聯比較著重國際關係內容的變化。

本書第三章曾經分析中共在八〇年代上半期的戰略觀點。當時中共雖然堅持並強調蘇聯的「霸權主義」特性，但好些專家同時也注意到全球格局已經漸趨複雜，而這種新格局所包含的外交

㊿ 中蘇共有關這方面的論點散見許多出版品。較完整的，請參見 Mikhail Gorbachev, *Perestroika: New Thinking for Our Country and the World* (New York: Harper & Row, 1987)，與王懷寧主編，《二〇〇〇年的中國國際環境》（北京：中國社會科學出版社，一九八七）。

政策意義，已絕不止於過去專心致志的「反蘇」或「反美」。

資料顯示，中共的戰略觀在八〇年代下半期比過去又更深入、更細緻。有意思的是，儘管對個別地區或個別事件，中共的分析或許與西方或蘇聯不同，但就整體世界局勢及其趨勢而言，中共的許多文字讀來竟與西方學者的看法越來越近似。在世界局勢的問題上，中共文章雖然仍然保留「三個世界」、「蘇美爭霸」、「僵持共處」等慣用詞彙，但分析重點已經很明顯地轉向所謂的「多極論」。其中一極仍然是蘇聯。不過由於莫斯科過去搞「霸權主義」，「把黑手伸得太長」，再加上經濟發展進入低成長時期，所以蘇聯的氣勢漸衰，不得不改採內部重建、外部和解的政策。就像西方人士評論蘇聯或中共外交政策時常說的，中共也認爲蘇聯的基本目的是要「爭取喘息時間」51。

相對的，美國卻被認爲已經逐漸走出越戰的陰影。部份中共分析家甚至認爲，雷根領導下的華府在國際事務上開始反守爲攻，使得原本「蘇攻美守」的格局變成爲「美攻蘇守」或「互有攻守」的局面52。另一方面，美國經濟也開始復興，並逐漸利用它「新技術革命」的優勢，重新拉開美蘇經濟實力的距離。當然中共也注意到美國的財政赤字與貿易赤字，以及保護主義對美國經

51 沈允，頁三四。
52 譬如，沈允，同上註；耿明俊，〈美蘇全球戰略的調整與國際戰略格局的演變〉，《齊齊哈爾師範學院學報》，一九八七年第二期；宋心敏，〈美蘇間的鬆動和國際關係的深刻變化〉，《國際問題研究》，一九八八年第一期；顏聲毅，〈軍備競賽和八十年代美蘇戰略態勢〉，《社會科學》，一九八七年第六期。

濟所隱含的意義。中共學者也與西方學者一樣撰文討論美國在世界金融、貿易、工業生產、農業生產等方面日益下降的地位[53]。但整體以觀，中共似乎依然十分重視美國全球的經濟與軍事實力，認為美國地位與角色的下降，反映歐日地位提升者多，反映美國本身問題者少。

美蘇整體國力經過這樣的一起一落，世界格局自然轉變，而「霸權主義」的威脅性自然也降低。更重要的是，中共認為美蘇在這個新的格局中，雙方雖然都沒有放棄「爭霸」的動機，但彼此都因為顧及本身不同的需要而亟思調整政策，暫時把力量抽出軍備競賽與區域性衝突，轉而投身於新一輪的經濟科技競賽，希望在不久的將來贏得一場「整體國力競賽」。對中共來說，美蘇經過長期談判，終在一九八七年簽訂「中短程飛彈裁減條約」，顯示雙方確有和解意願，而美蘇關係並正式步入所謂的「冷和時期」[54]。這種轉變意味中共也必須加速它與蘇聯關係的正常化。不然，短期內中共在三角關係中的活動空間可能逐漸縮小，而長此以往更可能影響到中共的安全。

除了美蘇本身及美蘇關係的變化外，中共在八〇年代下半期似乎比以往更重視日本的角色。在中共專家的筆下，日本已經成為資本主義世界的第二經濟大國，生產已佔世界國民生產總值的百分之十，至西元二千年時，日本的國民生產總值將成為中共的二倍半[55]。此外，日本還逐步擴

---

[53] 王懷寧，頁四九—六五。
[54] 黃庭煒等，〈對國際形勢發展中幾個問題的看法〉，《現代國際關係》，一九八七年第二期。
[55] 錢學明，〈中美蘇關係中的日本〉，《日本問題》，一九八七年第二期。

充軍備，利用強勁的日元與大眾文化的優勢極力打進第三世界的許多國家（尤其在亞洲）。在政治上日本積極設法，希望成爲聯合國安全理事會的第六個常任理事國。凡此均顯示日本有意把自己從經濟大國轉化成政治大國。由這種理解出發，中共把日美貿易摩擦與日本及中共間爲了「教科書事件」、「光華寮事件」，以及因蔣公誕辰紀念活動而起的紛爭，都解釋成日本自主自是心態的表徵[56]。當然中共也不是沒有注意到日本脆弱的一面（如軍事力量似有不及、人口資源過於集中、各國對日本戒心甚深）。但總的來說，中共已逐漸肯定日本的現有角色及深厚潛力，認爲日本的崛起是當前世局多極化的重要環節。

另一個重要的力量是西歐。在八〇年代中期，西歐的國民生產總值已與美國並駕齊驅。西歐的戰略更從昔日「美國的戰略就是西歐的戰略」，演變出自己的一套：「一、在同美國結盟的情況下，謀求『多極』格局，發揮獨立作用，竭力影響美國政策；二、在東西方關係上，避免捲入高一輪的軍備競賽，力爭在『低水平均勢』基礎上的緩和；三、堅持『防務加緩和』的方針，既遏制蘇聯的擴張，又不放棄同蘇聯和東歐國家改善關係；四、繼續發展西歐緩慢的聯合勢頭，加強北約內的『歐洲支柱』作用；五、擴大西歐同第三世界國家的聯繫，包括同中國的關係；六、

---

[56] 奚婁仁，〈對日本從經濟大國走向政治大國問題的探討〉，《國際問題研究》，一九八七年第四期；陳啟達，〈從日本與亞太國家經濟關係看二〇〇〇年的亞太經濟前景〉，《現代國際關係》，一九八七年第三期。

爭取使西歐和中國成爲美蘇爭奪中的戰略平衡因素。」因此在中共眼中，「美歐矛盾不僅僅是戰術性的，而且在許多方面是戰略性的[57]。」這種情況使得西歐、美國、日本在資本主義世界中形成三足鼎立的局面。如果加上蘇聯這一極，與「獨立自主」的中共，整個世界格局顯然正在「多極化」。

除了全球權力結構的變化外，亞洲局勢的發展也使中共不得不更重視中蘇共關係的正常化。譬如，在所謂的「臺灣問題」上，中共在八〇年代初期很可能以爲透過「上海公報」（一九七二年）、「建交公報」（一九七九年）、「八一七公報」（一九八二年），美國已經一步步掉進中共所設計的「一個中國」的圈套裏。一羣中共專家卽曾在一九八五年七月的一份內部文件中自信滿滿地說：「總的看，美國不一定是『永遠不會放棄臺灣』的。相反美國正在逐步放棄臺灣，它是在且戰且讓，因爲在大陸與臺灣之間，美已做了選擇，它希望我們和平解決[58]。」豈料八〇年代下半期，臺灣內部各種政治勢力明顯地崛起，社會力量也日益蓬勃，中共惶恐不安遂溢於言表。一九八六與八七年，鄧小平本人就曾不止一次用同樣的話告訴不同的訪客：「只要臺灣

---

[57] 王懷寧，頁一八—一九。

[58] 沈允，頁四六。

[59] 鄧小平曾在一九八六年九月二日接受美國CBS電視公司訪問時，及一九八七年五月十六日接見李遠哲及李政道時說過這句話，見拙著〈中共對臺政策淺析〉，《臺灣春秋》，一九八八年十二月，頁一二一—一二二。

不同大陸統一，臺灣作爲中國領土的地位是不肯定的。不知道哪天又被別人拿走了[59]。」一九八八年一月蔣故總統經國先生逝世以後，中共的急迫感更加明顯。除了不時發言恫嚇，指控我國製造「兩個中國」外，中共還在海南島舉行大規模登陸演習，在金門對岸聚集大量漁船，藉以製造緊張氣氛。如果中共眞的對「統一」有急迫感，那麼降低「反霸」，改善北方關係，自應是邏輯的必然。

在朝鮮半島的問題上，中共的主要利益一直在於避免戰爭的爆發。自一九八四年起，莫斯科逐漸重振它在平壤的地位，但中共似乎並不特別在意，因爲中共自己也在逐漸交好南韓，而且它相信蘇聯基於種族、文化與經濟的原因，在短期內不太可能突破亞洲國家對它的孤立態勢。在一九八八年初期，宦鄉甚至公開對朝鮮半島緊張情勢的紓解表達樂觀的期待[60]。至於蘇聯在亞洲的海空軍力，中共則解釋爲針對美日，而不是針對中共本身。總之，中共在八〇年代下半期對蘇聯在東北亞的威脅似乎持著遠較過去泰然的態度。

越南對中共的意義當然重於朝鮮半島。一方面北平認爲河內辜負了它多年的援助，一方面中越共戰爭的記憶猶新。更重要的，越南使中共腹背受敵，並允許蘇聯的勢力伸入亞洲大陸的南端。不過戈巴契夫上臺以後，中共慢慢認爲蘇聯開始認眞考慮它爲越南所付出的外交與經濟代價

---

[60] Huan Xiang, "Sino-US Relations Over The Past Year", *Beijing Review*, Feb. 15-28, 1988, p. 26.

[61]。在一九八六年十月定期磋商中，中蘇共代表首次就柬埔寨問題進行討論。一九八七年，越南領導班子大幅度年輕化，同時也喊出改革的口號。是年年底，越南支持的金邊政府開始與西方支持的游擊隊展開對話。一九八八年五月，河內宣佈將自六月起至年底止逐步撤出五萬駐柬部隊，並聲稱在前一年已經撤出二萬人[62]。這些變化雖然不算完全排除中共早先堅持的「障礙」，但已讓中共有了下臺階。

在世界其他地區，中共亦積極展開「彈性外交」。至一九八七年爲止，中共已與所有的東歐共黨恢復黨與黨的關係。一九八八年三月，中斷二十五年之久的中共與印度共黨關係亦告恢復。印共爲一親蘇共黨。六〇年代初期因爲中印邊界糾紛與中蘇共衝突而與中共關係決裂。對一個由印共總書記拉奧（Rajeswara Rao）所率領的印共訪問團，趙紫陽在一九八八年四月一日說了一段含義深遠的話：「各黨處境不同，觀察問題的角度也不同，不可能在任何問題上都一致，有不同看法和分歧是正常的。因此，很重要的一點就是要求同存異，不要強求一致，更不能強加於人[63]。」這段話的對象幾乎可以換成戈巴契夫而不必更動一字。

---

[61] 沈允，頁四四—四五。
[62] 《中國時報》，一九八八年五月二十九日，頁十二。
[63] 陸大有，〈中共與印度共黨關係正常化〉，《中共問題資料週刊》，第三一一期，一九八八年四月二十五日，頁三四。

事實上，根據政治大學國際關係研究中心在一九八八年初所做的一項研究顯示，中蘇共在許多重大國際問題的立場已經「同」多於「異」。在調查分析的二十八項問題上，中蘇共立場「相同」的有十三項（如星戰計畫、中程核彈、歐洲相對裁軍等）。「相似」的有八項（如恐怖主義、人權問題、南北問題等）。「相異」有七項（如越南、阿富汗、亞洲集體安全等）。如果把「相同」與「相似」立場的問題合併計算，則佔全部問題的四分之三[64]。這種情況如與八〇年代初期的中蘇共立場比較，相差不可以道里計。

綜上所述，中共在八〇年代下半期對它所面臨安全環境的認知與以前大不相同。在這個全球權力結構漸趨多極，而亞洲環境日益複雜的格局下，中共對所謂的「蘇聯威脅」與美國、日本角色的認定都產生了變化。中共或許仍然不願意過份刺激美國，所以在戈巴契夫訪問之後立即允許美國三艘軍艦訪問上海，以免引起華府疑懼，反而害了四化大計[65]。但中共顯然把中蘇共關係「正常化」視爲因應環境的必要條件。沒有「正常化」，中共就不可能維持它在美蘇中共間的活動空間與戰略地位。沒有「正常化」，它也不容易繼續在統一，朝鮮半島、與柬埔寨等問題上使力。

---

[64] 〈中共與蘇聯對重大國際問題所持立場的比較分析〉，《中共問題資料週刊》，第三〇一期，一九八八年二月八日，頁三三—三六。

[65] John W. Garver, "The New Type of Sino-Soviet Relations", *Asian Survey*, Dec. 1989, p. 1144.

在戈巴契夫領導下，蘇聯的戰略觀也與西方越來越近似，但近似的地方卻與中共不一樣。中共強調全球權力結構，把蘇聯、美國、西歐、日本，與中共本身都視爲權力的核心個體，獨自運作，相互影響。戈巴契夫等人的觀點卻在基本上延續過去「資本主義世界」與「社會主義世界」的二分法。所不同的只是他們認爲這兩個世界彼此間的基本關係、兩個世界本身內部的關係，與國際問題的本質發生了變化。

首先，就兩個世界的關係而論，蘇聯開始賦予「和平共存」這個核心觀念一個新的意義。在黑魯雪夫與布里茲涅夫時期，「和平共存」被認爲是一種階段性的需要，也是社會主義國家向資本主義國家鬥爭的另一種形式，其基本目的仍是求勝，而且隨時爲了求勝，可以犧牲「和平共存」。所以在六〇年代蘇聯一方面與西方談判，一方面仍然自以爲是地擴軍及擴張。但依照戈巴契夫的說法，「我們仍然可以看出這兩個社會體系中間存在著重大的差異，但這不表示它們必須彼此對抗⑯。」相反的，戈巴契夫認爲在當前的全球情況下，「和平」的重要性已經超過了「鬥爭」，超越了「向社會主義邁進」的需要，而變成人類共同的最高價值⑰。戈巴契夫的親信梅德維德夫甚至認爲，社會主義與資本主義國家應建立「積極的相互關係」，以便共同尋求全球問題

---

⑯ *Pravda*, Jan. 7, 1989.

⑰ 請見謝瓦納澤的演說，in *Pravda*, Oct, 24, 1989; 及 S.V. Pronin, "Ideology in an Interdependent World", *Mirovaya Ekonomika Mezhdunarodnaya Otnoshenia*(世界經濟與國際政治), Oct. 1988.

的解決。同時，社會主義國家還可以藉機吸取其他國家的發展經驗[68]。

「和平共存」定義的轉變，一方面與蘇聯本身對核子時代特性（如「核戰無贏家」）的認識有關。但更重要的似乎是它對資本主義世界與第三世界的看法的改變。七〇年代的蘇聯喜歡突出資本主義的腐敗性與必亡性，但八〇年代下半期蘇聯卻認爲資本主義機制有相當大的韌性及持久性。正因如此，它才可以在幾次經濟危機與越戰以後再站起來，而且益發強壯[69]。有的蘇聯學者甚至認爲列寧的帝國主義論已經過時，因爲「帝國主義的本質已經改變了」，亦卽不再只有軍事帝國主義掠奪性的色彩[70]。至於對第三世界，蘇聯則有相當大的挫折感。許多中小國家紛紛放棄社會主義實驗，改走資本主義的道路。「他們不嫌資本主義，而是嫌自己還不夠資本主義」[71]。在這種情形下，「和平共存」自然變成蘇聯政策的必需。

既然「和平共存」這個核心觀念成爲「絕對」、「永久」、「全人類」，而不是「相對」、「階段性」、「無產階級」的觀念，那麼過去強調鬪爭面的一些想法與做法都應該轉變。因此我

---

[68] Vadim Medvedev, "Toward a Knowledge of Socialism", *Kommunist*, No. 17, 1988.

[69] 請參見 Allen Lynch, *The Soviet Study of International Relations* (Cambridge, MA: Cambridge Univ. Press, 1987)，第五章。

[70] Aleksandr Bovin, "New Thinking In International Affairs", *Kommunist*, No. 8, 1989.

[71] Andrei Kozyrev, "Confidence and the Balance of Interests", *International Affairs* (Moscow) Nov. 1988, p. 6.

們發現，蘇聯開始強調「共同安全」（common security），而不是「絕對安全」；強調「防衛性的國防」（defensive defense），而不是「完全的國防」（total defense）；強調「合理的足夠」（reasonable sufficiency）的軍備，而不是「優勢」（superiority）的軍備；強調經濟與政治的角色，而不是軍事的角色。最後，它也強調相互依賴（interdependence），而不是鬪爭[72]。

在兩個世界本身關係的問題上，就資本主義國家的部份而言，蘇聯注意到西歐與日本的新興力量，同時也提出「歐洲共同之家」的概念，以排除美國於歐洲之外，但整體來說，蘇聯的分析仍然重視美日歐之間的一體性、協調性，與共同性。很少蘇聯官方或學者的文章把中共、西歐與日本做為獨立的一極。在社會主義國家的部份，蘇聯強調「現代社會主義」的觀念就是假定不同的社會主義國家會採取不同的社會主義模式。它們各自改革不會導致社會主義的覆滅，只會激起社會主義的再生。同時，蘇聯既沒有道德基礎，也沒有政治權利來干涉其他社會主義國家的國內事務[73]。在這樣的一個假定下，過去令中共萬分憎惡的「布里茲涅夫主義」自然宣告終止。蘇聯與東歐，蘇聯與中共的關係（包括黨的關係）自然也獲得了新的理論基礎。

在全球問題本質的這個問題上，蘇聯突出「全人類性」而不是「階級性」，突出「合作」而

[72] 詳見 Gorbachev，[50]；有關分析，請參見 Robert Legvold, "Revolution In Soviet Foreign Policy", *Foreign Affairs*, Vol. 68, No. 1, 1988/89.

[73] 請見 Gorbachev 演說，*Pravda*, July 7, 1989.

不是「對抗」，突出「互賴」而不是「依賴」（包括蘇聯的片面援助）。在這個原則下，蘇聯強調本身加強參與國際事務（尤其是經濟與政治事務）的重要性，強調區域紛爭應該尋求政治解決。同時，頗饒意義的，第三世界在整個蘇聯戰略觀中的地位逐漸下降。正如兩名蘇聯學者所說：「歸根就柢而言，兩個體系之間的競賽不是由尼加拉瓜或阿富汗決定，而是由社會主義與資本主義的兩大核心所決定[74]。」

綜合以上對戈巴契夫所謂「新政治思維」的分析，我們可以看出，他的思想確與其前任不同，但似乎還不如中共的戰略思想「前進」。中共對全球結構有了新的詮釋，蘇聯卻只在舊的結構觀中注入新的內容。中共有人高喊「馬克思主義已經過時」。戈巴契夫的頭號改革健將雅可夫列夫卻在對一羣社會科學家的講話中說，蘇聯社會科學的危機不是因爲馬克思主義破產，而是因爲實行馬克思主義的人沒有足夠的能力[75]。顯然，「新思維」還有它沒有丟掉的歷史包袱。

不過話說回來，這個「新思維」對蘇聯外交政策與國際關係都產生鉅大影響的事實，卻不容否認，就美蘇關係而言，它促進了中短程飛彈裁減條約的簽訂，使華府與莫斯科的關係步入和解

---

[74] Aleksei Izyumov and Andrei Kortunov, "The Soviet Union and the Changing World", *International Affairs* (Moscow), Aug. 1988, p. 55.

[75] Viktor Yasmann, "Yakovlev Sets Out Gorbachev's Ideological Platform", *Radio Liberty Research*, RL 322/87, Aug. 18, 1987.

的坦途。間接的，它使中共重估新的美蘇關係對它的影響。就中蘇共雙邊關係而言，「新思維」除去中共對蘇聯「霸權主義」的疑慮，確認蘇聯有意以新而平等的態度對待中共。更重要的，它使中共相信戈巴契夫具有修好的誠意，而不致於像布里茲涅夫當年只做策略性的調整。在亞洲與其他地區，「新思維」降低了「熱點」的溫度，使中共堅持的三大障礙問題陸續有了進展。這些都有助於中蘇共之間心結的解開。

當然，蘇聯對「正常化」的戰略考慮絕不止於上述抽象而又充滿善意的「新思維」。它也有它現實冷靜的一面。譬如，蘇聯注意到中共本身內外政策的轉向與軟化[76]。它也認為日本實力在不斷增加，雖然還沒有增加到美日關係會發生質變（也就是獨立成一極）的程度[77]。蘇聯專家還認為美國與中共及其他亞洲國家（如菲律賓、紐西蘭、南太平洋羣島）的關係出現越來越多的摩擦[78]。最後，蘇聯也與世界大部份國家一樣體認到整個亞太地區日益膨脹的影響力[79]。基於這些

[76] 詳見 Marshall I. Goldman, "Soviet Perceptions of Chinese Economic Reform", *Journal of International Affairs*, Winter 1986.

[77] *Pravda*, Feb. 25, 1987, p. 7.

[78] P. Barakhta and Yu. Zharkikh, "Asia-Pacific Region and Security in Asia", *Far Eastern Affairs*, No. 4, 1987.

[79] M. Petrov, "The USSR for Peace and Security in Asia", *International Affairs* (Moscow), May 1986; 亦請參見畢英賢，〈蘇聯的改革與亞太政策〉，《問題與研究》，一九八九年十月。

考慮，蘇聯外交必須在一個較短的時間內重返亞洲，不然它就越來越會在這個重要地區落單。而爲了重返亞洲競技場，它就必須先與中共達成關係正常化。有關這點，賈丕才在一九八七年的話最爲露骨：「蘇中關係正常化的過程，雙邊關係層次的逐漸提升，與這些關係在質和量上的成長，可以說對整個（亞洲）地區的情勢產生積極的意義。它減少了美國和日本玩『中國牌』對付蘇聯的誘因，迫使它們在亞洲的一舉一動更加小心謹愼，同時給這個地區的力量對比注入一個必要的健康性的因素[80]。」

總之，中蘇共的戰略觀儘管不同，但對中蘇共關係改善所產生的影響則一，中共觀點的轉變不一定使北平完全放棄它對「霸權主義」的疑慮，但卻使它相信蘇聯在可見的將來不致再度興風作浪，頤指氣使。蘇聯觀點的轉變也不一定削弱它內心深處對中共「民族主義」的認定，但卻使它相信暫時安撫這個「民族主義」更有助於蘇聯在世界與亞洲的整體利益。基於這樣的平行戰略考慮，中蘇共關係在八〇年代下半期的進展實非意外。

第四節　結　語

---

[80] M. Kapitsa, "Problems of Peace and Security in the Far East", *Far Eastern Affairs*, No. 6, 1987, p. 7.

走筆至此，我們可以再回過頭來檢討上一章結語所綜合得出的四個結論。首先，爲什麼中共在過去十年對正常化維持一貫的興趣，甚至在戈巴契夫上臺後還顯得更加熱心？原因或許可以分三方面說。第一，中共對蘇聯的國內改革需要早有認知，並且從戈巴契夫上臺不久就認定他「勁頭很大」，想「抓改革，抓科技革命，抓整體紀律，抓調整班子。」這種認定應使中共把較高的希望寄託在戈氏身上。第二，戈巴契夫的改革動機同時也意味蘇聯與其他國家關係將有轉變。譬如，停頓兩年的美蘇中程飛彈談判很快就在日內瓦恢復。一九八六年蘇聯外長謝瓦納澤與日本外相進行互訪，簽訂了有史以來第一次的日蘇文化交流協定。戈巴契夫有關安全、東西歐關係，與全球經濟的論點亦相繼出爐，凡此皆顯示美蘇、東西歐、蘇日等關係均在醞釀著變化。因此中共調整「正常化」的步伐亦不過是順勢制變而已。第三，中共本身的改革在八〇年代下半期亦發展到只許前進、不許後退的地步。農村經濟已有起色，城市改革困難重重，而一般人民對改革普遍抱有熱切的希望，這種情形自然迫使中共不得不繼續追求和平安定的國際環境，而當中極重要的一環就是中蘇共關係正常化。

其次，爲什麼戈巴契夫先緩後急？答案也很簡單。他的基本策略是先人後事，先豫後立。海參崴演說前，他的人事佈局未定，權力並未鞏固。此時若對中共驟然做出讓步，恐怕反而不利。但一九八六年以後，隨著他權力（尤其在外交方面）的鞏固，他才邁開步子，大步向前。

第三，正常化過程之所以有進無退，漸行不止，是因爲雙方領導人的權力有增無減。而另一方面，鄧小平與戈巴契夫均對彼此的國內需要與戰略利益有了更新或更深刻的體認，簡單的說，雙方都同意：和則兩利，鬬則兩害。

最後，中蘇共正常化的意義十分有限的原因亦歸結於：雙方的利益基本上是相平行而不相契合。雙方各自有各自的最終目標。這兩個目標（即「四化」與「重建」）可能相調和，也可能相衝突。而在達到目標的手段上，在積極的部份（即技術與資金），雙方不一定能互相支援，卻可能互相競爭。只有在消極的部份（即降低對立），雙方具有一致的興趣。如果我們再考慮中蘇共做為大「國」的自尊、雙方長期的疑慮，以及同仇敵愾感的缺乏，就會瞭解中蘇共之間的正常化實在並不具備堅實的經濟、戰略，或心理的基礎。這種情況所透露的含義在一九八九年五月的高峰會議及中蘇共聯合公報上顯露無遺。下面一章即擬就此主題進行討論。

第六章　中蘇共關係正常化對世局之影響

一九七七年九月二十五日，復出後的鄧小平在接見西德聯邦議會國防委員會主席韋爾納（Manfred Worner）時，曾表示，他本人不會看到與蘇聯改善關係的那一天，甚至華國鋒也不會看到，「即使下一代人，這也是不可能的❶。」言猶在耳，一九八九年五月中旬，鄧小平不僅看到，而且親自宣佈「中蘇兩國關係實現正常化」❷。甚至，如所週知，鄧小平本人根本就是中蘇共關係改善的主要推動人之一。

十餘年來，中蘇共關係由尖銳對立，到一九七九年中共主動提議正常化談判，到一九八二年布里茲湼夫的塔什干演說，到一九八六年戈巴契夫的海參崴演說，與一九八八年的克拉斯諾雅斯克演說，中間經過十三回合的正常化「磋商」，三回合的邊界談判，若干次的高階層互訪，若干項的經貿文化合作協定的簽訂等等，終於在北平高峰會議中完成正常化。這項過程不可不說是曲

❶《文匯報》（香港），一九七七年九月二十六日，第一版。
❷《文匯報》（香港），一九八九年五月十七日，第一版。

折漫長，而雙方的動機亦十分錯綜複雜。前面幾章曾經對這項過程及其動因做了分析，以下謹願就中蘇共高峰會議本身的意義，以及中蘇共關係正常化對中蘇共關係、社會主義陣營、美國、日本及其他地區的影響，試做評估。

第一節　中蘇共高峰會議的意義

一九八九年五月十五日，應中共「國家主席」楊尚昆之邀，戈巴契夫以最高蘇維埃主席團主席與中央總書記的雙重身份訪問中共。自十五日抵達北平起至十八日離開上海止，戈氏先後會見了楊尚昆、「中央軍委會主席」鄧小平、「國務院總理」李鵬，與中共總書記趙紫陽等人。雖然戈氏的某些訪問項目，因受天安門廣場學生要求民主自由活動的影響，而遜色不少，但雙方關係正常化的基本目的仍然順利達成。戈巴契夫返國前，雙方並發表聯合公報③。

③ 有關此次高峰會議的詳細經過及影響，見畢英賢，〈中蘇共高峰會晤〉，《問題與研究》，第二十八卷第九期，一九八九年六月；胡志強，〈中蘇共高峰會談與我國外交政策——從彈性到務實〉，《中山社會科學季刊》，第四卷第二期（民國七十八年六月），頁四〇—四九；林碧炤與趙春山，〈中蘇共高峰會議對國際局勢與我國的影響〉，《亞洲與世界文摘》，第十卷第六期（一九八九年六月），頁六六—七三；及 Robert Sutter, "Chinese Foreign Policy in Asia and the Sino-Soviet Summit," *CRS Report for Congress*, 89-298F, May 15, 1989.

然而如果仔細檢視這次會議，即可發現它的基本意義是：正如電視鏡頭所顯示，雙方僅「握手」，而非「擁抱」；而且極可能是「握手言和」，而非「握手言歡」。理由有二：第一，中蘇共聯合公報洋洋灑灑有十八項之多，而且雙方「同意」、「聲明」、「認爲」、「願意」、「關心」的事項佔大多數，但實際上雙方立場一致的事項均較空洞、抽象。相反的，與雙方利益直接攸關的既有爭議並未透過此次會議解決❹。例如，有關柬埔寨問題（公報最長的條文），雙方依然各說各話。邊界問題的討論層次由副外長級提升到外長級，但仍然「尚未協商一致」，而且因爲需要制訂「相互都能接受的同時解決東西兩段邊界問題的辦法」，而更形困難。另外，牽涉人數已經不多的蘇聯駐蒙軍隊撤退問題，依舊殘存。而邊境地區駐軍的撤退問題，亦僅模糊地同意「裁減到與兩國正常睦鄰關係相適應的最低水平」。由此可見，中共提出的所謂「三大障礙」，僅僅阿富汗撤軍一項獲得排除。而在高峰會議前幾次磋商（包括兩次外長互訪）未能達到具體結論的問題，並未因此而解決。套句俗話說，雙方見了面，握了手，但並沒有互贈任何禮物。

第二，除了聯合公報外，雙方並未簽訂其他有關貿易、經濟科技合作，或文化交流的協定。從表面上看，中蘇共高峰會議類似一九七二年的尼克森之旅，都是經過長期對立而重新交好的產物，所以一個聯合公報應已足够反映雙方的新關係。但實際上，中蘇共之間，不像當年中共與美

---

❹《人民日報》，一九八九年五月十九日，第一版。

國一樣，一直有外交關係的存在。而且中蘇共的正常化已經發展了好幾年，也已經簽署了若干合作協定。所以如果中蘇共確有「言歡」的誠意，大可利用此一機會簽訂一、二個協定，以爲「裝飾品」。結果中蘇共故意避開此一機會，反而利用中共「副總理」田紀雲七月訪問莫斯科的時刻，與當時陪同戈巴契夫訪平的蘇聯副總理馬斯留柯夫（Yu. D. Maslyukov）簽署經濟合作協定。顯示最起碼在五月高峰會議舉行時，雙方心理仍有顧忌，仍希望採取「小步前進」的方式處理雙方的複雜關係。

不過，話說回來，五月的高峰會議畢竟是中蘇共關係上重要的里程碑。它象徵著中蘇共黨與黨關係的正式恢復，意識形態爭執的正式結束，與國家關係的正常化。同時，它也意味美國在強權三角中優勢地位的結束，與亞洲外交競賽新紀元的開始。但由於中蘇共之間仍有重要的歧見，而雙方此次言和的短期目標僅是減輕負擔，以便各自進行其他內政與外交的要務，所以未來中蘇共關係的發展仍需視雙方的互動與其他國家的反應而定。

第二節　正常化對中蘇共本身的影響

中蘇共關係正常化給中蘇共雙方均帶來重大的利益。在蘇聯方面，第一，「兩面作戰」的戰略威脅得以減輕，從而軍備上的負擔亦將減少。第二，中蘇共和解可以增加蘇聯對美國的議價能力。雖然中共對蘇聯的安全疑慮並未完全消除，而中共仍願與美國維持某種程度的軍事關係，如位於新疆的監聽設施，但正常化不可避免地降低美國在美國、中蘇共三角關係中左右逢源的優勢地位。自七〇年代初期以來，蘇聯曾經想盡千方百計來離間華府與北平的戰略合作關係，以改善本身的劣勢地位，均未得逞❺。如今中蘇共和解儘管不能使戰略三角完全等邊，卻可使它更趨於等邊，使美國在未來與蘇聯的各種交往中，不得不更小心謹慎。第三，正常化打開了蘇聯重返亞洲的瓶頸，使莫斯科今後得以積極參與亞洲之外交與經濟事務。今後生活在中國大陸周圍的國家即使不立即與蘇聯發展政治或經濟關係，亦需開始認眞把蘇聯看待成亞洲外交的一個力量。第四，正常化代表戈巴契夫上臺後的又一重大成就，對他國際聲望與國內地位的提升，有百利而無一害。

正因爲正常化對蘇聯非常有利，所以即使爆發了世人共憤的天安門屠殺事件，而且部份示威學生公開讚揚戈巴契夫，但蘇聯官方對天安門事件的反應卻相當曖昧。在世界各國一片譴責聲中，蘇聯最高蘇維埃的正式聲明卻是指責他國不應就中共國內事件向中共施壓❻。戈巴契夫雖然公開表示「對該事件的某些方面感到遺憾」，但他並非主動作此宣告，而是在六月訪問西德的記

---

❺ 請參見拙著，"US-China Relations: Soviet Views and Policies", *Asian Survey*, May 1983.

❻ 《中國時報》，一九八九年六月八日，第十一版。*International Herald Tribune*, June 7, 1989, p. 2.

者會上答覆問題時才不得不表態⑦。七月訪問法國時，面對法國的中國問題專家質問時，戈巴契夫的態度仍然十分謹愼：「世界情勢正發生深刻的變化。我們不能干預別國，勸告別國該怎麼做……雖然我們強調問題要透過與學生、與人民對話來解決。但這不是建議，不是命令，只是我們自己的想法⑧。」這些跡象顯示，卽使戈巴契夫不十分同意中共採取血腥鎭壓的手段，但他卻更希望維護得之不易的正常化成就。

在中共這方面，戈巴契夫來訪或許使得中共內部不滿的知識分子敢於走上街頭，與中共政權抗爭，並從而引發大規模的爭民主爭自由運動。但總的來說，正常化的利益依然顯而易見。第一，中共的安全威脅得以減輕。至今爲止，蘇聯已完全撤出派駐阿富汗的十一萬大軍，開始銷燬亞洲部份的所有中程核子飛彈，同意撤出駐紮於外蒙古的四分之三軍力，並已撤出其中的一部份。一九八八年十二月在聯大演說時，戈巴契夫更主動宣佈於兩年內片面裁減五十萬兵力，其中二十四萬源於歐俄地區，六萬源於俄屬中亞，二十萬源於遠東⑨。此外，中共在北方與外蒙已同意在邊境地區實施「建立互信措施」⑩。在南方，隨著越南在柬埔寨駐軍的撤退，與柬局談判的

---

⑦ *International Herald Tribune*, June 16, 1989, p. 1.
⑧ *International Herald Tribune*, July 6, 1989, p. 1.
⑨ 《中國時報》，一九八八年十二月九日，第十一版。
⑩ Gerald Segal, "Taking Sino-Soviet Detente Seriously", *Washington Quarterly*, Summer 1989, p. 61.

進展，中共與越南的緊張關係在逐年降低。這些事實都顯示中蘇共關係正常化使中共的安全大爲提高。

第二，正常化亦標誌中共自十二大以來所謂「獨立自主外交」或「獨立自主的和平外交」的一大成就。無論在心理上或外交實質利益上，中共都爭取到比以前更有利的地位。在心理上，正像一九七二年，毛澤東藉著尼克森的來訪，打破蘇聯「老大哥」的包圍與壓迫一樣。鄧小平也藉著戈巴契夫的訪問，爲自己在強權三角關係中建立更高的地位，擺脫所謂美國「小夥伴」（junior partner）的角色。對一個愛好面子的民族，尤其是鄧小平之類的老人而言，完成正常化在心理上的滿足，實不可言喻。若就實質外交利益而論，中蘇共和解可說擴大了中共的活動空間。中共與外蒙古、越南、印度、印尼等國關係的改善，如果沒有中蘇共和解做爲背景，實不可想像。卽使在對美國與其他民主國家的關係上，中共不一定有明顯而立卽的利益，但卻必然減少美蘇和解可能帶來的傷害。天安門事件發生後，中共與西方國家之關係固然受到影響，但中共因正常化而形成的新的戰略地位並未稍減。這也就是爲什麼布希政府的制裁措施十分有限，而如尼克森、季辛吉之類的人急於赴北平修補損害的原因[41]。

第三，本來正常化也可以提高鄧小平的國內外聲望。有鑒於鄧某一手完成與美國建交，與蘇

---

[41] 有關季辛吉的最近觀點，見 Henry Kissinger, "Seeking a New Balance in Asia", *Newsweek*, May 22, 1989, pp. 19-21.

聯正常化的兩大艱鉅任務，鄧某甚至可能暗中希望在中共黨史上與毛澤東、周恩來之流齊名。不過，鄧小平的封建主義本質畢竟在天安門前暴露無遺。他的功過在史家筆下將如何論斷，恐怕連鄧某亦無法預知。

第四，在所謂「臺灣問題」上，中共得到蘇聯非常明確的支持。由聯合公報看來，蘇聯對「一個中國」的立場遠較美國爲堅持。一九八二年布里茲涅夫在塔什干演說時（這也是最近一次蘇共最高階層對「中國問題」的表示），只從反面說：「蘇聯從未接受兩個中國的觀念⑫。」但這次公報中卻表明「臺灣是中華人民共和國不可分割的一部份。」這種說法遠比美國的「臺灣是中國的一部份」要更明確。陪同戈巴契夫訪平的主要智囊之一、蘇聯科學院世界經濟與國際關係研究所所長普里馬可夫（Evgenii Primakov），在接受我國記者訪問時甚至用「一省」的字眼代替「一部份」⑬。此外，除了襲用美國所說的「反對兩個中國、一中一臺」以外，中蘇共公報還加上「反對臺灣獨立」⑭，凡此均表示蘇聯充份支持中共在這問題上的立場。

綜上以觀，正常化對中蘇共雙方均有重大利益。天安門慘案發生後，蘇聯的反應已如前述。未而在西方強烈輿情與政府有限制裁措施的反彈下，中共將更珍惜與蘇聯的新關係，殆可逆料。

⑫ *Pravda*, March 25, 1982, p. 2.
⑬ 《中國時報》，一九八九年五月十五日，第三版。
⑭ 《人民日報》，一九八九年五月十九日，第一版。

來決定中蘇共關係發展最重要的變數是它們是否繼續大力推動內部改革。此外，還要看中共領導班子對外交政策的態度，以及西方（尤其是美國）制裁中共的程度、範圍與時間長短。目前此三者均沒有劇變的跡象⑮。所以未來最值得注視的是，中蘇共雙方如何、而且多快地化解雙方之間未決的問題，同時加強雙邊的合作關係。

在中蘇共雙邊問題中最不受第三者立場影響，也最容易解決的問題就是邊界問題。由公報看來，雙方似已暫時擱置「不平等條約」的爭議。所爭的不過是總面積三萬三千平方公里，分佈在東界零星地段與新疆西北及帕米爾地區的土地。其中大部份並不具有戰略價值⑯。據判斷，黑龍江與烏蘇里江會流處的黑瞎子島應是目前爭執焦點。任何一方讓步即可能造成突破。

另一個更重要的未決問題是外蒙古駐軍與邊境駐軍撤退的問題。事實上，由於中共在過去四年已逐漸裁減百萬部隊，其中十萬乃是面對蘇聯的部隊⑰。而蘇聯也已宣佈將在二年內自邊境撤出二十萬兵力，自外蒙古撤出四分之三的兵力，所以中蘇共雙方已在進行一場沒有協議之名而有

---

⑮ 有關中共政策的基本走向，鄧小平在一九八九年五月三十日與六月十六日的兩次談話似透露重要的訊息。請參見《東方日報》（香港），一九八九年七月十四日，第五版：〈鄧小平對李鵬、姚依林的談話〉，與七月十五日，第六版：〈鄧小平對政治局常委新班子的談話〉。

⑯ 有關中蘇共邊界爭執與談判，請參見拙著，"Sino-Soviet Border Negotiations: 1969-1978", in 林恩顯主編，《國際中國邊疆學術會議論文集》（政大：一九八五），頁七七九－八七〇。

⑰ Gerald Segal, "As China Grows Strong", *International Affairs* (London), Spring 1988, pp. 218, 224-225.

裁軍之實的過程。如果要在這個過程上再做大幅度的推進，勢必要美國與日本亦做出某種反應，才有可能。而由於美日對亞洲裁軍的興趣，遠不如美國與西歐各國對歐洲裁軍的興趣來得濃厚，所以除非中蘇共對彼此威脅的估計進一步降低，否則殊不易再在兵力上進行片面大量裁減。未來一方面要注意戈巴契夫是否眞的履行撤軍的諾言，一方面更值得觀察的是，中蘇共就裁軍意義較低的「加強邊境地區互信措施」之類的問題或邊境撤軍問題，是否及如何快速地達成協議⑱。

柬埔寨在中蘇共雙邊問題中最爲複雜，原因是它最國際化，牽涉到的國家最多，而大小國家間最起碼有三種層次的互動關係。在強權層次，有美、蘇、中共的三角關係。其次，有強權與當事國及團體（越南、東協六國，甚至柬境游擊隊各派）之間的關係。再其次，還有區域內各當事國或團體間的關係⑲。在強權影響力逐漸式微的今天，卽使美蘇與中蘇共的和解亦只能對柬局產生有限的影響。如果強權只知硬扣自己的意志，而不在相當程度上尊重當事國與團體的意志，那麼卽使目前達成政治妥協，未來紛爭仍將不斷。雖然如此，中蘇共和解仍是解決柬局的重要先決條件之一。幾年前蘇聯的態度先是拒絕討論此一問題。但一九八八年八月蘇聯副外長羅高壽在北平與中共「副外長」田曾佩專就柬局舉行會談⑳。這次聯合公報更公開雙方立場的異同點。在中

---

⑱ 據《中國時報》民國七十九年二月二十四日的報導，雙方已就邊界裁軍達成部份協議。

⑲ Chang Pao-min, "Kampuchean Conflict: the Continuing Stalemate", *Asian Survey*, July 1987.

⑳ *The Washington Post*, Aug. 27, 1988; *The New York Times*, Sept. 2, 1988.

共這方面，近年它對赤柬，尤其是滿手血腥的赤柬領袖波帕的支持，已有明顯的降低[21]。這些都有利於政治解決的達成。

除了未決問題外，未來尚值得我們密切注意的是中蘇共雙邊的經濟、文化，與政治關係開展的程度。在經濟關係上，中蘇共間已有多種合作協定。一九八六年雙方並成立「經濟貿易及科學技術合作聯合委員會」，負責協調具體合作方案。一九八九年鄧戈高峰會議後，田紀雲率團訪蘇，雙方更進一步討論長期經濟合作計畫[22]。但由於中共與蘇聯在目前的根本需要均是資金與技術，而資金與技術的主要來源均是西方，所以雙方經濟的互補性仍然十分有限。未來可預見的發展是，雙方在互補的範圍內繼續擴大往來，即中共提供農產品、輕工業品、家電用品，而蘇聯輸出工業產品、原材料、化學產品與機器設備。此外，雙方邊境貿易還會再擴大。舊廠翻修亦將持續進行。針對中共電力嚴重缺乏的現象，蘇聯亦可能提供核能發電設備。唯這些發展在可見的將來均不易大幅超前，取代美國與日本對中蘇共經濟成長的關鍵性地位。從長遠來看，中蘇共最感興趣而且合則兩利的發展方向是彼此合作開發蘇聯的遠東區與中共的「東北經濟區」——兩者皆為潛力無窮卻被冷落已久的地區。戈巴契夫在海參崴演說時，曾以一半時間討論遠東區的經濟發展，事後並曾公佈投資二千億盧布來進行開發的長期計畫。但至今仍然只聞樓梯響，不見人下

---

[21] *International Herald Tribune*, Aug. 1, 1989, p. 1.

[22] 《聯合晚報》，一九八九年七月二十七日，第十版。

來。可以想見其中困難必然十分龐大㉓。而問題的癥結又歸結於資金與技術。亦即沒有日本經濟的全力支援，加上美國的政治默認，這麼大的計畫絕非中蘇共可以獨力或合力承擔。

在文化關係上，中蘇共的文教、科學、體育單位均早已掛鈎。友協、工會、婦聯、作協等羣眾團體的交往亦已開始。在天安門事件發生後，爲了減少「資產階級自由化」的影響，中共必將樂意與蘇聯進行更多的文化交流。

在政治關係上，不論中蘇共之間政與黨的關係，均可能加強。高層互訪的頻率尤其可能提升。但未來更值得注意的是，中蘇共是否在其他國際問題上採取更一致的立場。根據政大國際關係研究中心在一九八八年的一項研究，中蘇共已在四分之三的重大國際問題上採取「一致」或「類似」的立場㉔。如果將來雙方的分歧點（如柬埔寨）逐漸減少，而共同點卻逐漸增加或加強，那麼雙方關係的熱度必然上升。

綜上以觀，中蘇共「握手言和」對雙方均大爲有利。雖然雙方歧見仍在，疑忌猶存，但總的

㉓ 請參見在一九八八年十一月於夏威夷舉行的美國斯拉夫研究促進會（AAASS）年會的兩篇論文。Tsuyoshi Hasegawa, "A Long Tortuous Journey from Vladivostok to Krasnoyarsk: Recent Changes in Japanese-Soviet Relations and Their Prospects" and N.N. Mikheeva, "Perspectives of the Soviet Far East Economic Development".

㉔ 〈中共與蘇聯對重大國際問題所持立場的比較分析〉，《中共問題資料週刊》，第三〇一期，一九八八年二月八日，頁三三—三六。

來說，關係可望繼續好轉。在天安門事件發生以後，這種趨勢應更加強。至於雙方關係好轉的程度則視雙方內政如何演變，雙方既存問題如何解決，與雙邊關係如何發展而定。

第三節　對社會主義陣營的影響

中蘇共和解難免引人疑慮，擔心「社會主義大家庭由分裂而再度趨向整合[25]。」蘇聯的文章與華語廣播尤其喜歡強調雙方在安全問題（如不首先使用核子武器、反對美國的戰略防衛計畫、支持南太平洋非核區等）、政治問題（如「臺灣問題」）、與內政改革問題上的一致性[26]。但情勢眞會這樣發展嗎？

首先，如前所述，鄧小平與戈巴契夫此次僅「握手言和」，而非「握手言歡」。雖然雙方關係已經和解，而且必然繼續好轉，但彼此之間仍有許多問題需要解決，更重要的，雙方言和的主要目的是爭取時間，以便各自解決內部的問題。而這些問題均無法依賴對方的協助而得到重大的改善。換句話說，雙方正常化的目的均屬有限。由此有限目的，推論出「社會主義大家庭」復合

---

[25] Don Oberdorfer, "Set to Repair Party Breach", *Washington Post*, March 4, 1989, p. A14.

[26] 如莫斯科華語廣播，一九八六年六月十四日、一九八七年一月二十三日，及一九八八年五月二十七日，*Pravda*, Jan. 4, 1987; *Izvestia*, Jan. 17, 1987.

的結果，未免太過武斷。

第二，若從中共的心理去理解，幾十年來中共似乎一直掙扎在高度自尊與自卑的矛盾情境中。二十年前好不容易強行掙脫蘇聯「老大哥」的束縛，現在又輕輕解開美國的無形枷鎖，它如何肯再加入什麼「大家庭」？如果有「大家庭」，也一定會希望是以中共爲首的「大家庭」。由於中共事實上力不足以組織任何「大家庭」，所以它目前只有不斷堅持獨立自主、完全平等、相互尊重、互不干涉內政，與和平共處等原則，來拉開它與美蘇超強間的距離，擴大它的國際活動空間。第三，站在蘇聯的立場，雖然口口聲聲強調中蘇共立場一致，但事實上恐怕也會覺得「大家庭復合」不見得是件好事。姑且不論事實上的可能或不可能，蘇聯必然會考慮在目前的國際權力平衡狀態下，如果中蘇共眞的被認爲又走回「大家庭」關係的話，那麼以美日西歐爲首的西方國家必然會大受刺激，再度團結起來，而形成比五〇年代更具威脅性的聯盟。這種情勢的發展將不僅直接損害到蘇聯的內政建設，而且會摧毀一九八五年以來戈巴契夫辛苦經營的美蘇與蘇歐和解關係。可說完全得不償失。如果一九八五年以來的蘇聯外交政策可以用一個名詞來形容的話，大概只有「分化」兩字最爲貼切。亦即分化美國內部的力量，分化美歐、美「中」、美日等關係，充分利用「帝國主義國家間的矛盾」，以達到蘇聯外交與內政的政策目標㉗。如從這層意

㉗ Aleksandr Yakovlev, "Inter-Imperialist Contradictions: The Contemporary Context", *Kommunist*, Nov. 1986. 該文作者是蘇共政治局委員，被戈巴契夫倚爲外交決策左右手。

義去了解，中蘇共和解只不過是達到分化「反蘇集團」目的的手段之一，而種種「心心相印」的宣傳不過是軟化中共立場的示好宣傳而已。在可見的將來，蘇聯應不致於讓手段妨害目的之達成。

如從事實面來考量，「社會主義大家庭」的復合也非常不容易。由於共產主義的思想與制度均不符合現代化的時代潮流，所以現在幾乎所有共產主義國家的希望都放在西方國家，而非其他共黨國家。若干年前共黨之間熱烈爭辯什麼道路才是通向共產主義的眞正道路，中蘇共間甚至因此而發生裂痕，但現在各國共黨（包括中蘇共）雖然維持「正常」的關係，但大家都在努力試驗什麼道路才是離開共產主義的安全道路，在這種情形下，「和平共存」已屬不易，更遑論重組「大家庭」了。

放眼當前所謂「社會主義陣營」，事實情況似乎眞的只有混亂衰落四字可以形容。東歐集團已經明顯地分化。自從一九八九年七月柏林圍牆倒塌以後，東歐共黨就像骨牌一樣一個接一個地垮臺。幾年前才替中共傳話的希奧塞斯古也已經變成古人。非洲的莫三鼻克早與南非妥協。最近安哥拉政權不僅與南非妥協，而且與西方支持的內部反對勢力妥協。甚至越南與外蒙古均緩慢地向自由國家伸手示好。僅存古巴與北韓，猶自食古不化，負隅頑抗。在西方國家內部，社會主義的思想固然存在，但共黨的力量卻在式微。法共、義共、西共勢力均大不如前，而且就算「大家庭復合」亦絕不會對蘇共或中共俯首聽命。即使四十年來一直對蘇聯忽軟忽硬的政策路線亦步亦趨的美國共產黨，也在最近破天荒地批評戈巴契夫的改革方針㉘。所有這些跡象與理由均顯示，「社會主義陣營」均不易再復合。事實上，我們有理由相信，因爲中蘇共和解加深了全球和解的趨勢，而只要中共與蘇聯改革開放的大政方針不變，使這趨勢得以延續數年的話，那麼「大家庭」不僅不會變得更團結，反而會更分化。

第四節　對美國的影響

自從中蘇共交惡以來，美國在強權三角關係中就一直居於樞紐地位。七〇年代，中共因爲受到來自蘇聯的強大壓力，極力聯美制俄，甚至力倡「全球反霸統一陣線」，更使美國得以利用戰略地位的優勢，部分抵銷因國力中落而造成的頹勢。八〇年代，中共假「獨立外交」之名，行疏遠美國、接近蘇聯之實，已經逐漸削弱美國的樞紐地位。中蘇共關係正常化與天安門事件後，美蘇中共的三角關係雖然不至很快變成完全的等邊，但也將更趨於等邊。儘管至今爲止，美國表面仍力持鎭靜，甚至對中蘇共和解表示樂觀其成㉙。但暗中一定在重估其影響與一個新的亞洲政策。

㉘ Alexander Amerizov, "America's Left: Absurd Puppies", *International Herald Tribune*, May 30, 1989, p. 4.

㉙ 美國這方面文章甚多。請參見季辛吉，同⑮，及 Thomas V. Biddick, "Gorbachev in Beijing: Sino-Soviet Relations and the Asia-Pacific Region", *Current Affairs Notes* (East-West Center), No. 9, April 24, 1989. 後者爲新任美國在臺協會一般事務組組長。

如果單從中蘇共聯合公報來看，美國已有足够的理由感到憂慮。雖然公報第二條表明，正常化不針對第三國，不損害第三國利益，但其他條文卻有可能轉化爲對付美國的共同說詞。譬如，公報第十三條中，中蘇共雙方聲明，「中蘇兩國任何一方都不在亞洲和太平洋地區以及世界其他地區謀求任何形式的霸權。中蘇兩國認爲在國際關係中應當摒棄任何國家把自己意志強加於人和在任何地方謀求任何形式的霸權的企圖和行動。」這一條文不但讓蘇聯得以摘下「霸權」的帽子，而且使中蘇共將來可以針對美國的某種行動同聲指責。在中共十幾年來的用語中，「霸權」一直是蘇聯的專利㉚。一九八八年年初，政策影響力甚高的中共「國務院」顧問宦鄉在檢討美國與中共的關係時，首次對美國扣上「霸權」的帽子㉛。將來如果美國對中南美洲或中東的政策招致中蘇共不悅，或美國對我國或西藏表示同情，或者美國發動類似轟炸利比亞或出兵格瑞納達的軍事行動，均可能再度遭到「霸權」之譏。

此外，第十二與十四條有關「裁軍」的部分可用來反對美國的戰略防衛計畫及在世界各地的

㉚ 請參見拙著，"China and the Soviet Union: Principled, Salutary, and Tempered Management of Conflict", in Samuel S. Kim, ed. *China and the World: Chinese Foreign Policy in the Post-Mao Era* (Boulder, Colorado: Westview, 1984).

㉛ 宦鄉，〈一年來的中美關係〉，《瞭望》週刊海外版，一九八八年一月十一日，頁二三。文中宦鄉檢討美「中」間的六個問題，然後做出「是一種霸權主義的突出表現」的結論。

核武部署。由於中蘇共均為大陸強權，而美國的國防力量主要依靠海空軍、海空軍之海外基地，與核子武器，所以這方面的訴求看似冠冕堂皇，實際上都會對美國國防安全發生侵蝕作用。至目前為止，戈巴契夫除了對中共提出若干裁軍建議外，還在亞洲放出好幾顆煙幕彈。例如，蘇聯一再宣稱美國軍力的部分是針對中共；強調中蘇共均主張「不首先使用」核子武器，均反對戰略防衛計畫，均支持南太平洋的非核建議；在克拉斯諾雅斯克演說中，提議美蘇各自撤出金蘭灣與菲律賓基地，並凍結雙方在亞洲的海空武力；支持澳洲與紐西蘭的反核政策；支持東協國家的非核區構想；建議與美國就一系列的「建立互信措施」進行協商等等，可說不一而足㉜。這些提議目前大部分均為蘇聯所發，中共的反應並不熱心。但未來如果中共對蘇聯的畏懼感降低，而對亞洲的野心逐漸暴露，未嘗不可能做某種程度的呼應。

再者，聯合公報的第十四、十五、十六條有關「支持聯合國」、「國際經濟新秩序」、「全球性問題」的條文，則可用來團結第三世界國家，對抗西方國家。從表面上看，這是典型的慷他人之慨的表現。中蘇共不僅無力協助許多第三世界國家解決它的經濟社會問題，甚至因為共同競爭西方資金，反而是它們的競爭對手。但這些條文必然滿足若干第三世界國家的情緒，而且這些國家或許也希望在政治上爭取中蘇共的奧援，以便加強對西方國家的壓力。所以未來一旦南北差

㉜ Rajan Menon, "New Thinking and Northeast Asia Security", *Problems of Communism*, March-June 1989, pp. 27-29.

距拉大，債務問題突然激化，難保中蘇共不會煽風點火，讓美國等國家難堪。

不過，未來對美國傷害最大的還不是這些條文，而是因爲喪失在戰略三角中的樞紐地位，而導致美國對中共政策影響力的削弱，以及因爲中蘇共正常化與蘇聯的重返亞洲，而導致美國在亞洲外交工作的複雜性。

當初尼克森與毛澤東因爲反蘇的共同利益而結合。一九七〇年代後期，由於蘇越勾結與美國內部布里辛斯基等人的推波助瀾，更使得戰略因素成爲美「中」關係最重要的基礎。一九七八年底，鄧小平爲了遂行「懲越」的目的，才決定與美國正式建交，而爲了儘速建交，才忍痛擱置爭議中的對中華民國軍售的問題㉝。建交以後，雙方關係逐步擴大至各個領域。到了八〇年代的末期，美「中」關係可說「靠兩條腿走路」。一條仍是對抗蘇聯威脅的平行利益，包括軍售、高層互訪、情報分享等。另一條則是因爲中共四化需要而衍生的經貿文化利益。在貿易方面，美國對中共的出口在過去五年間以平均百分之二十的速度成長，一九八八年達到五十億美元。自中共進口則以百分之二十八的速度遞增，一九八八年達到八十五億美元之多。總計該年美「中」貿易總值約爲中蘇共貿易的四倍。在投資方面，美國投資總數已超過三十億美元，其中包括飛機、電

㉝ Jaw-ling Joanne Chang, *United States-China Normalization: An Evaluation of Foreign Policy Decision-Making* (Denver, Colorado: Univ. of Denver, Monograph Series in World Affairs, 1986), p. 40.

腦、自動控制系統等高科技項目。而在文化交流方面，除了太平洋上川流不息的訪問團體外，中共四萬留美學生的總數已高居外國學生之首㉞。在八〇年代中期，這種日益深厚的美「中」關係基礎，配上中蘇共間未見明朗的正常化進程，使得中共在處理對美關係時格外小心謹慎。譬如，針對胡娜投奔自由案，中共僅下令中止政府間的文化交流活動（在數量上低於非政府間的活動）與一九八三年的體育互訪（因此不影響參加次年的洛城世運）。針對美國的紡織品設限規定，中共僅下令減少「擬議中」而不是「已成交」的穀物購買協議。針對湖廣鐵路債劵問題，中共雖然擡出外交豁免的擋箭牌，但最後仍然雇請律師向阿拉巴馬州法院提出說明㉟。這些例子雖小，但似乎也說明，當中共珍惜美「中」關係時，北平會在維持最低顏面的情況，儘量淡化爭議，以求保全實質的利益。

中蘇共關係正常化後，在某種程度內華府與北平仍然保有對抗蘇聯的共同利益。但不可諱言的是，這個戰略基礎必然隨著中蘇共緊張程度的降低而逐漸削弱。因此美「中」關係的基礎將出現「跛腳」的情況。在這種情況下，中共對美國的顧忌將日益減少，態度將日趨強硬，而雙方爭議的解決將更爲困難。事實上，最近幾年，已有這樣的趨勢，無論針對「人權問題」、「臺灣問

㉞ Andrew B. Brick, "US Options or Responding to the Slaughter in China", *Asian Studies Center Backgrounder* (The Heritage Foundation), No. 92, June 7, 1989, pp. 3-4.

㉟ 同㉚，頁一五四。

題」、「西藏問題」、「飛彈銷售問題」或「貿易問題」，中共的聲調已經大爲提高，往往逼使美國不得不採取較嚴厲的具體制裁措施（如爲了報復飛彈售沙，美國中止若干高科技輸出）㊱。天安門事件發生後，美國國會與輿論界怒潮澎湃，逼使美國政府不得不宣佈一些制裁措施㊲。這些措施刻意避開經濟領域而只集中在軍事領域，可說一方面加強此一「跛腳化」的趨勢，一方面也突顯美國決策人士對雙方關係僅存支柱的重視。

比應付中共更複雜的問題是應付亞洲未來對美國的挑戰。美國立國兩百年，但直到二十世紀才開始涉足國際舞臺，直到二次世界大戰爆發才在政策上放棄孤立主義。與別的國家不同的是，美國不僅由孤立主義一大步跨進國際主義，而且是一大步跨進全球性的國際主義。更特殊的是，美國一站出來就是獨霸全球的領袖，完全沒有經過挫折、調適、妥協、容忍的學習階段。正因如此，美國外交政策至今仍然殘留著比別國更多的理想主義與孤立主義。此外，美國一直是重歐輕亞的國家。雖然二次世界大戰以後美國參加的兩次戰爭都在亞洲，但兩次的出發點都是基於保護歐洲，亦即根據圍堵思想，美國只有在亞洲盡心盡力防止侵略，才能嚇阻共黨集團對歐洲的赤化

㊱ Steven I. Levine, "Sino-American Relations: Renormalization and Beyond", in Samuel S. Kim, ed., *China and the World: New Directions in Chinese Foreign Relations* (Boulder, Colorado: Westview, 1989).

㊲ 《聯合報》，一九八九年六月七日，第一版。美國眾院後來通過經濟制裁措施，遭到國務院反對。見《中國時報》，一九八九年七月一日，第一版。

野心。直到最近十年，美國部分人士才開始正視亞洲。

然而美國正視亞洲時，亞洲已經變了。在冷戰時期的亞洲，反共的意識形態與聯盟體系遮掩了亞洲國家間的差異與矛盾。隨著冷戰時期的結束，美國人發現美亞關係與美歐關係在本質上有極大的不同。基於種種原因，西歐各國已經由共同市場發展到單一市場。然而亞洲各國間除了種族、宗教、文化、歷史恩怨、地理位置等的一般性差異外，還有安全認知、意識形態與經濟發展程度上的重大差異，甚至對立。這種情況使得區域貿易增長速度已經超過對區域外貿易增長速度的亞洲到今天除了東南亞國協外，連個比較寬鬆的一般性（相對於「專門性」，如亞銀）政府間國際組織都沒有㊳。更重要的是，由於亞洲國家經濟力量的上升與美國領導的聯盟體系的鬆散，亞洲各國的自主意識均大幅度提高。北起日韓，南至澳紐，各國政府與華府之間的摩擦爭執都比以前更頻繁、更尖銳。

中蘇共關係的正常化在這方面固然給美國帶來若干利益，譬如增加柬埔寨問題政治解決的可能性，降低朝鮮半島的緊張情勢，而這也是一些美國人對正常化抱持樂觀態度的部分理由。但從另一方面看，中蘇共正常化已在美亞關係中投下新的變數。在消極的意義，正常化加強了亞洲的和解趨勢，也降低了非共國家對共黨國家的警戒心。最近幾年蘇聯在日本民眾心目中不受歡迎的程

㊳ 毛維凌，〈亞太經濟整合之新趨勢〉，《美國月刊》，第四十期，一九八九年八月。

度明顯下降㊴；中華民國的民間團體（包括外貿協會），甚至政府首長亦開始赴蘇訪問㊵。再加上韓國以及東協各國與蘇聯、中共、越南、外蒙古間的往來等等，都顯示亞洲外交已經進入了一個新的紀元。雖然亞洲人民一般來說不像西歐人民迷失在和解的誘惑中，但美國如果仍然只用反蘇、反共、自由民主、安全等口號來號召，已不足以打動亞洲人的心弦。

在積極的意義上，中蘇共正常化使蘇聯得以重返亞洲的外交競技場。過去由於美國的壓制、中共的反對，與蘇聯本身僵硬政策及薄弱經濟實力的影響，蘇聯在亞洲始終被認爲是「外人」。蘇聯的外交攻勢，如布里茲涅夫的集團安全建議，在亞洲絲毫激不起熱情。自戈巴契夫上臺以來，一方面汰換若干在亞洲極不得人緣的黨政負責人，如外交部副部長賈丕才與蘇共中央聯絡部副部長柯瓦連科（Ivan Kovalenko）㊶。一方面如前所述，針對亞洲提出一系列誘人的新建議。經過四年努力的耕耘，戈巴契夫終於與鄧小平握手言和，消除了中共對蘇聯的部分敵意。未來如果再成功地突破日蘇關係，或煽動亞洲人民對核武或外國軍事基地的反對情緒，則美國在亞洲的利益必將受損。

㊴ Hasegawa，前引文，頁二四。

㊵ 譬如行政院勞委會主委趙守博曾在一九九一年四月中旬「過境」莫斯科兩天。見《聯合報》，一九九一年四月二十二日，第二版。

㊶ Menon，前引文，頁七－八。

當然，四十年的冰凍不可能很快就化解。亞洲非共國家的政府與人民對蘇聯與中共仍然有很深的疑忌之心。而美國在可預見的將來仍然會是這些國家主要的市場及資金或技術的來源，而且仍然會在外交競爭中佔據上風。波斯灣戰爭結束以後的美國更有世界獨強的架勢。但不可否認地，美國的太平日子已經過去。在未來的時日裏，華府對亞洲之外交勢必更主動、更細膩、更尊重亞洲國家本身的意願，才能繼續保持優勢。中蘇共高峰會議不久，美國國務卿貝克就倡議成立包括美國在內的太平洋邊緣國家間的經濟合作組織[42]。相對於日澳早先提出的泛亞（而非泛太平洋）經濟組織的構想，貝克建議正顯示美國已體會到亞洲新局對美國的含義，而亟思掌握主動，防範未然。

第五節　對日本的影響

日本大概是除了美國以外受到中蘇共正常化影響最大的國家。就心理而言，過去美日關係和諧，而中蘇共的力量在亞洲互相牽制，彼此抵銷，使日本搭乘了許多年的「便車」。但將來一方面中蘇共將在亞洲平行競爭，一方面美日貿易問題方興未艾，均對日本心理構成很大的壓力。如果受到某種刺激，難保日本外交不變得比以前更具自主傾向。

---

[42] 〈貝克談未來太平洋夥伴關係之架構〉，《問題與研究》，第二十八卷第十一期，一九八九年八月號。

此一主觀傾向或將因以下客觀情勢而更加強：第一，美國更需要日本在亞洲與世界扮演更積極的經濟、軍事與政治角色。經濟上，日本已取代美國成爲亞洲最大的援外國。無論在亞洲國際組織（如亞洲開發銀行）或個別國的經濟發展上，日本的重要性早已有目共睹。軍事上，日本的自衛隊雖然仍有許多缺點，但以美元計算的日本國防支出已經躍居世界第三位，而且美國一直希望日本擴大防衛範圍至本土外一千浬[43]。蘇聯報導更常不厭其煩地指出，日本驅逐艦數目是美國第七艦隊的二倍，反潛作戰飛機的數目是第七艦隊的四倍，而戰術空軍的力量則相等於美國本土戰術空軍的力量[44]。政治上，一向採取低姿態的日本亦開始派員參加納密比亞、阿富汗與兩伊戰爭的監督停火工作[45]，此外，藉著現代大眾文化的輸出，日本文化的影響力也在逐漸上升[46]。過去華府依賴中共與日本做爲美國亞洲政策的兩大支柱。現在一個支柱鬆動，另一個支柱在美國心目中的份量必然加重。

第二，中共亦可能加緊拉攏日本。天安門事件發生後，日本是先進工業國家中反應最淡的國家[47]。將來中共在對外資與技術的需求不變的情形下，爲了避免親美的後遺症（如「資產階級自

[43] *Strategic Survey*, 1988-1989, p. 123.
[44] Menon，前引文，頁一七。
[45] *Strategic Survey*, 1988-1989, p. 121.
[46] 錢學明，〈中美蘇關係中的日本〉，《日本問題》（北平），一九八七年二月，頁一二。
[47] Gregory Clark, "Japan Has Its Own Ideas About Beijing and Moscow", *International Herald Tribune*, July 14, 1989, p. 4.

由化」思想的輸入、蘇聯的不悅），很可能轉向日本，尋求成本較低的互利關係。

第三，更重要的是，日本將是中蘇共正常化後，蘇聯亞太政策的下一個目標。各種跡象顯示，蘇聯對長期阻礙日蘇關係發展的「北方領土問題」，已有鬆動立場的意向。只要日本同意「付款條件」，而蘇聯內部意見能够一致，那麼蘇聯未嘗不可能讓出四島。

以今天的眼光來看，日蘇關係是二次世界大戰以後大國關係中的異數。大戰結束四十年，兩國仍未簽訂和約。蘇聯官員訪問日本的層次幾十年內沒有超過外交部長級，而訪蘇的日本首相，如果不計算純爲參加葬禮而去的，只有一九七三年的田中角榮。這種情形直到一九九一年四月戈巴契夫訪日才算突破。日蘇貿易經過長期的停滯，在七〇年代終於開始爬升，但最近十年間又始終徘徊在五十億美元左右，僅佔日本國際貿易的百分之一點五。近年受到東芝事件的影響，日本對蘇貿易更加戰戰兢兢[48]。

戈巴契夫上臺以後，蘇聯對中共與日本的政策均起了變化，雖然優先性很明顯地放在中共身上。隨著中蘇共經貿合作與文化交流協定的簽訂，蘇聯外長謝瓦納澤與日本外相安倍也在一九八六年進行互訪，簽訂有史以來第一次的日蘇文化交流協定與貿易方面的協定。該年戈巴契夫的海參崴演說同時提到中共與日本，但有關日本的部分只及中共的一半，而且內容較抽象[49]。一九八

[48] Kazuo Ogawa, "Japan-Soviet Trade and Far Eastern Development in the Soviet Union"，本文亦是去年 AAASS 年會論文。

[49] *Pravda*, July 29, 1986.

七年四月二十九日，日皇裕仁誕辰紀念日，日本駐蘇大使在蘇聯電視上演說的一段突被竄改。原文是，日本希望藉著日蘇關係正常化談判中殘餘問題的解決，達成雙方和約的簽訂。但蘇聯竟將「解決」一詞改爲「考慮」。這個小插曲顯示戈巴契夫所謂的「公開性」（glasnost）仍然有其限度，同時也突顯了「北方領土」問題的敏感性[50]。

一九八八年蘇聯立場似乎開始轉變。佔據蘇聯對日決策要津長達二十五年的柯瓦連科退職。日使在蘇聯電視演說中提到「北方領土」的部分未遭竄改或刪除[51]。七月間，蘇聯外交部機關刊物《國際事務》月刊（Mezhdunarodnaya Zhizn）刊出一篇檢討海參崴演說以後蘇聯對亞洲政策的座談會輯要。與會專家來自外交部與蘇聯科學院的幾個主要智囊機構，如世界經濟與國際關係研究所、美加研究所、遠東研究所、東方研究所等[52]。他們紛紛針對莫斯科的日本政策提出批評。同年九月，戈巴契夫的克拉斯諾雅斯克演說中，提及日本的部分是中共的兩倍，而且內容更爲具體[53]。同時，蘇聯學者均承認，由於日本堅決反對，所以領土問題確實存在，需要日蘇協商

[50] Hasegawa 前引文，頁三。有關「北方領土問題」之背景，請見龍舒甲，〈論蘇日「北方領土問題」之爭議〉，《問題與研究》，第二十八卷九期，一九八九年六月。

[51] Hasegawa，前引文，頁一一。

[52] Vladivostok Initiative: Two Years Afterwards", *Mezhdunarodnaya Nhizn* (International Affairs), No. 7, July 1988, pp. 140-155.

[53] *Izvestia*, Sept. 18, 1988.

解決[54]。

一九八八年十二月謝瓦納澤的訪問使雙方協商向前推進了一大步。從表面上看，謝瓦納澤仍然沒有正式承認領土爭執的存在。但蘇聯卻表現了三個重要的讓步跡象。第一，蘇聯同意重開和約談判[55]。過去二十年蘇聯一直企圖引誘日本簽訂其他協定來廻避領土問題，如一九六九年的「亞洲集體安全」提議呼籲亞洲各國仿效歐安會議凍結領土現狀。一九七八年蘇聯又提議簽訂蘇日睦鄰合作條約，以相應於該年日本與中共簽訂的和約。八〇年代包括戈巴契夫在內的四位蘇聯總書記都曾提議日蘇雙方協商「建立互信措施」[56]。因此，謝瓦納澤願意以和約方式展現日蘇新關係，看似一小步，卻是一大步。

第二，日蘇聯合公報雖未明白點出「北方領土問題」，但表明雙方願盡力消除「雙邊關係中的主要困難」[57]。當然，「困難」何在，可以有不同的解釋。譬如說，可能是指「北方領土」，也可能是指日本對此一問題的堅持。但這種說法比起以前蘇聯根本不承認問題存在的態度，也算進了一步。第三，謝瓦納澤與當時擔任外務大臣的宇野宗佑還同意雙方成立「永久性的工作小

---

[54] Hiroshi Kimura, "Changing Soviet Views", *Japan Times*, Oct. 17, 1988.

[55] *Pravda*, Dec. 22, 1988.

[56] Hiroshi Kimura, "The Soviet Proposal on Confidence Building Measures and the Japanese Response", *Journal of International Affairs*, Summer 1983, 和 *Pravda*, June 22, 1985.

[57] *Pravda*, Dec. 12, 1988.

組」來致力推動和約的談判。此一史無前例的日蘇小組將由副部長領軍，而蘇聯方面恰是主持中蘇共邊界談判的同一人——羅高壽。以上事實顯示蘇聯在認知、態度與做法上均有軟化的跡象。

蘇聯當然不可能廉價讓出北方四島。它必須考慮這樣做對蘇聯太平洋艦隊會有什麼影響，對中共、羅馬尼亞、波蘭等國針對蘇聯的領土主張會有什麼影響。此外，會不會在蘇聯內部激起反對戈巴契夫「喪權辱國」的情緒反彈？所以站在蘇聯的立場，如果放棄四島，一定要有值得的代價。

由前述的跡象看，蘇聯已經放棄「不談判」的立場。剩下的問題是，如何妥協？目前看來，蘇聯所求者，較抽象的是，打開日蘇關係的瓶頸，使蘇聯能夠更深入亞洲，在亞洲國際關係中站穩腳步，將來再徐圖排除或削弱美國的勢力。而較具體的是，爭取日本對蘇聯遠東區的大量投資、貸款與技術轉移，並經由日本協助參加亞洲各國國際組織。此外，如可能，蘇聯應該也希望降低美日軍事關係。

有關開發遠東問題，蘇聯起步甚晚。事實上，戈巴契夫的改革到目前大部分集中在政治領域；經濟改革叫得最響，做的卻最少。直到一九八七年六月，一個比較詳細的具體方案才出爐㊽。而遠東區的開發進度更爲落後。以目前蘇聯的經濟情形來看，沒有日本的積極投入，遠東區

㊽ Seweryn Bialer, "Gorbachev's Program of Change: Sources, Significance, Prospects", *Political Science Quarterly*, Fall 1988.

的前景將更爲黯淡。

加入亞洲國際組織不僅是外交上的突破，也是動員其他亞洲國家協助開發遠東區的辦法。一九八六年蘇聯首次派員以「觀察員」身分參加「太平洋經濟合作委員會」（PECC）的年會。一九八八年三月，蘇聯成立「蘇聯亞太經濟合作全國委員會」（Soviet National Committee for Asia-Pacific Economic Cooperation，簡稱 SOVNAPEC），並以戈巴契夫的智囊人物、「世界經濟與國際關係研究所」所長普里馬可夫擔任該會主席。隨後普氏即風塵僕僕地奔走於亞洲各國首都，邀請各方要人參加在海參崴舉辦的國際會議。同年五月，普氏復以「貴賓」身分參加官產學合一的 PECC 年會。一九八九年五月，普氏陪同戈巴契夫訪平。在同一時間，以民間團體組成的「太平洋盆地經濟合作會議」（PBEC）在臺北召開，蘇聯派出兩名「觀察員」，一名是 SOVNAPEC 的委員，一名則是普氏主持的「世界經濟國際關係研究所」中亞太部門的負責人。這些活動顯示蘇聯開始對亞洲國際組織產生興趣。未來蘇聯如果希望加入爲正式會員，在不可能寄望於美國的情形下，只有設法援引日本的力量。

至於美日軍事合作，蘇聯一直認爲對它的國家安全構成重大威脅[59]。一九八七年，日本同意參加美國戰略防衛計畫的研究發展；同時，中共稱讚蘇聯銷毀佈置於亞洲的SS-二〇中程飛彈，

---

[59] V. Bunin, "Japan and Washington's Asian-Pacific Strategy", *Problemy Dalnego Vostoka* (Problem of the Far East), Feb. 1987.

而日本卻三緘其口；均使莫斯科大為不悅。雖然如此，由於美日關係深厚而久遠，蘇聯應不致於妄想憑北方四島就一舉勾銷。但蘇聯應該也認識到，如果領土問題不解決，日蘇關係就不可能解凍，而美日的合作關係就更沒有希望打破。

蘇聯既已準備談判，那麼只要雙方「價錢」談妥，就有成功的希望。目前比較棘手的是北方四島的具體處理方案。一九五六年蘇聯曾同意歸還四島中的兩小島（即色丹、齒舞）。該兩島僅佔四島面積的百分之七。經過三十年的演變，以今天日本的國力，日蘇議價地位的對比，與日本的民氣來看，東京應不會同意此一舊方案，截至目前為止，日蘇學者已提出不少構想。在肯定歸還兩小島的情況下，有的主張共同擁有兩大島（即國後、擇捉）的主權，有的建議日本向蘇聯租借兩大島，有的建議把兩大島變成「自由貿易區」，有的建議無限期擱置兩大島問題，有的建議不立即，但訂定一定期限歸還兩大島[60]。如果考慮日本朝野對四島堅持的程度，立即歸還小島，定期歸還大島的建議或許比較可行。此一解決方案在精神上亦較類似今年中蘇共的正常化——先付頭款，打破僵局，再讓時間及後續談判解決尾款的問題。不管怎樣，日蘇關係的突破已不再遙不可及。戈巴契夫在外交上已經做了好些一般認為「不可能」的事。進一步改善日蘇關係應是他下一個重要的外交目標。目前戈巴契夫雖然受到葉爾欽（Boris Yeltsin）領導下的俄羅斯加盟共

---

[60] Hasegawa，前引文，頁一四；*New York Times*, Sept. 22, 1988; A. A. Nagorny and M. G. Nosov, "The Role of Japan in the US-Japan-USSR Triangles"，一九八八年 AAASS 年會論文。

和國的掣肘，而不易迅速對日讓步。但長遠以觀，這項因素只會延緩而不會終止日蘇和解的達成。

綜上所述，由於美國、中共與蘇聯均比以前更需要日本，所以日本在中蘇共和解後的亞洲勢必扮演更重要的角色。我們甚至可以說，亞洲強權三角即將變成四角。

第六節　對其他地區的影響

（一）對南北韓局勢的影響

在全球一片和解聲中，南北韓大概是冷戰對立最直接、最尖銳的地區。但近年來，朝鮮半島的局勢也出現一些緩和的跡象。譬如，中蘇共不顧北韓的抵制，仍然決定參加一九八八年的漢城奧運。中共與南韓開始貿易，並商討互設貿易辦事處。一九八八年匈牙利及南斯拉夫不顧北韓強烈反對，允許南韓設立貿易代表機構，而蘇聯同意南韓在一九八九年赴莫斯科籌設貿易機構[61]。雙方並在一九九〇年九月突然宣佈建交。在北韓方面，金日成改變二十幾年親中共的立場，而於一九八四、一九八六年親自出馬訪問蘇聯。蘇聯同意提供包括米格廿九在內的高性能武器，而北

[61] Dong Joon Hwang, "The Changing Security Equation on the Korean Peninsula", 一九八九年十一月底政大國際關係研究中心與美國企業研究所在臺北合辦之亞洲安全研討會論文，頁二九。

韓則允許蘇聯軍機飛越領空，及軍艦暫時停靠北韓港口。雖然如此，未來韓國問題的關鍵仍在金日成。中蘇共關係正常化以後，金日成固然不易再左右逢源，但中蘇共任何一方應仍不願片面向北韓施壓，以免開罪金氏。只有在中蘇共政治關係進一步好轉，雙方互信程度提高後，才可能逐步迫使金日成回心轉意，同意降低半島的緊張局勢。在短期內，「交叉承認」尚不可能，但「交叉接觸」卻會繼續擴大[62]。

（二）對柬埔寨問題的影響

如前所述，柬埔寨問題極為複雜，牽涉到十幾個國家或團體，以及三種不同層次的國際關係。儘管如此，解決之鑰仍在越南之手。由於美蘇中共的立場各異，東協內部亦有分歧，而蘇聯對越南施加的壓力亦有極限，所以理論上如果越南堅持拖延，應仍有外交迴旋的能力。正因如此，自一九七八年越南入侵柬埔寨至一九八七年底，儘管美蘇及中蘇共關係由緊張趨於緩和，越南政策依舊紋風不動。直到一九八八年，越南決策當局通盤檢討國防與外交政策，擬訂新的大政方針後，僵硬的柬局才正式出現鬆動跡象[63]。當然，中蘇共的和解也影響到越南的戰略評估，但最重要的考慮似仍是越南破敗的經濟情況。有趣的是，在中蘇共對抗時期，兩者均可由正面或反面去影響越南政策。中蘇共和解後，由於越南的最終目標是重整經濟，所以中蘇共的影響力反而

[62] 據南韓外交部某官員說，美國與北韓官員已在北平開始接觸。

[63] *Strategic Survey*, 1988-1989 (IISS, 1989), pp. 114-115.

可能降低，而其他具有經濟實力的國家可能逐漸「重返越南」。

（三）對東協國家的影響

東協是亞洲唯一的一般性區域組織，二十幾年前成立的主要目的在推動經濟成長，促進區域合作。在北越共黨統一全越南並進而入侵柬埔寨，企圖組成印支聯邦後，東協的政治性才逐漸提高。但因為東協國家力量太小，東協各國對越南野心又有不同程度的感受，而東協各國間一直存有若干根本的差異，所以對許多國際問題，東協本身不容易形成共同立場。連帶地也影響到東協在國際政治上的發言力量。

中蘇共正常化，如果導致越南撤軍與柬埔寨的和平中立，那麼東協的凝聚性將更為降低，東南亞的國際關係將更為複雜。一方面，東協各國將與美國產生更多的貿易摩擦。一九八七年，美國財政部高級官員已警告說：「四小虎過量出口的情形如果繼續下去，它們本身也會越來越脆弱……老虎活在叢林中，依照叢林法則生存……但世界上的老虎越來越少。要想活下去，老虎和亞洲的四小虎都應該學會適應[64]。」結果，一九八八年美國果然宣佈包括新加坡在內的四小虎自普遍化優惠制度（GSP）「畢業」，並威脅將泰國與馬來西亞自該制度除名[65]。同時，美軍在菲律賓的基地問題懸而未決。印尼又極力推動東南亞「和平自由中立區」的概念，企圖涵蓋所有東南

[64] *Asian Wall Street Journal Weekly*, Nov. 23, 1987, p. 3.

[65] 請見一九八九年二月 *Asian Survey* 介紹馬來西亞、新加坡、泰國的三篇文章。

亞的非共黨國家[66]。此一概念自然傾向於排除美軍基地。

另一方面，東南亞的和解趨勢爲蘇聯提供介入的良機。自一九八五年起，許多東南亞領袖已赴莫斯科訪問，或接受蘇聯外長謝瓦納澤來訪[67]。雖然短期內，蘇聯與東南亞的貿易不可能大幅增加，彼此敵意亦不可能消除，但今後東協國家將更願意加強與蘇聯的往來，殆無疑問。

由於中蘇共和解，導致東南亞局勢緩和，將使東協失掉政治上的凝聚力量。由於東協勢單力薄，所以在經濟上可能融化於以美、日或澳洲領導的亞洲經濟組織。再加上東協各國本身間不同的安全認知及利益。東協的前途可能正如一位觀察家所說：「走到十字路口[68]。」

第七節　對我國的影響

中共與蘇聯均爲東亞強權，因此中蘇共結束三十年的僵持對立，走向正常睦鄰的緩和關係，必定會對我國的國際環境造成影響。但這種影響有利有弊，未來究竟如何發展，還要看其他因素

---

[66] Gordon Hein, "Indonesia in 1988: Another Five Years of Socharto", *Asian Survey*, Feb. 1989, pp. 126-128.

[67] Richard Fisher, "Crafting a U.S. Response to Gorbachev's Peace Initiative in Asia", *Asian Studies Center Backgrounder* (The Heritage Foundation), No. 93, July 24, 1989, pp. 3-4。

[68] 劉必榮，〈東協六國眞的走到十字路口?〉，《中國時報》，一九八九年八月十三日，頁七。

而定。

目前看來，對我國較有利的影響是：第一，中蘇共和解降低了「中共牌」的價值，間接提高了我國的地位。過去美國基於「聯中共制蘇聯」的戰略構想，對中共的諸般需索常常不得不遷就。現在一方面有美蘇和解，一方面有中蘇共正常化，使得美國內部主張戰略利益的聲音不易再主導全局。換言之，美國與中共的關係也將眞正「正常化」，亦卽具有一般國際關係中的合作與衝突，對抗與妥協。在這種情況下，中美關係亦將趨於穩定正常，上下震動的幅度均較有限。

第二個有利的影響，是中蘇共和解有助於亞洲與世界局勢的緩和，提高經濟實力在國際關係中的作用，同時降低軍事力量的實用功能；我國較易利用此一客觀情勢開展務實靈活的外交。過去我國外交因爲受限於中共直接的壓力，中共在國際間形成的包圍網，以及我國本身的實力與觀念，所以國人多有外交孤立的挫折感。最近我國的實力與成就受到越來越多國家的肯定，我國朝野亦在觀念與作法上做出許多調整。雖然中共的直接壓力依舊存在，但只要我國上下一心，應該可以逐漸突破中共的包圍網。

至於不利的影響，主要仍來自中共的壓力。在鄧小平所說的八〇年代三大任務中，中共在八〇年代前半期比較著重「反霸」及「四化」[69]。在一九八五年一些中共專家學者甚至很篤定地表示：「美國正在逐步放棄臺灣……它是在且戰且讓，因爲在大陸與臺灣之間，美已做了選擇[70]。」但最近幾年中共漸有危機感，對我叫囂的次數與音調均有提高[71]。天安門事件後更指責我國「煽動民運」「政治登陸」「搞兩個中國」等等[72]。因此，如果中蘇共和解導致南北壓力減輕，中共將更有餘力注意「統一問題」，對我壓力亦將增強，而且多樣化。

此外，對我外交不利的是，如果南北韓情勢不變，我國與大韓民國的邦交將受波及，而國內民心士氣恐亦將受影響。

總的來說，只要我們能認清因為中蘇共正常化而產生的新國際環境的本質，並在政策上繼續調整，那麼這項變化對我們應仍是有利的。

第八節　結　語

國際政治本來就現實。現在中蘇共基於現實的理由而言歸於好。作為一個力量較小的國際成

(69) 在一九八〇年一月十六日講〈目前的形勢與任務〉時，鄧小平強調八〇年代要做的三件事是「反霸」、「統一」、「四化」。一九八二年九月一日在中共十二全大會開幕詞，又改變順序為「四化」、「統一」、「反霸」。見《鄧小平文選》（一九七五—一九八二），（北京：人民出版社，一九八三年），頁二〇三—二〇四，三七二。

(70) 沈允，〈八十年代後半期我國現代化建設的國際政治環境〉，《學習參考資料》，政協湖南省委員會學習委員會辦公室編印，一九八六年。

(71) 拙著，〈中共對臺政策淺析〉，《臺灣春秋》，一九八八年十二月號。

(72) 〈中共對臺發洩積怨〉，《中共問題資料週刊》，第三七四期，一九八九年七月十七日，頁三八—四三。

員，我們似乎更應務實[73]。當然，務實的基本出發點是認淸自己的基本立場與實力，也就是一方面不必劃地自限，一方面不可自我膨脹。在外交上就是，攻其可攻，守其當守。具體的說，在攻的部分，我國可以用外交游擊戰的方式，進行以鄉村包圍城市，向中共既有的陣地搶攻。只要我國力量所及而中共力有未逮的地方，我國就不必拘泥於形式。但在守的部分，我們亦應堅守「一個中國」的立場，避免過份刺激中共，結果過猶不及。

同樣基於務實的理由，我們亦應繼續與中共進行民間往來，降低緊張關係，同時並與蘇聯及其他共黨國家逐步開展貿易關係。儘管基於務實，蘇聯與我國關係的發展有其極限，但也因爲務實，蘇聯應該也會願意在某種程度內與我國開展經貿聯繫。一九八九年五月訪華的莫斯科「世界經濟與國際關係研究所」太平洋部門負責人伊凡諾夫（Vladimir Ivanov）在臺北曾說：「如果臺灣與蘇聯的經濟關係達到臺灣與美國經濟關係的一半的話，我們也會找尋一個模式或觀念來涵

---

[73] 「務實外交」，似爲當前我國學者專家的共識。見丘宏達，〈要「逢山開路」，非「劃地自限」——我國外交政策的檢討與建議〉，《聯合報》，一九八八年七月二十三日，第二版；魏鏞，〈雙重承認與務實外交〉，《中央日報》，一九八九年八月七日，第二版；高英茂，〈開拓國際空間，獲致正面收穫〉，《中國時報》，一九八九年八月八日，第二版；芮正皐，〈「有所爲，有所不爲」與「彈性外交」〉，《中國時報》，一九八八年一月十日，第二版；與《中山社會科學季刊》第四卷第二期（一九八九年六月）多位學者（楊逢泰、林碧炤、吳榮義、顏建發、胡志強、張臺麟、葉振輝、朱志宏、何思因、劉必榮、鄧中堅等）的文章。

括這個關係⑭。」這種先「關係」，後「模式」的做法正是務實外交最好的寫照。面對新的世局，我們似乎也應發揮這種精神來開拓更多的外交領域。

⑭《聯合報》，一九八九年五月二十一日，第十一版。

附錄一　中蘇共關係正常化磋商簡表

次序	時間	地點	中共代表	蘇聯代表
○*	一九七九・九・二七—十二・一	莫斯科	王幼平	伊里契夫
一**	一九八二・十・三—二九	北平	錢其琛	〃
二	一九八三・三・一—十五	莫斯科	〃	〃
三	一九八三・十・四—二九	北平	〃	〃
四	一九八四・三・十二—二六	莫斯科	〃	〃
五	一九八四・十・十八—十一・二	北平	〃	〃
六	一九八五・四・九—二二	莫斯科	〃	〃
七	一九八五・十・四—十八	北平	〃	〃
八	一九八六・四・七—十四	莫斯科	〃	〃
九	一九八六・十・六—十四	北平	〃	羅高壽
十	一九八七・四・十四—二十	莫斯科	〃	〃
十一	一九八七・十・五—十六	北平	〃	〃
十二	一九八八・六・十三—二十	莫斯科	田曾佩	〃

＊此次會議爲中共所提議召開，也是一九六九年以來第一次中共所採取的對蘇外交主動，後因阿富汗事件而中止。

＊＊此爲阿富汗事件後第一次正常化磋商，中蘇共均稱之爲「第一輪磋商」，但在精神上實承續一九七九年的談判。

附錄二　中蘇共關係大事記（一九七九——一九八九）

一九七九年

四月　中共照會蘇聯：「中蘇友好同盟互助條約」將於第二年失效；建議在和平共處五原則上與蘇聯舉行正常化磋商。

六月　蘇聯提議在莫斯科舉行副部長級會談。

九月　伊里契夫與王幼平在莫斯科開始磋商。

十二月　蘇聯入侵阿富汗。

一九八〇年

一月　中共宣佈磋商不宜再繼續。

一月　鄧小平宣佈「反霸、統一、四化」等三大任務。

三月　蘇聯外交部遠東司副司長賈丕才訪問中共。

四月　中共平反劉少奇。

一九八一年

三月　蘇聯建議討論「建立互信措施」。

六月　蘇聯與阿富汗簽訂邊界條約，吞併瓦罕走廊。

九月　蘇聯建議恢復中蘇共邊界談判。

十二月　蘇聯建議恢復科技交流。

一九八二年

三月　布里茲涅夫在塔什干講話時說，蘇聯不否認在中國存在著社會主義制度；不支持兩個中國的概念，完全承認中華人民共和國對臺灣的主權；蘇聯對中國沒有任何領土要求，建議就兩國邊界問題進行談判；主張在不損害第三國利益的前提下商定改善蘇中關係的措施。

三月　中共發言人說：我們注意到塔什干講話。在雙方關係和國際事務中，重視的是蘇聯的實際行動。

九月　布里茲涅夫在巴庫講話時說，蘇中關係正常化和逐步健康化是一件十分重要的事。

十月　中蘇共關於關係正常化問題的第一輪磋商在北京舉行。

十一月　黃華前往莫斯科參加布里茲涅夫葬禮。

十一月　安德洛波夫在蘇共中央全會上說，布里茲涅夫在塔什干和巴庫的講話表達了我們全黨的信念。我們也十分重視中國方面對此的每個積極反應。

一九八三年

二月　胡耀邦會見日本記者時說，中蘇恢復正常關係要解決的唯一問題就是排除障礙的問題。

三月　中蘇共第二輪磋商在莫斯科舉行。雙方就兩國關係正常化問題交換了意見。

六月　趙紫陽在六屆人大一次會議上說，從去年十月開始的中蘇磋商中，中共方面就實現關係正常化提出了積極建議。我們期待著蘇方以實際行動證明其誠意。

八月　安德洛波夫宣佈不把歐洲之飛彈移至亞洲。

十月　中蘇共第三輪磋商在北京舉行。雙方繼續就關係正常化問題交換了意見。

一九八四年

二月　萬里率代表團赴莫斯科參加安德洛波夫葬禮。這是自一九六九年以來中蘇政府領導人的第一次接觸。

三月　中蘇共特使第四輪磋商在莫斯科舉行。

五月　蘇聯臨時取消阿希波夫的訪問計畫。

六月　錢其琛應邀訪蘇。

九月　吳學謙同葛羅米柯在中蘇兩國常駐聯合國代表團駐地舉行兩次會晤，就兩國關係正常化問題交換了意見。這是中蘇外長多年來的第一次正式會見。

十月　中共中央顧問委員會主任鄧小平會見竹入義勝時說，三大障礙不消除，中蘇關係不可能有根本改善。在中蘇之間根本問題解決之前，可以在經濟、文化等領域加強交流和往來。

十月　中蘇共特使第五輪磋商在北京舉行。雙方就中蘇關係正常化問題繼續交換了意見，並表示願意在平等互利基礎上進一步擴大在經貿、科技、文化等領域的聯繫交往。

十二月　蘇聯部長會議第一副主席阿希波夫應邀訪問中國大陸。雙方簽署了中蘇兩國政府經濟技術合作協定、科學技術合作協定和成立中蘇經濟、貿易、科技合作委員會協定。

一九八五年

三月　蘇共中央新任總書記戈巴契夫在蘇共中央全會上說，我們希望同中國的關係能有重大改善。

三月　李鵬率中國政府代表團赴莫斯科參加契爾年柯葬禮。

四月　戈巴契夫會見李鵬時，重申希望蘇中關係得到重大改善。

四月　中蘇共特使第六輪磋商在莫斯科舉行。雙方就中蘇關係正常化問題繼續交換了意見，並表示願意擴大在政治、經貿、科技、文化等領域的聯繫交往。

　　鄧小平答比利時記者問時說，如果同時消除三個障礙在蘇聯方面有困難，可以先從解決其中的一個問題做起。如果蘇聯抱著明智的態度，可以先從使越南從柬埔寨撤軍這件事做起。

五月　蘇聯外交部領事局局長率團至中國大陸進行領事磋商。雙方同意在列寧格勒和上海互設總領事館。

七月　姚依林應邀對蘇聯進行正式訪問。雙方簽署了《中蘇關於一九八六年至一九九〇年交換貨物和付款協定》和《中蘇關於在中國建設和改造工業項目的經濟技術合作協定》。

九月　吳學謙與謝瓦納澤在紐約的蘇聯常駐聯合國代表團駐地會晤。雙方就改善兩國關係問題交換了意見，並互相發出訪問邀請。

十月　中蘇共特使第七輪磋商在北京舉行。

十月　鄧小平通過來訪的希奧塞斯古給戈巴契夫傳話，倡議舉行高峰會晤，但要有條件，那就是蘇聯應促使越南從柬埔寨撤軍。

十月　蘇聯副外長賈丕才應邀訪問中共。

十月　李鵬訪問法、捷、保後回國途中經過莫斯科時，會見了戈巴契夫。雙方就兩國關係等問題交換了意見。

一九八六年

一月　戈巴契夫在蘇共二十七大報告中說，中蘇共關係有了一定改善。雙方合作的潛力是巨大的。

三月　中蘇經濟、貿易、科技合作委員會第一次會議在北京舉行。雙方簽署了《中蘇兩國政府關於互相派遣工程技術人員條件的議定書》。

四月　中蘇共第八輪磋商在莫斯科舉行。雙方繼續就中蘇關係正常化問題交換了意見，並重申願意進一步改善和發展兩國在政治、經濟、科技、文化等領域的關係。

七月　戈巴契夫在海參崴發表講話，表示蘇聯願意在任何時候和在任何層次上同中共最認眞地討論建立睦鄰局勢的補充措施問題；同意按主航道劃分中蘇界河上的邊界線；宣布蘇聯將分階段從阿富汗撤軍，一九八六年年底前從阿富汗撤回六個團；說蘇聯正同外蒙討論從外蒙撤出大部分蘇軍的問題。

八月　中共發言人說，我們注意到了戈巴契夫在海參崴的講話，認爲他講了一些過去沒有講過

九月　的關於改善兩國關係的新話。

九月　鄧小平接受美國電視採訪時說，如果蘇聯能够幫助越南從柬埔寨撤軍，他願意破例地到蘇聯任何地方同戈巴契夫見面。

九月　蘇聯部長會議第一副主席，國家計委主席塔雷津應邀訪問中共。雙方簽署了領事條約和兩國計委關於相互聯繫和合作的協定。

九月　吳學謙與謝瓦納澤在紐約的中共常駐聯合國代表團駐地會晤。

十月　中蘇共第九輪磋商在北京舉行。蘇方特使改為蘇聯副外長羅高壽。雙方繼續討論了關係正常化問題，重申了進一步改善和發展兩國關係的眞誠願望，並商定，將於一九八七年二月在莫斯科恢復副外長級的邊界談判。

一九八七年

一月　蘇聯外交部發言人宣佈，一九八七年四月至六月，蘇聯將把駐紮在外蒙古的一個機動化步兵師和蘇聯某些其他部隊撤回蘇聯。

二月　中蘇共第一輪邊界談判在莫斯科舉行。雙方商定討論中蘇邊界全線走向並從東段開始。

四月　中蘇共第十輪磋商在莫斯科舉行。雙方深入討論了中蘇關係正常化問題及地區衝突。

五月　中蘇共經濟、貿易、科技合作委員會第二次會議在莫斯科舉行。

八月　中蘇共第二輪邊界談判在北京舉行。雙方討論了中蘇東段邊界問題，都主張以有關目前中蘇邊界條約爲基礎，按照通航河流以主航道中心線，非通航河流以河流中心線或主流中心線劃界的原則，合理地解決東段邊界問題。

九月　吳學謙在紐約會見謝瓦納澤。

十月　中蘇共第十一輪磋商在北京舉行。雙方繼續討論了中蘇共關係正常化問題，總結了近五年來中蘇共在各個領域聯繫和交往的情況，就政治解決柬埔寨問題的途徑詳細闡述了各自立場。

十一月　鄧小平會見日本社會黨委員長土井多賀子時說，二、三年前我曾捎信給戈巴契夫，如果他完成了使越南從柬埔寨撤軍，我可以到蘇聯任何一個地方同他會面。但很遺憾，戈巴契夫對越南從柬撤軍問題沒有作出積極的反應。

十一月　戈巴契夫說，蘇聯領導注意到了鄧小平在與土井多賀子的談話中所表達的他準備與蘇共中央總書記會見的願望，這也符合我們的願望，中方認爲這種會見只有在預先消除障礙，首先是解決柬埔寨問題以後才有可能。蘇方認爲，國家領導人之所以要舉行會見，正是爲了討論和解決複雜的雙邊和國際關係問題。

十二月　中共發言人就戈巴契夫十一月二十七日的談話說，我們注意到了他關於中蘇關係的講話，我們關切的是早日消除障礙，特別是解決柬埔寨問題。

十二月　鄧小平會見日本國際貿促會會長櫻內義雄時說，實際上戈巴契夫拒絕了我的願望。他雖說願同我會晤，但反對有任何先決條件，我的說法是有先決條件的，就是蘇聯讓越南從柬埔寨撤軍。

十二月　戈巴契夫答《瞭望》周刊記者問時說，蘇中兩國政治對話在進行，其合乎邏輯的發展是蘇中高級會晤。我們相信只要彼此配合就能找到相互可以接受的解決辦法。

一九八八年

一月　中蘇共邊界談判代表團工作小組在莫斯科舉行第一次會議，開始具體討論中蘇東段邊界線走向問題。

四月　中蘇共邊界談判代表團工作小組在北京舉行第二次會議，討論了中蘇東段邊界線走向問題。

四月　關於政治解決阿富汗問題的協議在日內瓦簽署。協議規定，蘇軍將從五月十五日起，在九個月內全部從阿富汗撤出。

六月　中蘇共經濟、貿易、科技合作委員會第三次會議在北京舉行。雙方簽署了關於建立合營企業的協定和關於直接開展地方貿易的協定。

六月　中蘇共第十二輪磋商在莫斯科舉行。中方特使改為田曾佩。雙方著重討論了柬埔寨問題。蘇方建議，中蘇就柬埔寨問題舉行專門磋商。

八月　田曾佩與羅高壽關於柬埔寨問題的工作會晤在北京舉行。會晤表明，中蘇共雙方在柬埔寨問題上有共同點，也有分歧。雙方都主張柬埔寨問題應該通過政治手段予以公正、合理的解決，並且都表示將盡力促使這個目標實現。

九月　戈巴契夫在克拉斯諾雅斯克講話時，不久前在北京舉行的柬埔寨問題雙邊工作會晤有助於改善蘇中關係，蘇聯今後仍準備協助柬埔寨問題儘快達成協議。他表示願意立即開始籌備蘇中最高層會晤。

九月　錢其琛與謝瓦納澤在紐約會晤，集中討論了柬埔寨問題，雙方對副外長工作會晤結果給予積極評價，蘇方表示願意促使柬埔寨問題的儘早解決。雙方商定，錢其琛將於年內訪蘇，與蘇方繼續討論柬埔寨問題。

十月　鄧小平會見芬蘭總統時說，將來中蘇共關係正常化以後，兩國應在和平共處五項原則基礎上建立新型的政治關係和新型的經濟關係。中蘇共關係正常化不損害同其他國家的關係。

十月　鄧小平會見希奧塞斯古時說，三年前托你帶給戈巴契夫的口信看來有成果。可能明年能夠實現中蘇高層會晤。

十月　中蘇共第三輪邊界談判在莫斯科舉行。雙方就中蘇共邊界東段大部分地段的邊界線走向取得了一致意見，對尚未取得一致意見的地段將繼續討論。雙方還討論了西段邊界問題，並商定成立西段工作小組。

十二月　錢其琛應邀訪蘇。這是一九五七年以來中共外長第一次正式訪蘇。這次訪問是高峰會晤準備工作的一部分。

十二月　戈巴契夫在聯大宣佈蘇聯單方面裁軍決定時說，蘇聯在兩年之內將大大減少其亞洲本土部分的軍隊，並將從外蒙古撤回駐紮在那裏的大部分蘇軍。

一九八九年

二月　謝瓦納澤訪問中共。

五月　鄧戈高峰會議。

※資料來源：《世界知識》，一九八九，三月，十一—十四頁；*Asian Security* 系列；*Strategic Survey* 系列；*Foreign Affairs*: America and The World 系列；*China Quarterly*: Quarterly Chronicle 系列；*Current History* 九、十月號系列等。

附錄三 「中蘇聯合公報」

一、應中華人民共和國主席楊尚昆的邀請，蘇聯最高蘇維埃主席團主席、蘇共中央總書記米謝·戈爾巴喬夫於一九八九年五月十五日至十八日對中華人民共和國進行了正式訪問。鄧小平主席與戈爾巴喬夫主席於五月十六日在北京舉行了會晤。兩位領導人就中蘇兩國關係和共同關心的國際問題交換了意見。

楊尚昆主席、中共中央總書記趙紫陽、中華人民共和國國務院總理李鵬分別同戈爾巴喬夫主席舉行了會見和會談。

二、中蘇兩國領導人認爲就中蘇兩國關係問題交換意見是有益的。雙方一致認爲，中蘇兩國國家關係正常化。這符合兩國人民的利益和願望，有助於維護世界的和平與穩定。中蘇關係正常化不針對第三國，不損害第三國利益。

三、雙方聲明，中華人民共和國和蘇維埃社會主義共和國聯盟將在互相尊重主權和領土完整、互不侵犯、互不干涉內政、平等互利、和平共處的國與國之間關係的普遍原則基礎上發展相互關係。

四、中蘇雙方願意通過和平談判解決兩國之間的一切爭端，相互不以任何形式，包括不利用同對方接壤的第三國的領土、領水和領空使用武力或以武力相威脅。

中蘇兩國認爲，嚴格做到上述各點，有助於增加相互之間的信任和建立兩國之間的睦鄰友好關係。

五、中蘇兩國領導人確認了一九八九年二月六日兩國外長關於柬埔寨問題的聲明，並考慮到事態的進一步發展，就解決柬埔寨問題全面深入地交換了意見。

雙方注意到越南軍隊在有效的國際監督下於一九八九年九月底以前全部從柬埔寨撤出的決定。

中蘇雙方關心並認爲必要的是，在越南全部撤軍後在柬埔寨不發生內戰，並認爲未來的柬埔寨應成爲獨立、和平、中立、不結盟的國家。爲此，雙方支持實行柬埔寨四方參加的民族和解。

中方主張在越南全部撤軍後至大選結束前的過渡時期在柬埔寨建立以西哈努克親王爲首的四方臨時聯合政府。蘇方主張柬埔寨內部問題，包括在國際監督下籌組大選，應由柬埔寨人自己解決。蘇方歡迎加緊高棉之間的對話，願意支持柬埔寨各派就解決柬埔寨問題的各個方面所達成的任何協議。

雙方將尊重柬埔寨人民在國際監督下進行大選的結果。雙方認爲，隨著越南軍隊從柬埔寨撤出，有關各國對柬埔寨任何一方的軍事援助都應逐步減少，直至完全停止。

雙方主張儘快召開柬埔寨問題的國際會議。

中蘇雙方重申將繼續努力，促進儘早公正合理地政治解決柬埔寨問題，雙方同意就解決柬埔寨問題，包括雙方仍存在分歧的問題繼續進行討論。

六、雙方同意採取措施將中蘇兩國邊境地區的軍事力量裁減到與兩國正常睦鄰關係相適應的最低水平，並爲在邊境地區加強信任、保持安寧作出努力。

中國方面對蘇方宣佈從蒙古人民共和國撤出百分之七十五的蘇聯駐軍表示歡迎，並希望其餘的蘇聯軍隊在一個較短的期限內全部從蒙古撤走。

七、雙方主張以有關目前中蘇邊界的條約爲基礎，根據公認的國際法準則，本著平等協商、互諒互讓的精神，公正合理地解決歷史遺留下來的中蘇邊界問題。

根據上述原則，中蘇兩國領導人商定加緊討論尚未協商一致的中蘇邊界地段，以制定相互都能接受的同時解決東西兩段邊界問題的辦法。他們委託兩國外長在必要時專門討論邊界問題。

八、中蘇兩國將在平等互利的原則基礎上積極而有計畫地發展經濟、貿易、科技和文化等領域的關係，增進兩國人民之間的瞭解和往來。

九、雙方認爲兩國在社會主義建設和改革方面交流情況與經驗，並就雙邊關係和共同關心的國際問題交換意見是有益的。雙方在某些問題上的分歧不應妨礙兩國關係的發展。

十、中蘇雙方同意，中國共產黨和蘇聯共產黨將根據獨立自主、完全平等、互相尊重、互不干涉內部事務的原則進行接觸和交往。

十一、中國方面重申：臺灣是中華人民共和國領土不可分割的一部分。中國方面堅決反對旨在製造「兩個中國」、「一中一臺」或「臺灣獨立」的任何企圖。

蘇聯方面支持中國政府的這一立場。

十二、中國方面重申，中華人民共和國奉行獨立自主的和平外交政策，堅持不同任何國家結盟的原則立場。

蘇聯方面聲明，蘇聯外交政策以和平是最高價值觀念爲出發點，始終不渝地力求實現包括核裁軍在內的實際裁軍；認爲各國的安全不能靠損害別國來保障。主張優先考慮全人類的價值以及不同社會經濟體系在自由選擇和利益均衡條件下進行和平競賽。

十三、雙方聲明，中蘇兩國任何一方都不在亞洲和太平洋地區以及世界其他地區謀求任何形式的霸權。中蘇兩國認爲在國際關係中應當摒棄任何國家把自己的意志強加於人和在任何地方謀求任何形式的霸權的企圖和行動。

十四、雙方認爲，和平與發展已成爲當代世界兩個最重大的問題。雙方對長期緊張的國際形勢出現緩和表示歡迎，並積極評價世界各國爲裁減軍備和緩和軍事對抗作出的努力以及在解決各個地區衝突方面取得的進展，雙方表示願意在這方面各自繼續作出努力。中蘇雙方主張提高聯合國的威望，支持聯合國在國際事務、裁軍、解決全球性問題以及地區衝突方面發揮更大的作用。世界所有國家，不論大小和強弱，都有權平等參與國際生活。

十五、雙方對世界經濟形勢，特別是發展中國家經濟狀況惡化、南北差距拉大、債務問題愈益嚴重表示關切。雙方認爲迫切的是，在考慮各國人民利益和平等互利的基礎上建立國際經濟新秩序。

十六、雙方認爲，解決全球性經濟、社會、人口、生態等問題對維護和發展世界文明、對全人類生活的質量具有重要意義。雙方聲明，有必要提高國際社會、聯合國和其他國際機構對這些問題的注意力，並尋找相互協調的辦法來緩和和解決這些問題。

十七、中蘇兩國認爲有必要促進國際關係的根本健康化。爲此，中方主張在和平共處五項原則基礎上建立國際政治新秩序，蘇方主張在國際關係中確立政治新思維。每方對目前國際關係的認識體現在上述各自的主張和構想中。

十八、雙方認爲，兩國領導人之間的接觸和對話是重要的，並打算今後繼續下去。戈爾巴喬夫主席以蘇聯領導的名義邀請鄧小平、楊尚昆、趙紫陽、李鵬同志正式訪問蘇聯。中國方面對邀請表示感謝。

一九八九年五月十八日　北京

*資料來源：《人民日報》，一九八九年五月十九日，頁一。

參考書目（僅包括書籍、期刊論文、博、碩士論文，而不包括所有引用或未引用之報紙文章）

一、中文書籍（包括在臺灣、大陸、香港出版的中文書籍）

中華民國俄羅斯語文研究學會，《蘇聯學》（臺北：中華民國俄羅斯語文研究學會，民國七十六年）

中華人民共和國外交部外交史編輯室編，《中國外交概覽》（北京：世界知識出版社，一九八七年）

中國社會科學院近代史研究所，《沙俄侵華史》（北京：人民出版社，一九七八年）

中國社會科學院文獻情報中心編，《俄蘇中國學手册》（北京：中國社會科學出版社，一九八六年）

王聿均，《中蘇外交的序幕》（臺北：中央研究院近代史研究所，民國六十七年）

王懷寧主編，《二〇〇〇年的中國國際環境》（北京：中國社會科學出版社，一九八七年）

沈雲龍，《中國近代史大綱》（臺北：文海出版社，民國五十八年）

吳相湘，《俄帝侵略中國史》（臺北：正中書局，一九七三年）

武士嵩，《中俄共關係之評析》（臺北：黎明，民國七十一年）

林恩顯主編，《國際中國邊疆學術會議論文集》（臺北：政治大學，一九八五年）

胡爲眞，《從莫斯科廣播看蘇聯對華政策》（臺北：國研中心，民國六十七年）

張玉法，《中國近代現代史》（臺北：東華書局，一九八九年）

郭華倫，《中共史論》（臺北：國研中心，一九八二年）

畢英賢主編，《蘇聯》（臺北：國研中心，民國七十八年）

曹伯一，《中共與中國之適應與衝突》（臺北：臺灣省訓練團，民國七十五年）

章孝嚴，《珍寶島事件及匪俄關係》（臺北：黎明，民國六十七年）

劉經巖，戈巴契夫執政後中蘇共關係正常化之研究：一九八五—八九（臺北：政大外交研究所碩士論文，民國七十九年）

黎東方，《中國近代史》（臺北：復興書局，民國五十六年）

韓念龍主編，《當代中國外交》（北京：中國社會科學出版社，一九八七年）

蕭耀先、劉峻譯，《戈爾巴喬夫傳》（北京：國際文化出版公司，一九八七年）

二、中文論文（包括在臺灣、大陸、香港出版的中文論文）

木其，〈蘇聯在太平洋區的軍事擴張〉，《南北極》，一九八五年七月，第一八二期。

王幼平，〈在中國駐外使節會議上的講話〉，《廣角鏡》，一九八〇年四月，第九十一期。

王守海，〈振興經濟的課題、藍圖和實踐〉，《社會科學戰線》，一九八六年，第二期。

王林，〈新技術革命與經濟外交〉，《國際問題研究》，一九八七年，第四期。

王承宗，〈北平與莫斯科關係正常化之探討〉，《中國大陸研究》，民國七十八年一月，第三十一卷第七期。

王愛珠，〈蘇聯東歐國家體制改革的經驗〉，《社會科學戰線》，一九八七年五月。

尹慶耀，〈中共、蘇聯關係的走向〉，《問題與研究》，民國七十六年三月。

尹慶耀，〈外蒙與中蘇共關係〉，《問題與研究》，民國七十六年五月。

尹慶耀，〈戈巴契夫執政後的蘇聯〉，《問題與研究》，民國七十六年八月。

尹慶耀，〈回顧中共蘇聯的高峰會議〉，《問題與研究》，民國七十七年四月。

尹慶耀，〈展望中共蘇聯的高峰會議〉，《問題與研究》，民國七十七年五月。

尹慶耀，〈戈巴契夫的政治體制改革〉，《問題與研究》，民國七十七年九月。

尹慶耀，〈中蘇邊界問題與「中」一蘇關係〉，《中國大陸研究》，民國七十七年十二月，第三十一卷第六期。

方雪純，〈新留俄派在中共政壇的崛起〉，《匪情月報》，民國七十四年一月，第二十七卷第七期。

毛維凌，〈亞太經濟整合之新趨勢〉，《美國月刊》，一九八九年八月，第四十期。

加貝，〈戈爾巴喬夫的亞太政策〉，《國際問題研究》，一九八七年，第二期。

加貝，〈三年來的蘇聯對日政策及發展趨向〉，《國際問題研究》，一九八八年，第一期。

安平哲二，〈中共與蘇聯經濟關係與邦交正常化〉，《匪情月報》，民國七十二年四月，第二十五卷第十期。

朱沅，〈中蘇經濟改革面面觀〉，《爭鳴》，一九八四年十二月，第八十六期。

朱原，〈從戈爾巴喬夫上臺看中蘇關係〉，《爭鳴》，一九八五年四月，第九十期。

朱新民，〈中共「獨立自主」對外政策的剖析〉，《匪情月報》，民國七十三年五月，第二十六卷第十一期。

朱新民，〈中共對外政策的轉變與持續〉，《東亞季刊》，民國七十四年一月，第十六卷第三期。

朱瑞眞、單令魁，〈蘇聯的新政治思維與對外政策調整〉，《國外政治學》（北京），一九八七年三月。

宋心敏，〈從世界潮流看國際形勢〉，《國際問題研究》，一九八七年第一期。
宋心敏，〈美蘇間的鬆動和國際關係的深刻變化〉，《國際問題研究》，一九八八年，第一期。
辛平，〈我國獨立自主的和平外交政策取得豐碩成果〉《中國人民大學報刊資料選匯》，一九八六年二月。
辛頓，〈當前中國大陸外交政策之詮釋〉，《匪情月報》，民國七十三年八月，第二十七卷第二期。
李正平，〈美中蘇三角的現勢與前瞻〉，《中報月刊》，一九八六年二月。
李琮，〈八〇年代世界經濟發展中的若干問題〉《世界經濟》，一九八二年，第十一期。
李淑，〈簡評抗日戰爭時期共產國際、蘇聯同中國的關係〉，《南京師大學報》，社科版，一九八五年四月。
李連仲、朱雍，〈讓亞太地區成爲未來世界經濟中心的原因〉，《社會科學》，一九八七年三月。
李凝，〈更加緊張動盪的一年〉，《國際問題研究》，一九八三年，第一期。
杜小強，〈是兩權還是多權？〉《世界知識》（北京），一九八七年，第十四期。
沈允，〈八〇年代後半期我國現代化建設的國際政治環境〉，學習參考資料，一九八五年，第三期。

吳耀輝，〈蘇聯東歐國家政治體制改革的歷史考察〉，《社會科學戰線》，一九八七年八月。

邢書綱、李允華、劉英娜，〈蘇美力量對比及其對八〇年代國際局勢的影響〉，《國際問題研究》，一九八三年，第一期。

谷繼，〈戈爾巴喬夫海參崴講話初析〉，《國際問題資料》，一九八六年，第十六期。

陀陀，〈中蘇關係前景之我見〉，《中報月刊》，一九八一年九月。

周祉元，〈評析中共與蘇俄第五回合談判〉，《匪情月報》，民國七十三年十二月，第二十七卷第六期。

周祉元，〈現階段中共與東歐各國關係〉，《匪情月報》，民國七十四年一月，第二十七卷第七期。

周祉元，〈最近中共與日本外交關係的演變〉，《中國大陸研究》，民國七十六年十月，第三十卷第四期。

周祉元，〈中蘇共高層會談及未來走向〉，《中共問題資料週刊》，一九八九年五月，第三六七期。

周慈朴，〈鄧小平與西哈努克會見記〉，《瞭望》，一九八三年，第三期。

林碧炤、趙春山，〈中蘇共高峰會議對國際局勢與我國的影響〉，《亞洲與世界文摘》，一九八九年六月，第十卷第六期。

林燕文，〈當前中共與美國經貿關係〉，《中共問題資料週刊》，民國七十六年五月，第二六二期。

明驥，〈中俄尼布楚條約三百週年紀念——兼論對蘇聯外交關係的企劃與研究〉，《俄語文摘月刊》，民國七十九年一—三月，第二〇七—二〇九期。

金君暉，〈里根政府的對外政策〉，《國際問題研究》，一九八二年，第一期。

金凝，〈美國與中共對臺統戰——中美斷交十年的回顧與展望〉，《中國大陸研究》，民國七十七年十二月，第三十一卷第六期。

金鐘，〈中蘇越三角關係的變化〉，《九十年代》，一九八五年四月，第一八三期。

施魯佳，〈美國對蘇政策基本格局未變〉，《瞭望》（北京），一九八六年，第五十二期。

柯力蓀，〈和蘇聯官員談中蘇關係〉，《廣角鏡》，一九八五年一月。

活之，〈蘇聯眞的會侵略中國嗎？〉，《中報月刊》，一九八四年五月號。

胡志強，〈中蘇共高峰會談與我國外交政策〉，《中山社會科學季刊》，一九八九年六月，第四卷第二期。

洪茂雄，〈趙紫陽訪問東歐五國之分析〉，《中國大陸研究》，一九八八年八月。

郝致誠，〈中共少數民族政策與民族問題〉，《匪情月報》，民國七十二年九月，第二十六卷第三期。

唐天日，〈河內和莫斯科的二重唱〉，《瞭望》，一九八六年二月十日，第六期。
祖立，〈中蘇關係：需要排除障礙〉，《世界知識》，一九八二年，第二十四期。
徐民和、楊瑞敏，〈黨中央關心著中年知識份子〉，《新華月報》，一九八二年七月。
徐有威，〈中國大革命期間蘇聯的軍事援助〉，《復旦學報》，一九八五年，第六期。
耿明俊，〈美蘇全球戰略的調整與國際戰略格局的演變〉，《齊齊哈爾師範學院學報》，一九八七年二月。
畢英賢，〈蘇聯對中國的研究素描〉，《時報雜誌》，一九八二年九月，第一四六期。
畢英賢，〈阿爾希波夫訪問大陸分析〉，《匪情月報》，民國七十四年一月，第二十七卷第七期。
畢英賢，〈蘇聯亞太政策新動向〉，《問題與研究》，一九八六年九月。
畢英賢，〈戈巴契夫上臺後的蘇聯與中共關係〉，《問題與研究》，一九八七年七月。
畢英賢，〈中蘇共高峰會晤〉，《問題與研究》，一九八九年六月，第二十八卷第九期。
畢英賢，〈蘇聯的改革與亞太政策〉，《問題與研究》，一九八九年十月。
奚婁仁，〈對日本從「經濟大國」走向「政治大國」問題的探討〉，《國際問題研究》，一九八七年，第四期。
唐修哲，〈就國際局勢、蘇美關係和蘇聯改革等問題，戈爾巴喬夫答本刊記者問〉，《瞭望》週刊海外版，一九八八年一月十一日。

宦鄉，〈展望一九八六年國際形勢〉，《瞭望》（北京），一九八六年一月八日。

宦鄉，〈一年來的中美關係〉，《瞭望》週刊海外版，一九八八年一月十一日。

孫維熙、凌德權，〈中蘇貿易的現狀和前景〉，《瞭望》，一九八四年十二月十七日，第五十一期。

凌德權，〈蘇越聯盟損害第三國〉，《瞭望》，一九八四年七月二日，第二十七期。

郗藩封，〈中蘇邊境貿易的恢復和發展〉，《國際貿易問題》，一九八八年，第二期。

陳一新，〈評鮑大可近著《中共外交政策之制定》〉，《中國大陸研究》，民國七十五年十月，第二十九卷第四期。

陳啟達，〈從日本與亞太國家經濟關係看二〇〇〇年的亞太經濟前景〉，《現代國際關係》，一九八七年，第三期。

陳雄，〈阿富汗問題和克里姆林宮面臨的選擇〉，《國際問題研究》（北京），一九八七年二月。

陸大有，〈中共與印度共黨關係正常化〉，《中共問題資料週刊》，一九八八年四月二十五日，第三一一期。

陸大有，〈中蘇共關係加速正常化〉，《中共問題資料週刊》，一九八九年三月十三日，第三五

六期，

莊去病、金君暉、李凝，〈對〈核武器和大西洋聯盟〉一文的若干看法〉，《國際問題研究》，一九八三年，第三期。

張虎，〈中共「一邊倒」外交政策之背景與形成〉，《匪情月報》，民國七十四年二月，第二十七卷第八期。

張虎，〈中共與蘇聯關係之發展與限度〉，《中國大陸研究》，民國七十六年六月，第二十九卷第十二期。

張虎，〈論中共對「兩霸」的政策選擇〉，《匪情月報》，民國七十二年十月，第二十六卷第四期。

張虎，〈論共黨集團「國家」利益與兄弟國友誼〉，《匪情月報》，民國七十四年五月，第二十七卷第十一期。

張岩貴、洗國明，〈試論我國對外開放的局限性與跨國公司的對華投資〉，《南開學報》，一九八七年，第五期。

張時傳，〈年來國際形勢諸端〉，《華聲報》（北京），一九八五年十二月二十四日。

張雅君，〈從區域層面論中共的安全政策〉，《匪情月報》，民國七十二年十二月，第二十六卷第六期。

張雅君，〈「十三大」後的中共外交政策取向〉，《中國大陸研究》，民國七十七年二月，第三十卷第八期。
張雅君，〈蘇軍撤離阿富汗與中蘇共關係〉，《中國大陸研究》，民國七十七年七月，第三十一卷第一期。
張雅君，〈外交〉，吳安家主編，《中共政權四十年的回顧與展望》，政大國研中心，民國七十九年。
張震、榮植，〈略論蘇聯的緩和政策〉，《國際問題研究》，一九八二年，第四期。
啟亞、周紀榮，〈反對霸權主義鬪爭的幾個突出問題〉，《現代國際關係》，一九八一年，第一期。
笠原正明，〈改革、開放政策下的中共外交〉，《中國大陸研究》，民國七十五年四月，第二十八卷第十期。
康寧，〈亞太地區形勢的回顧與前瞻〉，《國際問題資料》，一九八六年，第二十二期。
梅榮政，〈蘇聯社會政治體制發展的基本方針〉，《武漢大學學報》，一九八六年，第六期。
許維新，〈蘇聯一九八六—二〇〇〇年區域經濟發展戰略〉，《社會科學戰線》，一九八七年，第二期。
陸德昭，〈論蘇俄與聯美何者最符合當前國家利益？〉，《南北極》，一九八二年八月，第一四七期。
陳慧君，〈蘇聯經濟體制改革：歷史與現狀〉，《現代國際關係》，一九八七年，第二期。
喬一名，〈解凍中的中共與外蒙關係〉，《中國大陸研究》，民國七十七年十一月，第三十一卷第五期。
湯水富，〈且看蘇軍何時撤出阿富汗〉，《瞭望》（北京），一九八七年十二月。
黃書海，〈錢其琛縱談和平與裁軍問題〉，《世界知識》（北京），一九八七年八月。
黃庭煒、汪于鱗、周紀榮、王玲，〈對國際形勢發展中幾個問題的看法〉，《現代國際關係》，一九八七年，第二期。
紫虛，〈蘇聯今年外交攻勢的重點似在亞洲〉，《宣傳手册》（北京），一九八七年四月。
費順廉，〈一九八七年我國外貿發展與一九八八年展望〉，《國際貿易》，一九八八年，第一期。
楊文達，〈蘇聯對外經濟聯繫的調整和改革〉，《現代國際關係》，一九八七年四月。
義立，〈逆歷史潮流者必敗〉，《紅旗》，一九八一年，第二十四期。
葉伯棠，〈析雷根總統大陸之行〉，《匪情月報》，民國七十三年五月，第二十六卷第十一期。
葉伯棠，〈當前中共的和平共處外交政策〉，《匪情月報》，民國七十三年十月，第二十七卷第四期。

葉伯棠，〈毛澤東死後中共與蘇聯關係的發展〉，《東亞季刊》，民國七十四年四月、七月，第十六卷第四期、第十七卷第一期。
葉伯棠，〈當前中共、美國與蘇聯三角關係之發展〉，《中國大陸研究》，民國七十五年十一月，第二十九卷第五期。
楊灿英，〈「星球大戰」計畫與美國經濟〉，《南開學報》，一九八七年，第五期。
楊雲若、楊奎松，〈一九二八—一九四三年間共產國際和中國革命關係的若干研究課題〉，《教學與研究》（北京，中國人民大學），一九八六年一月。
齊濤，〈中共對日貿易現況與其問題〉，《匪情月報》，民國七十三年十一月，第二十七卷第五期。
漆山成美，〈關於西方國家對中共政策的探討〉，《匪情月報》，民國七十四年四月，第二十七卷第十期。
窩打老人，〈試論美蘇中三角關係——兼評列根的對華政策〉，《中報月刊》，一九八二年十一月。
趙春山，〈蘇聯繼承問題之研究——論克里姆林宮的權力轉移〉，《東亞季刊》，民國七十三年四月。
趙春山，〈論蘇聯「已發展社會主義社會」中的共黨角色〉，《東亞季刊》，民國七十四年四月，第十六卷第四期。

趙倩，〈日蘇對趙紫陽訪美的反映〉，《匪情月報》，民國七十三年二月，第二十六卷第八期。

趙倩，〈中韓俄共關係近貌〉，《中國大陸研究》，民國七十四年十月，第二十八卷第四期。

趙倩，〈中蘇共和解與東北亞情勢〉，《中國大陸研究》，民國七十七年十一月，第三十一卷第五期。

廖淑馨，〈外蒙驅華事件與匪蒙關係〉，《匪情月報》，民國七十二年八月，第二十六卷第二期。

鄧小平，〈處理兄弟黨關係的一條重要原則〉，《鄧小平文選》，一九八〇年五月三十一日。

鄧小平，〈目前的形勢與任務〉，《鄧小平文選》，一九八三年。

劉大年，〈中國近代史研究現況〉，《近代史研究》，一九八〇年，第二期。

劉必榮，〈「反資產階級自由化」與中共外交〉，《中國大陸研究》，民國七十六年五月，第二十九卷第十一期。

劉亨，〈中蘇談判的實況與檢討〉，《中報月刊》，一九八二年九月號。

劉邦厚，〈江東六十四屯的「犁界」之爭及「蘇忠阿墾地」事件〉，《社會科學戰線》，一九八五年，第二期。

劉勝驥，〈中共對美國談判策略〉，《中國大陸研究》，民國七十七年二月，第三十卷第八期。

黎洪，〈試論我黨「八大」的偉大歷史意義〉，《歷史研究》，一九七九年，第四期。
鄭春城，〈略論當代帝國主義的腐朽性〉，《厦門大學學報》，一九八七年，第四期。
鄭爲之，〈我國獨立自主的和平外交政策〉，《國際問題研究》，一九八四年，第四期。
鄭彪，〈我國實行對外開放政策的理論依據〉，《社會科學戰線》，一九八六年，第三期。
盧子健，〈蘇聯新一代接班，中蘇關係何去何從?〉《廣角鏡》，一九八五年四月。
穆廣仁，〈美國當前對華政策〉，《半月談》，一九八一年，第十六期。
錢學明，〈中美蘇關係中的日本〉，《日本問題》（北京），一九八七年二月。
謝小川，〈蘇美爭奪的新特點〉，《世界知識》，一九八三年，第三期。
薛君度，〈中蘇關係展望——重訪蘇聯觀感之一〉，《中報月刊》，一九八二年十月。
薛君度，〈從莫斯科看中蘇關係〉，《中報月刊》，一九八五年十二月。
薛謀洪，〈我國外交的新局面〉，《紅旗》，一九八六年六月。
龍舒甲，〈論蘇日「北方領土問題」之爭議〉，《問題與研究》，一九八九年六月，第二十八卷第九期。
魏守嶽，〈蘇聯意識型態與蘇聯對外政策〉，《東亞季刊》，民國七十二年四月與七月，第十四卷第四期，與第十五卷第一期。
魏守嶽，〈蘇聯對第三世界衝突的軍事觀點的研究〉，《東亞季刊》，民國七十四年四月與七月，第十六卷第四期與第十七卷第一期。

魏艾，〈論中共的對外經濟開放政策〉，《匪情月報》，民國七十三年十月，第二十七卷第四期。

魏艾，〈近年來美國與中共間的技術貿易〉，《中國大陸研究》，民國七十六年十二月，第三十卷第六期。

魏艾，〈美國高技術產品對中共之出口〉，《中國大陸研究》，民國七十七年一月，第三十卷第七期。

魏艾，〈外商對中國大陸的直接投資——以美國爲例〉，《中國大陸研究》，民國七十七年三月，第三十卷第九期。

顏聲毅，〈軍備競賽和八十年代美蘇戰略態勢〉，《社會科學戰線》，一九八七年六月。

譚實，〈阿爾希波夫將訪問我國〉，《世界知識》，一九八四年，第九期。

蘇起，〈中共對臺政策淺析〉，《臺灣春秋》，一九八八年十二月號。

蘇起，〈蘇聯對中共政策中維吾爾人所扮演的角色〉，《國際關係學報》第五期，一九八三年十二月。

蘇起（舒漢生），〈是中國人就不應該紀念史達林〉，《留學生的十字架》（波士頓通訊選集），時報文化公司，一九八二年。

蘇起，〈蘇聯中共問題專家的政策影響力〉，《亞洲與世界文摘》，民國七十四年二月。

蘇起，〈戰略三角與中共對蘇政策〉，《中國大陸研究》，民國七十九年九月。

蘇紹智，〈從國際上發展戰略的討論看我國制定發展戰略應研究的問題〉，《社會科學戰線》，一九八二年，第一期。

顧關福，〈蘇聯的新政治思維〉，《現代國際關係》，一九八七年，第四期。

三、英文書籍（不包括蘇聯學者的英文著作）

Barnett, A. Doak, *The Making of Foreign Policy in China* (Boulder, Colorado; Westview, 1985)

Barnett, A. Doak, *The Making of Foreign Policy in China: Structure and Process* (Washington DC: The Johns Hopkins Foreign Policy Institute, SAIS, 1985)

Brandt, Conrad, *Stalin's Failure in China* (Cambridge, MA, 1958)

Brzezinski, Zbigniew, *The Grand Failure* (New York, MacMillan Co., 1990)

Chang, Gordon, *Friends and Enemies: The U. S., China and the Soviet Union, 1948-1972* (Stanford, CA: Stanford Univ. Press, 1990)

Chang, Jaw-ling Joanne, *United States-China Normalization: An Evaluation of Foreign Policy Decision-Making* (Denver, Colorado: University of Denver, Monograph

Series in World Affairs, 1986)

Clubb, O. Edmund, *China & Russia: The "Great game"* (New York, NY: Columbia University Press, 1971)

Crankshaw, Edward, *The New Cold War: Moscow vs. Pekin* (Baltimore, MD: Penguin, 1963)

Day, Alan ed., *China and the Soviet Union: 1949-1984, Keesing's International Studies* (Essex, England: Longman House, 1985)

Day, Alan ed., *China and the Soviet Union: 1949-1984, Keesing's International Studies* (London : Eastern Press, 1985)

Deibel, Terry & Gaddis, John Lewis eds., *Containment : Concept and Policy* (Washington DC : National Defence University Press, 1986)

Carrere d'Encausse, H'elene, *Decline of an Empire : The Soviet Socialist Republics in Revolt* (New York: Harper & Row, 1979)

Doder, Dusko, *Shadows and Whispers: Power Politics Inside the Kremlin from Brezhnev to Gorbachev* (New York : Penguin, 1988)

Eisen, Jonathan, ed; *The Glasnost Reader* (New York: Plume, 1990)

Ellison, Herbert J. ed., *The Sino-Soviet Conflict: A Global Perspective* (Washington DC: University of Washington Press, 1982)

Fingar, Thomas, ed., *China's Quest for Independence: Policy Evolution in the 1970s* (Boulder, Colorado: Westview Press, 1980)

Gates, Robert, *Soviet Sinology: An Untapped Source for Kremlin Views and Disputes Relating to Contemporary Events in China* (Georgetown University Ph. D. Dissertation, 1974)

Gelman, Harry, *The Politburo's Management of its America Problem* (Santa Monica, CA: Rand Co. R-2707-NA, April 1981)

Gelman, Harry, *The Present Stage in Sino-Soviet Relations* (Washington DC: Kennan Institute for Advanced Russian Studies, February 1984)

Gelman, Harry, *The Soviet Union and China* (Santa Monica, CA : Rand P-6465, March 1980)

Ginsburgs, George and Pinkele, Carl F., *The Sino-Soviet Territorial Dispute, 1949-64* (New York, NY : Praeger Publishers, 1978)

Goldman, Marshall I., *Gorbachev's Challenge* (New York: W. W. Norton, 1987)

Gong, Gerrit W., Angela E. Stent and Rebecca V. Strode, *Areas of Challenge for Soviet Foreign Policy in the 1980s* (Georgetown University, 1984)

Griffith, William E., *Albania and the Sino- Soviet Rift* (Cambridge, MA: MIT Press, 1963)

Griffith, William E., *The Sino-Soviet Rift* (Cambridge, MA: The M. I. T. Press, August 1964)

Griffith, William E., *Sino-Soviet Relations: 1964-1965* (Cambridge, MA: MIT Press, 1967)

Grinter, Lawrence E. and Young Whan Kihl, *East Asian Conflict Zones* (New York, NY: St. Martin's Press, 1987)

Harding, Harry, *China's Second Revolution: Reform After Mao* (Washington DC: Brookings, 1987)

Harris, Lillian Craig and Worden, Robert, eds., *China and the Third World* (Dover, MA: Auburm House, 1986)

Hart, Thomas G., *Sino-Soviet Relations: Re-examining the Prospects for Normalization* (Brookfield, Vermont: Gower Publishing Company)

Hart, Thomas, *Sino-Soviet Relations: Re-examining the Prospects for Normalization* (Hants, England: Gower Company, 1987)

Hinton, Harold D., *The Bear at the Gate: Chinese Policymaking under Soviet Pressure* (Washington DC: American Enterprise Institute for Public Policy Research, 1972)

Hinton, Harold C., *The Sino-Soviet Confrontation: Implications for the Future* (New York, NY: Crane, Russak & Company, Inc., 1976)

Huan Guo-cang, *Sino-Soviet Relations to the Year 2000: Implications for U. S. Interests* (Washington DC: The Atlantic Council of the United States, 1986)

Hoffman, Stanley, *Primacy or World Order: American Foreign Policy Since the Cold War* (New York: McGraw-Hill Company, 1978)

Hough, Jerry and Fainsod, Merle, *How The Soviet Union Is Governed?* (Cambridge, MA: Harvard University Press, 1979)

Hough, Jerrry F., *Soviet Leadership in Transition* (Washington DC: Brookings, 1980)

Hough, Jerry, *Russia and the West: Gorbachev and the Politics of Reform* (New York: Simon & Schuster, 1990)

Jackson, W.A. Douglas, *Russo-Chinese Borderlands: Zone of Peaceful Contact or*

Potential Conflict (Princeton, NY: D. Van Nostrand Company, Inc., 1962)

Jacobsen C. G., *Sino-Soviet Relations Since Mao: The Chairman's Legacy* (New York, NY: Praeger Publishers, 1981)

Jervis, Robert, *The Logic of Images in International Relations* (Princeton: Princeton University Press, 1970)

Jo, Young-hwan and Pi, Ying-hsien, *Russia Versus China and What Next?* (Lanham, MD: University Press of America, Inc., 1980)

Keesing's Research Report, No. 3, *The Sino-Soviet Dispute* (New York: Charles Scribner's Sons, 1969)

Kerblay, Basile, *Gorbachev's Russia* (New York, Pantheon, 1989)

Kim, Ilpyong J. ed., *The Strategic Triangle: China, the United States and the Soviet Union* (New York, NY: Paragon House, 1987)

Kim, Samuel, *China and the World* (Boulder, Colorado: Westview, 1984)

Kirby, E. Stuart, *Russian Studies of China* (Totowa, N. J.: Rowman and Littlefield, 1975)

Kissinger, Henry, *White House Years* (Boston: Little, Brown & Co., 1979)

Klochko, Mikhail A., *Soviet Specialist in Red China* (New York: Praeger, 1964)

Kulski, W.W., *The Soviet Union in World Affair* (Syracuse, NY: Syracuse University Press, 1973)

Lieberthal, Kenneth G., *Sino-Soviet Conflict in the 1970s: its Evolutions and Implications for the Strategic Triangle* (Santa Monica, CA: Rand Company, July 1978)

Low, Alfred D., *The Sino-Soviet Confrontation Since Mao* (New York: Columbia University Press, 1987)

Lynn-Jones, Sean M. Miller, Steven E. and Evera, Stephen Van, eds., *Soviet Military Policy* (Cambridge, MA: MIT Press, 1989)

Lynch, Allen, *The Soviet Study of International Relations* (Cambridge, MA: Cambridge University Press, 1987)

Medvedev, Roy Aleksandrovich (Translated by Harold Shukman), *China and the Super Powers* (New York, NY: Basil Blackwell, 1986)

Medvedev, Zhores A. Christian Schmidt-Haeuer, *Gorbachev: The Path to Power*, (London: I.B. Tauris, 1986)

O'leary, Greg, *The Shaping of Chinese Foreign Policy* (New York: St. Martin's Press, 1980)

Papp, Daniel S., *Vietnam: the View from Moscow, Peking, Washington* (Jefferson, North Carolina: McFarland & Company, Inc., 1981)

Park, Jae Kyu and Ha, Joseph M. eds., *The Soviet Union and East Asia in the 1980s* (Seoul, Korea: The Institute for Far Eastern Studies, Kyungnam University, 1983)

Perkins, Dwight, *The Economic Background and Implications for China* (Seattle, WA: University of Washington Press, 1982)

Pollack, Jonathan D., *The Sino-Soviet Rivalry and Chinese Security Debate* (Santa Monica, CA: Rand Company, R-2907-AF, October 1982)

Quested, R. K. I., *Sino-Russian Relations: A Short History* (Boston: George Allen & Un-win, 1984)

Ross, Robert, *The Indochina Tangle: China's Vietnam Policy: 1975-1979* (New York: Columbia University Press, 1988)

Saikal, Amia and Maley, William, *The Soviet Withdrawal from Afghanistan* (Cambridge, MA: Cambridge Univ. Press, 1989)

Samelson, Louis J., *Soviet and Chinese Negotiating Behavior: The Western View* (Beverly Hills, CA: Sage Publications, Inc., 1976)

Sandles, Gretchen Ann, *Soviet Images of the People's Republic of China, 1949-1979* (Ph. D Dissertations, University of Michigan, 1981)

Schwartz, Benjamin I. *Chinese Communism and The Rise of Mao* (Cambridge, MA: Harvard University Press, 1951)

Schwartz, Harry, *Tsars, Mandarins and Commissars* (Garden City, N. Y.: Anchor, 1973)

Segal, Gerald ed., *The Soviet Union in East Asia: Predicaments of Power* (Boulder, Colorado: Westview Press, 1983)

Shaw, Yu-ming ed., *The Washington-Moscow-Peking Triangle* (Taipei, Taiwan, R. O. C.: The Asia and World Institute, February 1984)

Shebenkov, V. G., *Russko-Kitaiskie Otnosheniia V XVII Veke* (Moscow: Nauka, 1960)

Solomon, Richard H. and Masataka Kosaka, eds., *The Soviet Far East Military*

Buildup: Nuclear Dilemmas and Asian Security (Dover, MA: Auburn House, 1986)

Solovyov, Vladimir and Klepikova, Elena, *Behind the High Kremlin Walls*(New York: Dodd, Mead & Co., 1986)

Steele, Jonathan, *Andropov* (London: Martin Robertson, 1983)

Stuart, Douglas T. and William T. Tow, eds., *China, the Soviet Union and the West: Strategical Political in the 1980s* (Boulder, Colorado: Westview, 1982)

Su, Chi, *Soviet Image and Policy toward China: 1969-1979* (Columbia University, 1984)

Talbott, Strobe 譯, Nikita Khrushchev 口述, *Khrushev Remember: The Last Testament* (Boston: Little, Brown, & Co., 1974)

Thornton, Richard C., *The Bear and the Dragon: Sino-Soviet Relations and the Political Evolution of the Chinese People's Republic: 1949-1971* (American-Asian Educational Exchange, Inc., 1972)

Treadgold, Donald W. ed., *Soviet and Chinese Communism: Similarities and Differences* (Washington DC: Unviersity of Washington, 1968)

Tsui, Tsien-hua, *The Sino-Soviet Border Dispute in the 1970s* (Oakville, Ontario Canada: Mosaic Press, 1983)

Uhalley, Stephen Jr., *A History of the Chinese Communist Party* (Stanford, CA: Hoover Institution Press, 1988)

Ulam, Adam B., *Expansion and Coexistence: Soviet Foreign Policy: 1917-1973* (New York: Holt, Rinehart and Winston, Inc., 1974)

Waltz, Kenneth, *Theory of International Politics* (Reading, MA: Addison-Wesley, 1979)

Wang, Ming, *Mao's Betray* (Moscow: Progress Press, 1979)

Whiting, Allen S. and General Sheng Shih-tsai, *Sinkiang: Power or Pivot* (East Lansing: Michigan State University Press, 1958)

Wich, Richard, *Sino-Soviet Crisis Politics: A Study of Political Change and Communication* (Cambridge, MA: Council on East Asian Studies, Harvard University, 1980)

Wilbur, C. Martin & How Julie Lien-ying, *Missionaries of Revolution: Soviet Advisers and Nationalist China: 1920-1927* (Cambridge, MA: Harvard University Press,

1989)

Yufan, Hao and Guocang, Huan, eds, *Chinese View of the World* (New York: Pantheon, 1989)

Zagoria, Donald, *The Sino-Soviet Conflict: 1956-61* (Forge Village, MA: Murray Printing Co., 1964)

Zagoria, Donald S., *Vietnam Triangle: Moscow, Peking, Hanoi* (New York, NY: Western Publishing Company, Inc., 1967)

Zagoria, Donald S. ed., *Soviet Policy in East Asia* (New Haven, CT: Yale University Press, 1982)

四、英文論文（不包括蘇聯學者的英文著作）

Abraham Ben-zvi, "American Preconceptions and Policies toward Japan, 1940-1941: A Case Study in Misperception", *International Studies Quarterly*, Vol. 19, No. 2, June 1975.

Ahn, Byung-joon, "North-South Korean Relations and the U. S.", in Robert A. Scalapino and Han Sung-joo, eds., *United States-Korea Relations* (Berkeley CA: Institute of East Asian Studies, UC Berkeley Press, 1986)

Axebank, Albert, "Chinese, Soviet's Breaking the Ice", *The Journal of Commerce*, August 22, 1986.

Baras, Victor, "China and the Rise of Khrushchev", *Studies in Comparative Communism*, Vol. 8, Nos. 1 & 2, Spring/Summer 1975.

Barnds, William J., "The USSR, China, and South Asia", *Problems of Communism*, November/December 1977.

Berton, Peter, (Asian Strategic Balance And The Prospects For A New Sino-Soviet Relationship) The 25th Annual Meeting of the American Association for Chinese Studies, Nov. 4-6, 1983.

Bialer, Seweryn, "New Thinking and Soviet Foreign Policy", *Survival*, Vol. XXX, No. 4, July/August 1988.

Bialer, Seweryn and Afferica, Joan, "The Genesis of Gorbachev World", *Foreign Affairs*, No. 3, 1986.

Bialer, Seweryn, "Gorbachev's Program of Change: Sources, Significance, Prospects", *Political Science Quarterly*, Fall 1988.

Biddick, Thomas V., "Gorbachev in Beijing: Sino-Soviet Relations and the Asia-Pacific Region", *Current Affairs Notes* (Eastwest Center), No. 9, April 24, 1989.

Bonavia, David, "Correspondent in Moscow and Peking", *Survey 100th Issue*, Vol. 22-3/4, Summer/Autumn 1976.

Brick, Andrew B., "US Options for Responding to the Slaughter in China", Asian Studies Center Backgrounder (The Heritage Foundation), No. 92, June 7, 1989.

Brown, Archie, "Gorbachev and Reform of the Soviet System", *The Political Quarterly*, April-June 1987.

Bundy, McGeorge; Kennan, George; McNamara, Robert; Smith, Gerald; "Nuclear Weapons and the Atlantic Alliance", *Foreign Affairs*, Spring 1982.

Buszynski, Leszek, "Soviet Foreign Policy and Southeast Asia: Prospects for the Gorbachev Era", *Asian Survey*, May 1986, pp. 591-609.

Chang, Pao-min, "Kampuchean Conflict: the Continuing Stalement", *Asian Survey*, July 1987.

Cheng, Joseph Y. S., "China's Foreign Policy in the 1980s from Anti-Hegemony to Modernization Diplomacy", *China Report*, May/June 1985.

Chung, Chin-wee, "North Korea in the Sino-Soviet Dispute", *Journal of Northeast Asian Studies*, II-3, Sep. 1983.

Clough, Ralph, Chinese Elites: World View and Perceptions of the U.S. A report for USICA (U.S. International Communication Agency), R-15-82, Aug. 6, 1982.

Colton, Timothy, "Gorbachev and the Politics of System Renewal", in S. Bialer and M. Mandelbaum eds., *Gorbachev's Russia and American Foreign Policy* (Boulder, Colorado: Westview, 1987)

Daniel, Donald D. & Jencks, Harlan W., "Soviet Military Confrontation with China: Options for the USSR, the PRC, and the USA", *The Journal of East Asian Affairs*, Vol. III, No. 2., Fall/Winter 1983.

Dittmer, Lowell, "The Strategic Triangle: An Elementary Game-Theoretical Analysis", *World Politics*, Vol. XXXIII, No. 4, July 1981.

Dong, Joon Hwang, "The Changing Security Equation on the Korean Peninsula", 一九八九年十一月，政大國研中心與美國企業研究所在臺北舉行之亞洲安全研討會論文。

Feeney, William, "Sino-Soviet Competition on the United Nations", *Asian Survey*, Sept. 1977.

Fisher, Richard, "Crafting A U.S. Response To Gorbachev's Peace Initiative In Asia," Asian Studies Center Backgrounder (The Heritage Foundation) No. 93, July 24, 1989.

Garthoff, Raymond L., "Soviet New Thinking on the World and Foreign Policy", *The Fletcher Forum*, Vol. 12, No. 2, Summer 1988.

Garver, John W., "The New Type of Sino-Soviet Relations", *Asian Survey*, Dec. 1989.

Gauthier, Paul, "Sino-Soviet Relations: Toward Political Realism", *Geopolitique*, No. 15, 1987.

Gelman, Harry, "Soviet Policy Toward China: The Contending Perspectives in Moscow", A prepared statement before the Subcommittee on Asian and Pacific Affairs, August 2, 1983.

Gelman, Harry, "Soviet Policy towards China", *Survey*, Autumn/Winter 1983.

Gelman, Harry, "Outlook for Sino-Soviet Relations", *Problems of Communism*, Sep./Dec. 1979.

Goldman, Marshall and Goldman, Merle, "Chinese and Soviet Reform", *Foreign*

Affairs, Vol. 66, No. 3, 1987/88.

Goldman, Marshall I., "Soviet Perceptions of Chinese Economic Reform", *Journal of International Affairs*, Winter 1986.

Goldstein, Steven M., "Diplomacy Amid Protest: The Sino-Soviet Summit", *Problems of Communism*, Sept./Oct. 1989.

Griffith, William E., "Sino-Soviet Reapprochement?" *Problems of Communism*, March/April 1983.

Grinter, Lawrence E., and Young Whan Kihl, (East Asia and The Western Pacific: Conflict Patterns and Policy Opportunities) 1986 International Studies Association Conference, March 28, 1986.

Ha Yong-chool, "Triangular Relationships and the Chinese Perceptions of U.S. Soviet Detente", *Sino-Soviet Affairs*, Vol. X, No. 3, Fall 1986.

Hahn, Bradley, "Bitter Sweet Blows the New Breeze from Moscow", *Pacific Defence Reporter*, May 1986.

Harnrin, Carol, "China Reasseses the Superpowers", *Pacific Affairs*, Summer 1983.

Harding, Harry, "Social Science", in Leo Orleans, ed., *Sciences in Contemporary China*

(Stanford, CA: Stanford University Press, 1980)

Harding, Harry, "Change and Continuing in Chinese Foreign Policy", *Problems of Communism*, March/April 1983.

Hasegawa, Tsuyoshi, "A Long Tortuous Journey from Vladivostok to Krasnoyarsk: Recent Changes in Japanese-Soviet Relations and Their Prospects", *AAASS*, Nov. 1989.

Hauner, Milan and Rahr, Alexander, "New Chief of Soviet General Staff Appointed", *Radio Liberty Research*, RL 546/88, Dec. 16, 1988.

Hein, Gordon, "Indonesia in 1988: Another Five Years of Socharto", *Asian Survey*, Feb. 1989.

Horn, Robert, "Vietnam and Sino-Soviet Relations", *Asian Survey*, July 1987.

Horn, Robert, "Soviet Leadership Changes and Sino-Soviet Relations", *ORBIS*, 30: 4, Winter 1987.

Horn, Robert, "Soviet Policy in East Asia", *Current History*, Oct. 1987.

Hough, Jerry F., "Consolidating Power", *Problems of Communism*, Vol. XXXVI No. 4, July/August 1987.

Hsiung, James C., "Soviet-Chinese Detente", *Current History*, Oct, 1985.

Huan, Guocang, "Dynamics of Sino-Soviet Relations", *The Atlantic Community Quarterly*, 24:1, Spring 1986.

Huan, Guocang, "China's Opening to the World", *Problems of Communism*, Nov./Dec. 1986.

Huan, Xiang, "World Prospects for the Years Ahead", *Beijing Review*, Jan. 18-24, 1988.

Huan, Xiang, "Sino-US Relations Over the Past Year", *Beijing Review*, Feb. 15-26, 1988.

Jacobs, G., "USA-China Military Cooperation—What Lies Ahead?", *Jane's Defence Weekly*, March 22, 1986.

Kaiser, Robert, "The USSR in Decline", *Foreign Affairs*, Winter 1988/89.

Kapitsa, M., "Problems of Peace and Security in the Far East", *Far Eastern Affairs*, No. 6, 1987.

Katz, Mark, "The Decline of Soviet Power", *Survival*, Jan./Feb. 1990.

Kim, Robert Hyung-Chan (Equidstance or Split-Interest: China Between Two Koreas:

Cultural and Educational Relations) The Third International Congress of Professors World Peace Acaemy "China In A New Era: Continuity And Change".

Kim, Samuel S., "The Development of International Law in Post-Mao China: Change and Continuity", *Journal of Chinese Law*, Vol. 1, No. 2, 1987.

Kimura, Hiroshi, "The Soviet Proposal on Confidence Building Measures and the Japanese Response", *Journal of International Affairs*, Summer 1983.

Kissinger, Henry, "Seeking a New Balance in Asia", *Newsweek*, May 22, 1989.

Knight, Gregory D., "China's Soviet Policy in the Gorbachev Era", *The Washington Quarterly*, Vol. 9, No. 2, Spring 1986.

Kreisberg, Paul H. "The United States and China: The Murky Decade Ahead" The Third International Congress of Professors World Peace Academy "China In A New Era: Continuity and Change", August 24-29, 1987.

Lampton, David M., "China's Limited Accommodation With the U.S.S.R.: Coalition Politics", *AEI Foreign Policy and Defense Review*, Vol. 6, No. 3, August, 1986.

Lapidus, Gail W., "The USSR and Asia in 1986: Gorbachev's New Initiatives", *Asian*

Survey, Vol. XXVII, No. 1, Jan. 1987.

Lasater, Martin L., "Is Beijing Playing Its Moscow Card?" *Backgrounder* (Asian Studies Center), No. 36, Oct. 23, 1985.

Legvold, Robert, "Revolution in Soviet Foreign Policy", *Foreign Affairs*, Vol. 68, 1988/89.

Levine, Steven I., "The End of Sino-Soviet Estrangement", *Current History*, Sep. 1986.

Levine, Steven, I., "Sino-Soviet Relations in the Last 1980s", in Lawrence Grinter and Young Whan Kihl, eds., *East Asian Conflict Zones* (New York: St. Martin's Press, 1987)

Li, Wenzheng, "Soviet Offensive Gains No Ground", *Beijing Review*, No. 22, May 28, 1984.

Liao, Tony K.S. "China's Foreign Policy: Institutions, Leadership and Friorities" Conference on Key Issue and Trends in China Foreign Policy, March 13-14, 1986.

Lieberthal, Kenneth G., "The Foreign Policy Debate in Peking as Seen Through Allegorical Articles, 1973-76", *China Quarterly*, Sep. 1977.

Lieberthal, Kenneth G., "Sino-Soviet Conflict in the 1970s: Its Evolution and Implications for the Strategic Triangle", RAND Report, R-2342-NA, July 1978.

Mahnken, Thomas G., "Current Sino-Soviet Military Relations", *Asian Affairs*, Summer 1987.

Mann, Dawn, "Gorbachev's Personnel Policy: The USSR Council of Ministers", *Report on the USSR*, Nov. 17, 1989.

Maxwell, Neville, "Why the Russians Lifted the Blockade at Bear Island", *Foreign Affairs*, Fall 1978.

Mehnert, Klaus, "Mao and Maoism: Some Soviet Views", *Current Scene*, Vol. VIII, No. 15, Sep. 1, 1970.

Menon, Rajan, "New Thinking and Northeast Asia Security", *Problems of Communism*, March-June, 1989.

Mikheeva, N. N. "Perspectives of the Soviet Far East Economic Development", *AAASS*, Nov., 1988.

Nagorny, A. A. and Nosov, M. G., "The Role of Japan in the US-Japan-USSR Triangles", *AAASS*, 1989.

Nahaylo, Bohdan, "Sino-Soviet Relations: Will The Impasse Be Broken?", *Radio Liberty*

Research, RL 306/86, August 11, 1986.

O'Donnel, Thomas A., "Jockeying for Position—An Events-data Analysis of Sino-Soviet Rivalry in Asia, 1966-1978", *Korea & World Affairs*, Vol. 4, No. 1, Spring 1980.

Ogawa, Kazuo, "Japan-Soviet Trade and Far Eastern Development in the Soviet Union", *AAASS*, 1989.

Perry, Thomas, "The USSR and Asia", Asian Survey, Vol. XXIV, No. 1, Jan. 1984.

Pollack, Jonathan D., "The Sino-Soviet Rivalry and Chinese Security Debate", *RAND Report*, *R-2907-AF*, Oct. 1982.

Pollack, Jonathan D., "China's Changing Perceptions of East Asian Security and Development", *Orbis*, Winter 1986.

Porter, Bruce, "Sino-Soviet Talks End In Moscow" *RFE-RL 127/83*, Mar. 22, 1983.

Porter, Bruce, "The Sino-Soviet-American Triangle" *RFE-RL, 61/83*, Feb. 2, 1983.

Rahr, Alexander, "Winds of Change Hit Foreign Ministry", *Radio Liberty Research*, *RL 274/86*, July 16, 1986.

Rahr, Alexander, "Leadership Changes at the Central Committee Pleum in February",

Radio Liberty Research, RL 64/88, Feb. 18, 1988.

Rahr, Alexander, "Gorbachev's New Political Thinking and the Formation of Soviet Foreign Policy", *Radio Liberty Research, RL 429/88*, Sept. 23, 1988.

Rahr, Alexander, "Restructuring of the Kremlin Leadership", *Radio Liberty Research, RL 423/88*, Oct. 4, 1988.

Rahr, Alexander, "Gorbachev Changes Party Structure", *Radio Liberty Research, RL 519/88*, Nov. 30, 1988.

Rand, Robert, "Sino-Soviet Ties Improve But Reapprochment Unlikely" *RFE-RL, 265/83*, July 12, 1983.

Robinson, W. Thomas, "The New Era in Sino-Soviet Relations", *Current History*, Vol. 86, No. 521, Sep. 1987.

Ross, David, "Soviet Border Problems: China and Japan", *Conflict Studies* (London)

Ross, Robert S., "International Bargaining and Domestic Politics: US-China Relations Sice 1972", *World Politics*, Vol. XXXVIII, No. 2, Jan. 1986.

Rozman, Gilbert, "Moscow's China-Watchers In The Post-Mao Era: The Response To A Changing China", *China Quarterly*, No. 94, June 1983.

Rozman, Gilbert, "China's Soviet Watchers In The 1980s: A New Era In Scholarship", *World Politics*, Vol. XXXVII, No. 4, July 1985.

Segal, Gerald, "China and Afghanistan", *Asian Survey*, Nov. 1981.

Segal, Gerald, "The Soviet "Threat" At China's Gates", *Conflict Studies*, No. 143, 1983.

Segal, Gerald, "Sino-Soviet Relations After Mao", *Adelphipapers*, No. 202, 1985.

Segal, Gerald, "As China Grows Strong", *International Affairs* (London), Spring 1988.

Segal, Gerald, "Taking Sino-Soviet Detente Seriously", *Washington Quarterly*, Summer 1989.

Shambaugh, David L., "Research Note: China's National Security Research Buraucracy", *The China Quarterly*, June 1987.

Shen, Lyushun, "The Washington-Peking Controversy over U.S. Arms Sales to Taiwan: Diplomacy of Ambiguity and Escalation", *Chinese Yearbook of International Law and Affairs* No. 2, 1982.

Sherwin, Lawrence, "The Sino-Soviet Border Conflict in Historical Perspective" *RFE-RL, 96/93*, Feb. 28, 1983.

Sheldon W. Simon "Southeast Asia in the Sino-Soviet Tangle": A Paper for the 25th Annual Meeting of the American Association of China Studies, Nov. 5-6, 1983.

Singer, J. David, "The Level-of-Analysis Problem in International Relations", in Klans Knorr and Sidney Verba, eds., *The International System: Theoretical Essays* (Princeton, NJ: Princeton University Press, 1961)

Speltz, Michael J., "Chinese Territorial Claims on the Soviet Far East", *Military Review*, August 1985.

Strode, Dan L., "Arms Control and Sino-Soviet Relations", *Orbis*, Spring 1984.

Strode, Dan L., "Soviet China Policy in Flux", *Survival*, Vol. XXX, No. 4, July/August, 1988.

Stuart, Douglas T., "China Between the Superpowers", *World Today*, March 1983.

Su, Chi, "US-China Relations: Soviet Views and Policies", *Asian Survey*, May 1983.

Su, Chi, "Soviet China-Watchers' Influence on Soviet China Policy", *Journal of Northeast Asian Studies*, Dec. 1983.

Su, Chi, "China and the Soviet Union", *Current History*, Sept, 1984.

Su, Chi, "China and the Soviet Union: 'Principled, Salutary, and Tempered' Management of Conflict", in Samuel Kim, ed., *China and the World* (Boulder, Colorado: Westview, 1984)

Su, Chi, "Sino-Soviet Border Negotiations: 1969-1978", 政大邊疆會議論文集, 1985.

Su, Chi, "The Recent Development in Peking-Moscow Relations", *Issues and Studies*, Sept. 1986.

Su, Chi, "Sino-Soviet Relations of the 1980s: From Confrontation to Conciliation", in Samuel Kim, ed., *China and the World: New Directions in Chinese Foreign Relation* (Boulder, Colorado: Westview, 1989)

Sutter, Robert, "Sino-Soviet Relations: Recent Improvements and Implications for the United States", *CRS Issue Brief*, Sep. 29, 1986.

Sutter, Robert, "Chinese Foreign Policy in Asia and the Sino-Soviet Summit" *CRS Report*, May 15, 1989.

Tashjean, John E., "The Sino-Soviet Split: Borkenau's Predictive Analysis of 1952", *Chinese Quarterly*, No. 94, June 1983.

Teaque, Elizabeth, "Turnover in the Soviet Elite Under Gorbachev: Implication on Soviet Politics", *Radio Liberty Research, Supplement 1/86*, July 8, 1986.

Teaque, Elizabeth, "Personnel Change in the Politburo", *Radio Liberty Research, RL 233/87*, June 26, 1987.

Teaque, Elizabeth, "Soviet Leader Examines Chinese Reforms at First Hand", *Radio Liberty Reaearch, RL 251/87*, July 1987.

Teaque, Elizabeth, "Georgii Sha Khnazarov Ap Pointed Aside to Mikhail Gorbachev", *Radio Liberty Research, RL 122/88*, March 22, 1988.

Terrill, Ross, "China and the World," *Foreign Affairs*, Jan. 1977.

Thach, Joseph E. Jr., "Soviet Military Assistance to Nationalist China, 1923-41", *Military Reviews*, Aug./Sep. 1977.

Tretiak, Daniel, "China's Vietnam War and Its Consequences", *The China Quarterly*, Dec. 1979.

Trout, Thomas, "Soviet Policy Toward China: Implications for U.S. Policy", in Dan Caldwell, ed., *Soviet International Behavior and U.S. Policy Options* (Lexington MA: D.C. Heath, & Co., 1985)

Wallace, William V., "Sino-Soviet Relations: An Interpretation", *Soviet Studies*, Vol. XXXV, No. 4, Oct. 1983.

White, Lynn T. III, "The Four Modernizations and the Future of the Sino-Soviet Rife" A draft for the Conference on "Modernization: Its Prospects and Problems", June 16-18, 1981.

Whiting, Allen S., "Sino-Soviet Relations: What Next?" Annals, *AAPSS*, 476, Nov. 1984.

Wise, Sallie, "Sino-Soviet Normalization Talks Resume In Moscow" *RFE-RL, 113/84*, Mar. 12, 1984.

Wolfowitz, Paul D., "Interview: US-China Relations", *Journal of International Affairs*, Vol. 39, No. 2, Winter 1986.

Xu, Kui, "Soviet Studies in the People's Republic of China", *AAASS Newsletter*, No. 23, Summer 1983.

Yasmann, Viktor, "Yakovlev Sets Out Gorbachev's Ideological Platform", *Radio Liberty Research*, *RL 322/87*, Aug. 18, 1987.

Yasmann, Viktor, "The Soviets and the Leading Role of the Party: From a 'State' Party to a 'Party' Srate", *Radio Liberty Research*, *RL 321/88*, July 14, 1988.

Yasmann, Viktor, "Vadim Medvedev: New Ideological Chief in the Kremlin", *Radio*

Liberty Research, *RL 435/88*, Oct. 1, 1988.

Zagoria, Donald, "The Soviet Quandary in Asia", *Foreign Affairs*, Fall 1978.

Zagoria, Donald, "The Moscow-Beijing Detente", *Foreign Affairs*, Spring 1983.

Zagoria, Donald, "The USSR and Asia in 1984", *Asian Survey*, Vol. XXV, No. 1, Jan. 1985.

Zhao, Ziyang, "Main Points of Zhao's Report", *Beijing Review*, No. 21, May 21, 1984.

五、蘇聯書籍（包括蘇聯學者之俄、英文著作）

Aganbegyan, Abel, *Inside Perestroika: the Future of the Soviet Economy* (New York: Harper & Row, 1989)

Arbatov, A., *Bezopasnost v yadernyi vek i politika vashingtona* (Security in Nuclear Age and Washington's Policy) (Moscow: Politizdat, 1980)

Arbatov, Georgi, *The War of Ideas in Contemproary International Relations: The Imperialist Doctrine, Methods and Organisation of Foreign Political Propagandas* (Moscow: Progress Publishers, 1973)

Astafyev, G. V. and Dubinsky, A. M., eds., *From Anti-Imperialism to Anti-Socialism: The Evolution of Peking's Foreign Policy* (Moscow: Progress Publishers, 1974)

Borisov, O. B. and Kosolkov, B. T., *Sino-Soviet Relations 1945-1973, A Brief History* (Moscow: Progress Publishers, 1975)

Borisov, O. B. and Koloskov B. T. (Edited With An Introductory Essay by Vladimir Petrov), *Soviet-Chinese Relations: 1945-1970* (Dan Mills, Ontario Canada: Fitzhenry & Whiteside Limited, 1975)

Borisov, O. B., *The Soviet Union and the Manchurian Revolutionary Base, 1945-1949* (Moscow: Progress, 1977)

Borisov, O. B. and Koloskov, B. T., *Sovetsko-Kitaiskie Otnosheniia, 1945-1980* (Moscow: Mysl, 1980)

Borisov, O. B., *Vnutrennyaya i vneshnyaya politika Kitaya v 70-e gody* (Domestic and Foreign Policy of China in the 1970s) (Moscow: Politizdat, 1982)

Brezhnev, L. I., *Following Lenin's Course* (Moscow: Progress, 1972)

Burlatskii, Fedor, *Mao tsedun i ego nasledniki* (Mao Tse-tung and His Legacy)

(Moscow: Mezhdunarod-nye otnosheniia, 1979)

Burlatskii, Fedor Mikhailovich, *Mao Tse-tung: An Ideological and Psychological Portrait* (Moscow: Porgress Publishers, 1980)

Burlatskii, F. M., *The True Face of Maoism* (Moscow: Novosti, 1968)

Cherepanov, A. I., *As Military Adviser in China* (Moscow: Progress, 1982)

Gorbachev, Mikhail, *Perestroika: New Thinking for Our Country and the World*, (New York: Harper & Row, 1987)

Gromyko, A. A., *Diplomaticheskii Slovar* (Moscow: Politizdat, 1961)

Gudoshnikov, L. M. et al, *Kitai posle "Kulturnoi revoliutsii"* (China after the Cultural Revolution) (Moscow: Mysl, 1979)

Ilin, M., *Maoizm: ideologiia i Politiki boiny* (Maoism: Ideological and Political Warfare) (Moscow: Mezhdunarodnye otnosheniia, 1979)

Junusov, M. S. and Skibitsky, M. M. and Tsameryan, I. P., eds,. *The Theory and Practice of Proletarian Internationalism* (Moscow: Progress Publishers, 1976)

Kapitsa, M. S., *KNR: Tri Desiatiletiia—Tri Politiki* (Moscow; Politizdat, 1979)

Koloskov, B., *Bneshnyaya politika kitaya: 1969-1976* (Foreign Policy of China:

1969-1976) (Moscow: Politizdat, 1977)

Konstantinov, Nikolai, *Maoism and Mao's Heirs* (Moscow: Progress, 1979)

Kyuzadzhan, Liparit, *The Chinese Crisis: Cause and Character* (Moscow: Novosti, 1968)

Ledovskii, A. M., *SSSR, CShA i narodnaya revoliutsiya v kitae* (USSR, USA and People's Revolution in China) (Moscow: Hauka, 1979)

Narochnitskovo, A. I. and Kima, G. F., eds., *Pekin: kursom provokatsii i ekspansii* (Peking: A Course of Provocation and Expansion) (Moscow: Politizdat, 1979)

Pavlovsky, V., *The Road to Stable Peace in Asia* (Moscow: Progress Publisher, 1977)

Rakhmanin, O. B., *Sovetskii Soyuz i Manchzhurskaia Revolutsinonaia Baza, 1945-1949* (Moscow; Mysl, 1975)

Rumiantsev, A. M., *Isteki i Evolutsia Idei Tse-Duna* (Moscow: Nauka, 1972)

Sladkovskii, M. I. ed., *Leninskaia Politika SSSR V Otnosheni i Kitaia* (Moscow: Nauka, 1986)

Sladkovskii, M. I., *The Long Road: Sino-Russian Economic Contacts From Ancient Times to 1917* (Moscow: Progress, 1974)

Sladkovskii, M. I., et al, eds., *Ideino-politicheskaya sushchnost Maoizma* (Ideological Political Essence of Maoism) (Moscow: Nauka, 1977)

Sladkovskii, M. I., *Kitai (China)* (Moscow: Mysl, 1978)

Sobolev, A. I., ed., *Maoizm bez Mao* (Maoism without Mao) (Moscow: Politizdat, 1979)

Suslov, M. A., *Marxism-Leninism: The International Teaching of the Working Class* (Moscow: Progress, 1975)

Tikhvinskii, S. L., *Novaia Istoriia Kitaiia* (Moscow: Nauka, 1972)

Tikhvinsky, S., *A Soviet Friendship Group Tours China The Middle Ages* (Moscow: Progress Publishers, 1981)

Vasilev, G. B., et al, *Territorialnye prityazaniia Pekina: sovremennost, istoriia* (Territorial Claims of Peking: Contemporary and Historical) (Moscow: Politizdat, 1979)

Vasilyev, G. V., et al, compiled, *Peking Reaches Out* (Moscow: Progress, 1980)

Vladimirov, O. E. and Ilin, M. A., *Evoliutsiia politiki i ideologii Maoism* (Evolution of the Policy and Ideology of Maoism) (Moscow: meghdunarodnye otnosheniia,

1980)

Vladimirov, O. E., ed., *Maoism As It Really Is* (Moscow: Progress Publishers, 1981)

Zanegin, B. and Mironov, A. and Mikhanilov, Y. and Sladkovskii, M. I., ed., *K. Sobytiiam v Kitae* (Moscow: Politizdat, 1967)

六、蘇聯論文（包括蘇聯學者之俄英文著作）

Barakhta, P. YU. Zharkikh, "Asian Pacific Region and Security in Asia", *Far Eastern Affairs*, No. 4, 1987, pp. 47-56.

Borisov, O. B., "The 26th CPSU Congress and Some Problems of Studying the History of China", *Problemy Dalnego Vostoka*, No. 3, 1981.

Borisov, O. B., "Certain Aspects of Chinese Policy", *Kommunist*, No. 6, 1981.

Borisov, O. B., "The Situation in the PRC and Some of the Tasks of Soviet Sinology", *Problemy Dalnego Vostoka*, No. 2, 1982.

Bovin, Aleksander, "New Thinking in International Affairs", *Kommunist*, No. 8, 1989.

Bunin, V., "Japan and Washington's Asian-Pacific Strategy", *Problemy Dalnego Vostoka*, Feb. 1987.

Burlalskii, F. M., "The Interregnum or a Chronicle of the Times Deng Xiaoping", *Novy Mir*, No. 4, 1982.

Fedoseev, P. N., "Marxism and Mao Zedongism", *Kommunist*, No. 5, 1967.

Fedotov, V., "China and The Problems of Disarmament", *Far Eastern Affairs*, No. 4, 1987, pp. 12-23.

Filaatov, L., "Cooperation in the Interests of Two Great Nations", *Far Eastern Affairs*, No. 2, 1985, pp. 155-159.

Gudoshinikov, L. M. and Neronov, R. M., "Apropos of Certain Modifications in Beijing's Home Policy", *Problmy Dalnego Vostoka*, No. 4, 1980.

Gudoshnikov, G. K. and Karymov, V. G., "Some Aspects of Domestic Situation in the PRC", *Problemy Dalngeo Vostoka*, No. 3, 1977.

Ivan Glebov, "For New International Relations In Asia and The Pacific", *International Affairs*, Oct. 1987, pp. 27-31.

Izyumov, Aleksei and Kortunov, Andrei, "The Soviet Union and the Changing World", *International Affairs* (Moscow), Aug. 1988.

Kapitsa, M. S., "Problem of Peace and Security in the Far East", *Far Eastern Affairs*,

No. 6, 1987.

Kozyrev, Andrei, "Confidence and the Balance of Interest", *International Affairs* (Moscow), Nov. 1988.

Kuznetsov, A., "USSR-PRC Trade and Economic Relations", *Far Eastern Affairs*, No. 3, 1986.

Martynov, A. A., "The Great Race in the Socialist Construction of China and Its Historians", *Problemy Vostokovedenye*, No. 2, 1959.

Medvedev, Roy, "The USSR and China: Confrontation or Detente?", *New Left Review*, Nov.-Dec. 1983.

Medvedev, Vadim, "Toward a Knowledge of Socialism", *Kommunist*, No. 17, 1988.

Meliksetov, A. V., "A Great Leap in the PRC's Economic and Cultural Development", *Sovetskoe Kitaevedenye*, No. 4, 1958.

Neronov, R. M. and Stepanova, G. A., "The CCP: Certain Tendencies of Development", *Problemy Dalnego Vostoka*, No. 1, 1982.

Petrov, M., "The USSR for Peace and Security in Asia", *International Affairs* (Moscow), May 1986.

Petukhov, V., "Taiwan in US and Chinese Policy", *Problemy Dalnego Vostoka*, No. 1, 1981.

Pronin, S. V., "Ideology in an Interdependent World", *Mirovaya Ekonomika i Mezhdunarodnaya Otnosheniia*, Oct. 1988.

Sadvakasov, G. & Shalekenov, Y., "Contrary to Historical Truth", *Far Eastern Affairs*, No. 4, 1983, pp. 118-127.

Trigubenko, M. & Shlyk, N., "Soviet Far East And Asian Socialist Countries", *Far Eastern Affairs*, No. 5, 1987.

Ukraintsev, M. S., "Soviet-Chinese Relations: Problems and Prospects", *Problemy Dalnego Vostoka*, No. 2, 1982.

Urov, V. N., "The Historical Fate of the Chinese Komsomol", *Problemy Dalnego Vostoka*, No. 2, 1982.

Vasilyev, G. V. and Kapasov, M. V. and Mirovieskaya, R. S. and Myasnikov, V. S. and Semyonov, Y. S., *Peking Reaches Out: A Study of Chinese Expansionism* (Moscow: Progress Publishers, 1970)

Vladimirov, O., "The CCP Central Committee Sixth Plenum and Beijing's Current

Policy", *Kommunist*, No. 12, 1981.

Vladimirov, O., "The USSR's Role in the Creation of the Bridgehead of China's Revolutionary Forces in Manchuria", *Far Eastern Affairs*, No. 1, 1986, pp.16-25.

Yakovlev, Aleksandr, "Inter-Imperialist Contradictions——The Contemporary Context", *Kommunist*, Nov. 1986.

Yakovlev, Aleksandr, "Interview: Redefining Socialism at Home and Abroad", *Journal of International Affairs*, Spring 1989.

Zanegin, B. & Pleshakov, K., "Washington's "China" Policy and the U.S. Congress," *Far Eastern Affairs*, No. 5, 1987.

現代藝術哲學	孫　旗　譯
現代美學及其他	趙天儀　著
中國現代化的哲學省思	成中英　著
不以規矩不能成方圓	劉君燦　著
恕道與大同	張起鈞　著
現代存在思想家	項退結　著
中國思想通俗講話	錢　穆　著
中國哲學史話	吳怡、張起鈞　著
中國百位哲學家	黎建球　著
中國人的路	項退結　著
中國哲學之路	項退結　著
中國人性論	臺大哲學系主編
中國管理哲學	曾仕強　著
孔子學說探微	林義正　著
心學的現代詮釋	姜允明　著
中庸誠的哲學	吳　怡　著
中庸形上思想	高柏園　著
儒學的常與變	蔡仁厚　著
智慧的老子	張起鈞　著
老子的哲學	王邦雄　著
逍遙的莊子	吳　怡　著
莊子新注（內篇）	陳冠學　著
莊子的生命哲學	葉海煙　著
墨家的哲學方法	鍾友聯　著
韓非子析論	謝雲飛　著
韓非子的哲學	王邦雄　著
法家哲學	姚蒸民　著
中國法家哲學	王讚源　著
二程學管見	張永儁　著
王陽明——中國十六世紀的唯心主義哲學家	張君勱原著、江日新中譯
王船山人性史哲學之研究	林安梧　著
西洋百位哲學家	鄔昆如　著
西洋哲學十二講	鄔昆如　著
希臘哲學趣談	鄔昆如　著
近代哲學趣談	鄔昆如　著
現代哲學述評(一)	傅佩榮編譯

當代西方哲學與方法論　臺大哲學系主編
人性尊嚴的存在背景　項退結編著
理解的命運　殷鼎著
馬克斯·謝勒三論　阿弗德·休慈原著、江日新譯
懷海德哲學　楊士毅著
洛克悟性哲學　蔡信安著
伽利略·波柏·科學說明　林正弘著

宗教類

天人之際　李杏邨著
佛學研究　周中一著
佛學思想新論　楊惠南著
現代佛學原理　鄭金德著
絕對與圓融——佛教思想論集　霍韜晦著
佛學研究指南　關世謙譯
當代學人談佛教　楊惠南編著
從傳統到現代——佛教倫理與現代社會　傅偉勳主編
簡明佛學概論　于凌波著
圓滿生命的實現（布施波羅密）　陳柏達著
薝蔔林·外集　陳慧劍著
維摩詰經今譯　陳慧劍譯註
龍樹與中觀哲學　楊惠南著
公案禪語　吳怡著
禪學講話　芝峯法師譯
禪骨詩心集　巴壺天著
中國禪宗史　關世謙著
魏晉南北朝時期的道教　湯一介著

社會科學類

憲法論叢　鄭彥棻著
憲法論衡　荊知仁著
國家論　薩孟武譯
中國歷代政治得失　錢穆著
先秦政治思想史　梁啟超原著、賈馥茗標點
當代中國與民主　周陽山著
釣魚政治學　鄭赤琰著
政治與文化　吳俊才著
中國現代軍事史　劉馥著、梅寅生譯
世界局勢與中國文化　錢穆著

中華文化十二講　錢　穆　著
民族與文化　錢　穆　著
楚文化研究　文崇一　著
中國古文化　文崇一　著
社會、文化和知識分子　葉啟政　著
儒學傳統與文化創新　黄俊傑　著
歷史轉捩點上的反思　韋政通　著
中國人的價值觀　文崇一　著
紅樓夢與中國舊家庭　薩孟武　著
社會學與中國研究　蔡文輝　著
比較社會學　蔡文輝　著
我國社會的變遷與發展　朱岑樓主編
三十年來我國人文社會科學之回顧與展望　賴澤涵　編
社會學的滋味　蕭新煌　著
臺灣的社區權力結構　文崇一　著
臺灣居民的休閒生活　文崇一　著
臺灣的工業化與社會變遷　文崇一　著
臺灣社會的變遷與秩序(政治篇)(社會文化篇)　文崇一　著
臺灣的社會發展　席汝楫　著
透視大陸　政治大學新聞研究所主編
海峽兩岸社會之比較　蔡文輝　著
印度文化十八篇　糜文開　著
美國的公民教育　陳光輝　譯
美國社會與美國華僑　蔡文輝　著
文化與教育　錢　穆　著
開放社會的教育　葉學志　著
經營力的時代　青野豐作著、白龍芽　譯
大眾傳播的挑戰　石永貴　著
傳播研究補白　彭家發　著
「時代」的經驗　汪琪、彭家發　著
書法心理學　高尚仁　著

史地類

古史地理論叢　錢　穆　著
歷史與文化論叢　錢　穆　著
中國史學發微　錢　穆　著
中國歷史研究法　錢　穆　著
中國歷史精神　錢　穆　著

國史新論	錢　　穆　著
秦漢史	錢　　穆　著
秦漢史論稿	邢義田　著
與西方史家論中國史學	杜維運　著
中西古代史學比較	杜維運　著
中國人的故事	夏雨人　著
明朝酒文化	王春瑜　著
共產國際與中國革命	郭恒鈺　著
抗日戰史論集	劉鳳翰　著
盧溝橋事變	李雲漢　著
老臺灣	陳冠學　著
臺灣史與臺灣人	王曉波　著
變調的馬賽曲	蔡百銓　譯
黃帝	錢　　穆　著
孔子傳	錢　　穆　著
唐玄奘三藏傳史彙編	釋光中　編
一顆永不殞落的巨星	釋光中　著
當代佛門人物	陳慧劍編著
弘一大師傳	陳慧劍　著
杜魚庵學佛荒史	陳慧劍　著
蘇曼殊大師新傳	劉心皇　著
近代中國人物漫譚・續集	王覺源　著
魯迅這個人	劉心皇　著
三十年代作家論・續集	姜　　穆　著
沈從文傳	凌　　宇　著
當代臺灣作家論	何　　欣　著
師友風義	鄭彥棻　著
見賢集	鄭彥棻　著
懷聖集	鄭彥棻　著
我是依然苦鬥人	毛振翔　著
八十憶雙親、師友雜憶（合刊）	錢　　穆　著
新亞遺鐸	錢　　穆　著
困勉強狷八十年	陶百川　著
我的創造・倡建與服務	陳立夫　著
我生之旅	方　　治　著
語文類	
中國文字學	潘重規　著

中國聲韻學	潘重規、陳紹棠	著
訓詁通論	吳孟復	著
翻譯新語	黃文範	著
詩經研讀指導	裴普賢	著
陶淵明評論	李辰冬	著
鍾嶸詩歌美學	羅立乾	著
杜甫作品繫年	李辰冬	著
杜詩品評	楊慧傑	著
詩中的李白	楊慧傑	著
司空圖新論	王潤華	著
詩情與幽境——唐代文人的園林生活	侯迺慧	著
唐宋詩詞選——詩選之部	巴壺天	編
唐宋詩詞選——詞選之部	巴壺天	編
四說論叢	羅盤	著
紅樓夢與中華文化	周汝昌	著
中國文學論叢	錢穆	著
品詩吟詩	邱燮友	著
談詩錄	方祖燊	著
情趣詩話	楊光治	著
歌鼓湘靈——楚詩詞藝術欣賞	李元洛	著
中國文學鑑賞舉隅	黃慶萱、許家鶯	著
中國文學縱橫論	黃維樑	著
蘇忍尼辛選集	劉安雲	譯
1984	GEORGE ORWELL原著、劉紹銘	譯
文學原理	趙滋蕃	著
文學欣賞的靈魂	劉述先	著
小說創作論	羅盤	著
借鏡與類比	何冠驥	著
鏡花水月	陳國球	著
文學因緣	鄭樹森	著
中西文學關係研究	王潤華	著
從比較神話到文學	古添洪、陳慧樺	主編
神話卽文學	陳炳良等	譯
現代散文新風貌	楊昌年	著
現代散文欣賞	鄭明娳	著
世界短篇文學名著欣賞	蕭傳文	著
細讀現代小說	張素貞	著

現代詩學	蕭　　蕭　著
詩美學	李元洛　著
詩學析論	張春榮　著
橫看成嶺側成峯	文曉村　著
大陸文藝論衡	周玉山　著
大陸當代文學掃瞄	葉穉英　著
走出傷痕——大陸新時期小說探論	張子樟　著
兒童文學	葉詠琍　著
兒童成長與文學	葉詠琍　著
增訂江皋集	吳俊升　著
野草詞總集	韋瀚章　著
李韶歌詞集	李　　韶　著
石頭的研究	戴　　天　著
留不住的航渡	葉維廉　著
三十年詩	葉維廉　著
讀書與生活	琦　　君　著
城市筆記	也　　斯　著
歐羅巴的蘆笛	葉維廉　著
一個中國的海	葉維廉　著
尋索：藝術與人生	葉維廉　著
山外有山	李英豪　著
葫蘆・再見	鄭明娳　著
一縷新綠	柴　　扉　著
吳煦斌小說集	吳煦斌　著
日本歷史之旅	李希聖　著
鼓瑟集	幼　　柏　著
耕心散文集	耕　　心　著
女兵自傳	謝冰瑩　著
抗戰日記	謝冰瑩　著
給青年朋友的信(上)(下)	謝冰瑩　著
冰瑩書柬	謝冰瑩　著
我在日本	謝冰瑩　著
人生小語(一)～(四)	何秀煌　著
記憶裏有一個小窗	何秀煌　著
文學之旅	蕭傳文　著
文學邊緣	周玉山　著
種子落地	葉海煙　著

向未來交卷　葉海煙　著
不拿耳朵當眼睛　王讚源　著
古厝懷思　張文貫　著
關心茶——中國哲學的心　吳　怡　著
放眼天下　陳新雄　著
生活健康　卜鍾元　著

美術類

樂圃長春　黃友棣　著
樂苑春回　黃友棣　著
樂風泱泱　黃友棣　著
談音論樂　林聲翕　著
戲劇編寫法　方　寸　著
戲劇藝術之發展及其原理　趙如琳譯著
與當代藝術家的對話　葉維廉　著
藝術的興味　吳道文　著
根源之美　莊　申　著
中國扇史　莊　申　著
立體造型基本設計　張長傑　著
工藝材料　李鈞棫　著
裝飾工藝　張長傑　著
人體工學與安全　劉其偉　著
現代工藝概論　張長傑　著
色彩基礎　何耀宗　著
都市計畫概論　王紀鯤　著
建築基本畫　陳榮美、楊麗黛　著
建築鋼屋架結構設計　王萬雄　著
室內環境設計　李琬琬　著
雕塑技法　何恆雄　著
生命的倒影　侯淑姿　著
文物之美——與專業攝影技術　林傑人　著